论吴毅

lun wu yi

刘春杰 编著

南京出版传媒集团
南京出版社

摄影 / 刘 墨

目录

目录

序

幽兰凤凰百年期 水墨设色纸本 137×69cm 1997/2006

吴毅彩墨山水所臻之“化境”

顾丞峰

化境之说

所谓“化境”，乃艺术作品达到的一种物我相融、物我两忘的境界。清王士禛《香祖笔记》卷八有：“舍筏登岸，禅家以为悟境，诗家以为化境，诗禅一致，等无差别。”这里的“筏”乃一种工具，中国画的工具自然是纸笔砚墨，仍拘泥于此，可谓不舍舟船；而要登陆艺术的高级境界，唯有融表象于血液之中，具有驾驭舟船而又登高而立，万物皆备于我的气质，才能达到辉煌的彼岸。

吴毅的彩墨画，特别是从20世纪80年代西域写生开始的彩墨风景画，其风格独成一家，概言之：浑然天成，出神入化、遒劲老辣，大气而不霸气、流畅而不随意，称其独步中国画坛亦不为过。

彩墨的定义

“彩墨”为何？在中国水墨绘画那里，以“水墨”为基底，在其上敷色、点彩。共同构成物象，中国画传统中“六法”中即有“随类赋彩”一条，但其位置靠后，实践中也只是画面的一种辅助，“彩”从来是作为“骨力”表现的装饰，只是一种表象的“蒙皮”。用色一多，便成了“青绿山水”，而“青绿山水”在绘画传统中是不能进入最高等级的。设色山水在中国历史悠久，南朝就由张僧繇创没骨设色山水画，唐代大小李将军完善青绿山水，到宋代又出现了金碧青绿山水；元代后随着文人画的兴起，水墨山水和浅绛山水成为主体，重彩设色山水衰落。另一方面，水墨画长期以来的“墨分五色”也抑制了五彩在绘画中的广泛使用和发扬光大。

中国绘画中真正将色彩作为主要造型元素还是要归结于18世纪以来以郎世宁为代表的西方画师所作的纸上彩墨作品。这个融合渗透的过程相当长。总体说，“墨”为主代表了中国传统，而“彩”为主则代表了西方传统，二者的结合的共同中介是通过“水”，用这种媒介下使得“彩”和“墨”在纸上相互渗透、叠加、冲撞。这个过程具有某种偶然性，这种偶然性可以体现为一种趣味，也可以成为一种表现的倾向。

现代以来从事彩墨的大师级画家，我们可以举出林风眠、张大千、刘海粟、刘国松等，本文所评价的吴毅彩墨画就是在这个大师系列中寻找对应关系的，虽然彩墨只是吴毅作品中国画作品中的一部分，但我认为也是最富华彩的一部分，这个结论当然是比较了与其同时代诸大师的彩墨作品后得出的。

大师们作为背景

有比较才有鉴别，我们只能以大师级别的画家水准来观照吴毅的彩墨山水作品。

先说张大千。他的山水将泼墨与泼彩结合，将写意与工笔嫁接，画面以冷色调为主，其中又最重石青和石绿，这种色彩是中国画中青绿山水所特有的，按他的话说是“色之有底，方显得凝重，且有旧气。是为古人之法。”其泼彩山水画面明秀清润，幽深神秘，而且特意强化色与墨的对比，多描绘阴雨过后的晴明景色，善造氤氲之氛围。总之，以一“巧”字可以概括张大千的泼墨泼彩山水。如他的精品《慈湖图》（1976）。但张作品在内在骨力（用笔）支撑方面并不见长，张大千的泼墨泼彩山水更适合表现中国南方的山水景物，很难想象如何用这种方法来表现北方山水像昆仑山的苍茫。

后说刘海粟。刘海粟是吴毅老师的辈分，但能亲炙其教并非上南艺的本科阶段而是在后来。刘海粟精神支持和鼓励对吴毅来说一直是必不可少的。刘之彩墨主要开始在六七十年代，与其人之性格很吻合——放笔纵横，彩墨多为泼墨，往往先以墨笔勾画、泼墨，形成章法，然后再在重墨处进行泼彩，因此所泼之彩是覆盖于墨之上的，较为浑厚。往往先以墨笔作画，然后以石青、朱砂、白粉进行泼写，加之诸色的反复叠加。但不少作品也显示了其粗枝大叶般的率意，如1976年的泼彩作品《黄山一线天奇观》。大山大水、大开大合，有时不免失之于“空疏”，这种“空疏” 一方面缘于墨骨不坚，另一方面也是其山水营造位置过于随意所致。

相比张大千、刘海粟二人以泼墨染色为主，吴毅则以墨为骨，以色为筋，有时墨色混合，有时各种色彩并列涂抹（受印象派影响），其作大气而不霸气，辽远而不轻飘。

再说林风眠。林的彩墨风景画受条件的限制多为小品，而且在其全部作品题材（人物、景物、静物）中仅占比不到三分之一，风景（包括山水）趣味可谓风随心动，恣意而不失纤巧。但纤巧与乖巧往往一纸之隔，纤则易缺少厚重，无论是画幅还是意境都是如此。林风眠是学西画出身的，所以在笔墨方面的薄弱在所难免，他的彩墨是纯粹的彩墨，墨只是一个造型的结构，一个框架，甚至只是一种更深的色彩，而丰富的色彩是构型、构成意境的主体。这点是他不同于张大千、刘海粟之处。

还有黄宾虹。黄的山水本来就以水墨的“厚重”“繁复”“浑厚华滋” “黑密厚重”为特点，黄宾虹吸取前人观点提出了“五笔七墨”说，以“屋漏痕”的形式为笔法使笔力遒劲有力，不流于浮滑。黄曾云：“石涛未免浮烟瘴墨之弊，开扬州八怪江湖恶习。因用笔太快，轻率浮躁之气未能涤净。”吴毅对黄宾虹是心悦诚服的。虽然黄宾虹的彩墨作品相较之下并不突出，但其墨色（积墨）的内在骨架与浑厚是其根基，吴毅在此方面是得其精华的。

也不妨把吴毅与距离更近的董欣宾相比。董的山水有更多的文人之气，笔墨用线粗犷恣意，豪放而不拘小节，有霸悍之风，为色随意但厚重感有欠。吴毅作品没有文人的笔墨游戏习惯，风格豪迈而不霸悍，坚实厚重而不涩拙，而且彩墨山水的色彩交响感亦为董所不及。

墨与色的交响

吴毅提出“色墨同源”把色与墨定位在同源同根、同理同法的学理关系，这是非常有创见的。吴毅的水墨突破了传统绘画色与墨的蒙皮关系，具有浓厚的现代意识但传统审美趣味依在。

吴毅说：“古云：墨分五色，吾顿悟色、墨同源，国之精粹。寰宇一色玄黄也。天玄，地黄，玄之又玄墨也。分而为色，合则为墨，以墨作色，众色之本。其墨法以浓重为主，破墨积墨互渗，加之色黑互破，和严谨留白，满密厚重而能潇洒灵动。”这是他对色墨关系的最好解释。

吴毅的彩墨画是在80年代初发力的，当他去了昆仑山和青海后，画了大量的苍茫遒劲的山川，在老辣的线上随意勾抹色彩，大多是赭石色。刘海粟是这样评价吴毅的西北作品的：“画西北高原沉稳厚朴，雄而不粗，放而守法，以质胜华，有历史感。”（刘海粟《新笋看成堂下竹》）这时的彩墨山水以笔见长，色的使用只能称之为“浅绛山水”阶段。

吴毅在80年代后期的作品更加成熟，可称“重色”阶段，可以说进入一个“色与墨的交响”阶段，我们看《塔尔寺集市》（1989）、《黄河激流》（1990）、《塞外人家》（1900）、《清音图》（1990）色中带色，墨与色与水排天挞来，已到出神入化的地步。看吴毅所画荷花《华彩》（1991）无论其色的大胆涂抹还是整体的气势，已经完全超越乃师刘海粟的同类作品。

2000年后的彩墨作品更随心所欲挥洒自如，像《禅月》（2006）《静夜》《月下》（2006）完全臻于化境，可谓横竖涂抹，怎样都有，比起同类尺幅题材的林风眠作品，吴毅的奔放和胸中逸气的抒发已经远超过之。同年作品《庭廊萦回》随意而成，颇有白居易诗“轻拢慢捻抹复挑，初为《霓裳》后《六幺》”之感，而且画面色彩虽然浓重但却有透明之感，可谓厚重与灵动兼有，画家对物象的处理完全达到了随心所欲，呼之即来，色墨交响的地步。杜甫在《戏为六绝句》中有“庾信文章老更成，凌云健笔意纵横”之句，艺术家到老年，意欲纵横而身手不给力的例子比比皆是，很多画家到衰年之时，手力和眼力都会有严重的退化，但吴毅却更加老辣，他的彩墨山水从20世纪80年代末到近年，一直保持很高的水准而且越来越老到，让人赏阅欲罢不能唯有击节。

“象思维”的作用

吴毅提出了“象思维”而且情有所钟，他在其画册的《自序》中曾称：“诗言志，画亦然。盖图缘于象，画启于心，明于志。心象生成，图画高远焉。”他有将“象思维”归结到艺术本体论的高度的意愿。其他各名家也纷纷诠释，有将“象思维”用《易经》去解释的，还有将其理解为“气”的。当然“气”比“象”更加本源，最后难免将这些归结为“道”。而到了“道”的层面，其实就进入了最抽象的哲学层面，已无法直观，甚至无法推演。所以在海内外的多次讨论中，“象思维”仍未能得到统一的认识。

如果仅仅从形象思维的角度说“象思维”，似乎无太大意义；如果用所谓“易经”指导作画，那也难免流于空泛。倒是王鲁湘提出的一种解释“象思维”尚可参照，他说：“在这里我们可能更提倡使用意象思维。”（见《承传与现代·吴毅中国水墨画展》研讨会纪要）

周积寅先生的理解我认为有价值，他说：“（吴毅作品）全然没有对对象的细节刻画和轮廓描摹，代之的是笔墨的跃动、色墨交织的形式组合以及那些只属于吴毅的‘造型符号’，即‘物象’。这里的‘物象’不是‘物’的外观形态，乃是象征精神范畴的概念，即吴毅所理解的‘象’。”（见周积寅《吴毅的承传与现代》）

林木先生也基本同意这一看法。（见《心象生成，图画高远——吴毅先生的山水画和他的象思维》）

我看“象思维”更多可以理解为一种“心象”，用“心象”去统化“物象”（自然对象）以“心”感“物”。吴毅曾说：“形神最根本的问题是对人自身的解读。”虽然这样的说法在中国古代画论中可以找到印证，但这也是理解吴毅作品的核心，其实这也是“外师造化，中得心源”的自然延续，如果从这个角度理解吴毅的彩墨山水所取得的成就，那要容易得多。

吴毅也说：“心象生成，图画高远焉。”看来，一味地要从艺术本体论角度去理解“象思维”还不如从认识论、创作论角度去感受吴毅以“心象”感悟和表达“物象”的过程。他曾说：“它不同于西方传统的绘画表现样式，更倾向于追逐形外之象的效果，把形外之象强化感觉功能而产生现代节律感。”（吴毅《艺术之我思我行》）似乎可以这样说，正是创作论意义上的“象思维”激励着吴毅在物我的博弈中置身后者，以“我”度“物”，以“我”化“物”，虽然他不停地向本体论意义的“象思维”追寻，在这个过程中，其所臻之“化境”实乃一种“超我”的自然流淌。

对吴毅作品，国内众多专家都给与了极高的评价，各有其切中肯綮之处，但我以为台湾地区的刘昌汉先生对吴毅山水评价更有建设性：“他的山水综合了李可染的浑蒙，黄宾虹的滋华，刘海粟的狂放

和朱屺瞻的老辣。”（刘昌汉《墨雨的啸咏》）

如果这是对吴毅全部的山水（包括水墨）的评价，本人不敢诳论是否得当，但如果是评价吴毅的彩墨绘画成就，我认为是恰当的。五四以来，学术界讨论中国画如何现代化已有百年之久，怎样使华夏丹青从中国的现代性中衍生发展而不是粗暴地挪用西法，探索之人无数，今天审视吴毅的彩墨绘画成就，其对山水、景物的描绘、意境构筑，确已进入“化境”层次。说百年内华夏画人无出其右，概不为过。

2018年11月

作者为南京艺术学院教授，著名美术史论家

海老谈话记录

沈蓉儿

1992年，12月22日由上海去香港，住20世纪香港大酒店。12月24日下午去九龙海老住处，九龙和香港环境气息不同，不似香港繁华却有郁郁菁菁之清新感。

刘海粟在香港看吴毅近作

三点到达时海老还在午睡，直到五点方起身。先看了我的信息图，海老说：“想不到！很现代化，有灵感、自然。”最后连连用英语表达，也许以为我在美国说英文，也许是认为用英文表达更确切。我很惭愧没听明白，但因海老听力不便，不好意思再问。

海老看吴毅的画很兴奋，连赞“好”，“我又要做梦了！要画大画，泼啊！泼！这是划时代的作品！”——大有恨不得自己站起来大泼一通之意。最后对吴毅说：“我送你两句话，一是笔墨知己，二是……”不等海老说，师母即接口讲：“二是忘年之交。”海老摆摆手说：“不，是后来居

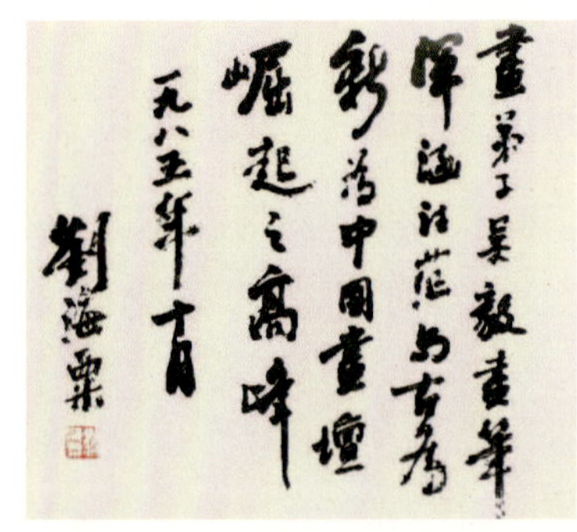

刘海粟为吴毅题词 1985

沈蓉儿、刘海粟、吴毅合影

上。”并说：“我号称艺术叛徒，算得没框框了，但还是有点框框。像作诗总还要考虑个满江红、沁园春等词牌，你干脆一点框框也没了。”

海老看完画后还用放大镜一字一句看我写的《艺窗点滴》，边看边说：“好，写得好。自然、生动、真切、真诚，有感情。”并风趣地说：“你们两个通电、来电。”不觉已到七点，告辞时海老无限留恋地留我们吃饭：“吃饭，在这里吃饭！”我鼻子酸了，他拉着我的手一直不肯放，我很惊讶地听到海老说：“你非常聪明，画得好，想不到文章也写得好。”

新笋看成堂下竹

刘海粟

面对一个人或几件静物，在二十分钟之内画成一张素描，无论是否形似，都可以断定作者有没有画家的眼睛。这种观察力并不神秘，也可以通过苦干逐渐培养而成。没有这种观察力而当上画家，则是不可思议的事情。

刘海粟为吴毅山水画册题字 1985

吴毅30年代之初生于日本，返国后就读于澳门。1962年毕业于南京艺术学院，打下了从事创作的基础。这位渐露头角的中年画家不仅有画家的眼睛，而且很能吃苦。为了研究大自然，履痕遍及黄山、桂林、天台、雁荡、峨嵋，也到过西北高原和华北，长期同崇山旷野对话，和巨川大海谈心。在技法上他不师一家，对沈石田、吴仲圭和清初四王的线条，都认真做过分析研究，在实践中不断综合升华，化古为新。西画的营养，如构图及线条的音乐性、现代感等等，也不排斥。对我的画法也能入能出，从不依样葫芦。心胸、胆识、气度、学问，本来因人而异，笔笔像老师，便不是好学生。吴毅写南国风光绵丽深邃，秀而不薄，云蒸霞蔚，草木清华；画西北高原沉稳厚朴，雄而不粗，放而守法，以质胜华，有历史感。他把自己的向往、阅历、赤子之情，都溶化于笔墨之中，挥洒到笔墨之外，线条犹如琴弦，颤动着壮美旋律和乡土诗情。雕饰纤巧，是他洗刷的对象，而渴望达到气韵生动，自然高妙，无迹可寻的境界。看了他的作品，很欣慰，也很振奋。

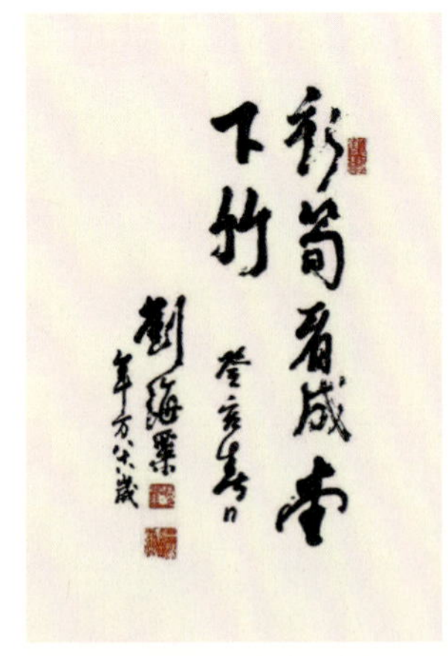
刘海粟为吴毅山水画册题词 1985

祖国需要一批全能的大画家来描绘她的锦心铁

骨。这些画家应当人品敦朴，忠于父老同胞，趣味高尚，憎恨虚荣和谄词，工诗词，精书法，通篆刻，懂得哲学、美学，熟悉中外美术史上的名家名作，善于从民间艺术吸取营养，理解山川和人的风骨情思，甘受大寂寞，用汗水脑汁灌溉自己的园地。历史呼唤这批人已经很久了。吴毅应当用高标准要求自己，把困难荣誉都当作燃料来铸炼意志，一步一个脚印，扎扎实实地攀登艺术高峰。

我寄莫大希望于青年们，同时也向他们提出一点告诫：从事创作是人类最幸福的职业，要用行动来珍惜！并非每一种日常工作都具备艺术享受！人民用血汗来哺育我们，我们应当画出无愧于中华民族伟大历史、伟大山川的作品，来报答新时代！

画弟子吴毅画笔浑涵汪茫与古为新，为中国画坛崛起之高峰。

作者历任南京艺术学院名誉院长、教授、上海美术家协会名誉主席

此文为刘海粟先生1985年为吴毅山水画册作序

论 | 吴毅

龙蟠虎踞图 水墨设色纸本 142×357cm 2012

大家论吴毅

邵大箴：吴毅先生在数十年绘事生涯中，孜孜以求的是发掘中国传统的文化精神，使这种精神在新的社会环境中得以承继和发扬，他从中国古代文化中追根溯源，探寻中国绘画的哲学美学源头。他反复阐述象说理论，以论证中国传统绘画写心写意特征的理论基础。他的水墨山水从深厚的传统走来，以“外师造化，中得心源”理论为准绳，写心中丘壑，既有深度的理论思考，更有强烈内心感情的奔泻。笔线奔放而劲健，墨色丰富而有韵味，予人以视觉的强烈刺激和美与力交织的感受。在中国画坛，吴毅是一位独立独行的杰出艺术家。

栗宪庭：吴毅是当今海内第一流画家。吴毅真挚得天真、单纯，心灵像一泓清泉，可以看到多少年来的故事，愿望和感情，像他的画，奔放而厚重，深沉而大气。最令人感动的是画的容量，似乎可以窥见他人生的过去和未来的全部思想和感情，且又那样自然、真挚。像用一种很安静、低沉的声调向自己最要好的朋友在叙述。我以为他的成就无论从哪方面说都是一个重型炸弹，这种还暂不为多数人欣赏更说明它的生命力。我以为更大的荣誉尚在后头。

郎绍君：吴毅先生的为人很大气，能够包容，有宽阔的视野与宽大的胸怀，这构成了其作品大气的根基。

红绿相映 水墨设色纸本 95×69cm 2004

作品的大气还跟艺术传统有关系。吴毅主要继承的是古代和近百年的传统，重视强悍而内敛的笔线，大面积的墨韵。有内在根基的大气，是自然的，有内在力量的。当下流行画大画，讲大话，故作伟大状，大笔挥洒，用脸盆泼墨，但大多是没有内在动因与根基的“大气”。能像吴毅这样，自然而然的大气，不容易。第二是厚重，浑厚苍茫。作品的厚重，首先也和人有关，如做人做事都实实在在，真诚朴厚，而不是浮躁轻佻。其次和笔墨色彩有关，但不只是画法如墨色层次上的厚重，还要有一种源乎内在的浑厚之气，哪怕是一笔也有厚重感。浑厚苍茫可能通过有意追求而得到，但如果没有画家气质与相关功夫（如书法功夫）的支持，就很难得到高质量的苍茫浑厚。第三是吴毅借鉴了西方艺术，融会了中西文化，但显然是以中国绘画为根本，以笔墨为基本语言，在处理形和色彩上，可以感觉到西化绘画的影响，但总体上是没有痕迹的。

刘曦林：他胸襟为之开阔，情感为之激扬，笔墨色彩为之升华。作品荒凉、苍茫、博大之气象逼人。他墨笔与色笔叠错并用甚至于厚涂犹如油画般效果的另一类风格，体现了他将五行色彩视为生命现象的"色墨同源"说。登昆仑雪峰，览黄山风云，绘金陵巷陌，画巴黎街头，吞吐中外艺术信息，会通古今美学内涵，着文、赋诗、图绘不辍，成为当今在海外沿学者化的艺术途径致力于中国文化发展的代表之一，也是华人文化圈里，在传统自身基础上向现代形态转换的代表之一。

朱道平：吴毅是从金陵也是从南京书画院走出来的当代中国画艺术上有独特艺术贡献的山水画大师，这是我们金陵更是南京书画院永远的骄傲!吴毅对中国画艺术及其发展的大方略有着自己深刻的思考和关注，他在美国的三十多年中仍尽力想为中国画的良好与健康发展贡献自己的一份心力，其间多次邀请中国艺术家和理论家赴美讲学访问，也曾多次回国办展和问道研讨。令人感动敬佩！当然吴毅最突出的贡献还是他在山水画艺术上的非凡创造，这次展出的七十余件作品，很好地展现了他近半个世纪艺术生涯中取得的巨大成就，他的山水有传统更多的是创造，视野广博气势非凡，大胆地用色墨浑然一体的大写意手法，生棘而绵挺的线条很好地表达出自己的心境与创造的山水意境。

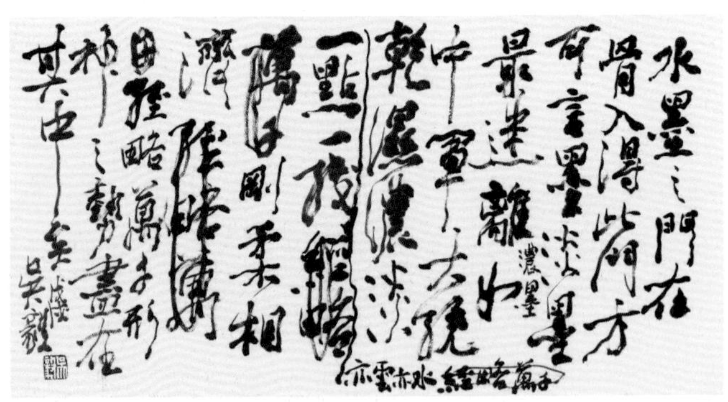

论画书法 水墨纸本 48×90cm 2018

近距离了解吴毅

沈蓉儿

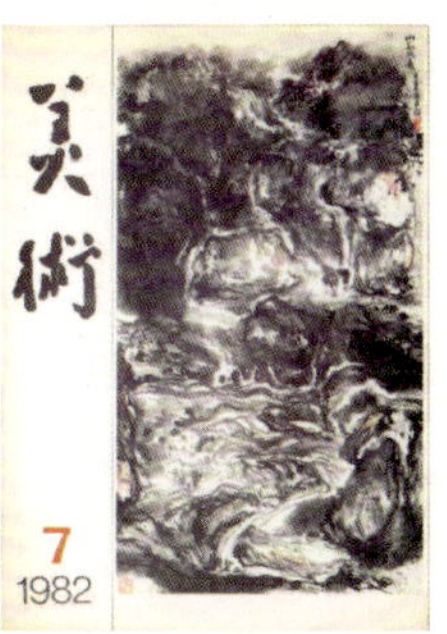

《美术》以吴毅《山高水长》一画为封面，专栏介绍其画作九幅及论文《形神笔墨琐谈》一篇　1982

山高水长　水墨设色纸本　112×69cm　1981

这篇有关吴毅的艺术简历，不求能深刻地阐述他的思想，但求能使关注他的人从我个人有限的水平和篇幅中了解一些吴毅平日的所思所行。

一、华侨世家 学艺经历

吴毅的籍贯是广东中山翠微（现为珠海），原名吴玉书，追溯先祖则是江南延陵季札。1934 年吴毅出生在日本横滨。1937 年全面抗战爆发，三岁的吴毅随父母全家到澳门。1948 年到上海。1949 年考入华东军政大学。1950 年调至华东海军学校，毕业后留校，17 岁成了新中国第一代海军信号科助教，参加了天安门广场的阅兵式。1955 年 21 岁受衔为海军少尉，任信号科教官，立过两次三等功。

1958 年，吴毅以一名现役军人的身份报考南京艺术学院美术系，分专业时，他毫不犹豫地选择了国画专业。

吴毅十分珍惜这迟来的学习机遇，他庆幸有罗叔子、陈大羽、沈涛、谢海燕等老师的指点，南艺丰富珍贵的藏书藏画更在他面前展示古今中外历代艺术高峰，中国水墨画的领域让他深深领悟了一个新的境界的开阔和博大，内心蕴蓄了巨大的动力。

他一心钻研传统中国水墨画，他说：“孙悟空下东海才找到金箍棒，我也要在优秀的传统文化大海中找到适合我自己用的武器,唯有深入学习传统，才能真正掌握传统精华而又不受传统制约，对中国传统水墨的运用更加自如……”他出入图书馆博览群书、四处勤画速写，他认为这是培养视觉与心灵默契的最佳途径。他不满足已有的一套程序，对中国水墨画的思考和探索也就在那时候开始：为什么没有一开始就从光和色的方面去发展？不是中国画的大师们没看到，而是从文化源头就出现一个很独立的体系！为此也确立了走一条继承传统，画出自我，再创高峰的艰辛之路。

1962 年毕业后他和大部分同学一起被分到南京轻工设计室搞产品设计。在逆境中，他始终保持正直清白做人的气节和原则，展现他独立的人格，从不计较个人的荣辱得失。心里只想着他争分夺秒画的那些画，下班回家就直奔画室，翻掀墨浪，指挥千条线万点墨，统领这黑白方寸之地，全心致力于中国传统水墨画的现代转型，也就是这个让他魂牵梦萦废寝忘食的事业，给予他无限的天地，遨游在心灵的太空。

二、探索征途 异军突起

吴毅走了一条和当时主流画派全然不同的画路，其大胆出格的画风引起了前辈的关注。1979 年，吴毅在江苏省国画院院长亚明老师带领下，应中国文化部之邀，到北京颐和园藻鉴堂作画。当时汇聚了南北老中青三代画家，李可染先生称他“用墨很好”，刘海粟老师肯定了他的观察方法，认为非常符合时代要求，并邀约吴毅一起提前离开北京赴黄山写生。得画坛一代教育宗师知遇，从此对海老执弟子礼。黄山之旅时，风雨中画了大量的速写，让年事已高不能上山的老师共享画兴。海老十分看重这批写生稿，我上黄山时海老对我说的第一句话就是：“吴毅人品好啊！”

1980年南京书画院成立，吴毅被聘为书画院画师。同年被选为南京美术家协会理事，南京市文学艺术界联合会委员，1983年又被推选为南京市人大代表，主席团成员。

80年代的吴毅事业正处于上升期，他作画，立足于气韵、气势，吴毅说：“我的画深沉地反映了时代精神，不是表面化的贴标签。”南京军区有位参谋长看了《山高水长》一画就激动地说，就像当年行军时，回头一望，那翻山越岭走过的山山水水就在心里。

吴毅作画充分发挥了前人运用笔墨的经验，落笔起笔使画面浑然一体，黑白的布局不是简单的拼盘式的三叠式，画面的那些白点在闪动，是有机的内在联系，体现了一种节律感，组成了整个画面的节奏。如《山高水长》《白龙桥》《玉龙腾波》等等。古人是“惜墨如金”而他则是“惜白如金”。

朱乃正教授来访看画，仅一面之交即称：“吴毅的画风当今中国没见过，二、三年内必是大家。”

《美术》在当时是绝对权威的专业刊物，其责任编辑栗宪庭和摄影师专程到南京向吴毅征稿，栗宪庭称吴毅为“当今海内第一流画家”。1982年

《美术》第 7 期发表了吴毅作品专栏，选论文《神形琐谈》和 9 幅画作，其中《山高水长》为封面，这在那时是相当特殊的规格。

吴毅于南京寓所作画 1980

研究中国宋元理学的瑞士学者耿宁先生来访，看了画后说“这次来中国很幸运，见到了中国的天才。”

然而吴毅从不认为自己是“天才”，但是坚信“天生我材必有用”，他强调：“我不认为我是天才，但是确实我的思想活动很勤，对艺术痴情，能苦苦追求。”

“自强不息支配我一生”，他说：“龙蛇待识。我是节节甩掉我以前的东西，对自己也还要继续看，走一条前人没有走过的探索之路。”吴毅内心凝聚无比动力和自信——“后人超过前人是历史规律，也许是一个很漫长的过程。我的目标从来就不是为了超过某个人，我的目标是在我们民族绘画中树立一个里程碑。”

吴毅如是说，也努力付诸行动。1982 年 9 月我们赴甘肃敦煌，吴毅早已心往这浩瀚的沙山，尽管水土不服、腹泻腿软，还是翻上滚下地折腾了几天，敦煌在他笔下仅是几根粗犷的木炭线条，不知他对那无法可套的沙山何从下手，水彩画式的淡墨横扫两下，无骨无肉的不是他想要的，吴毅笔下的沙漠会是什么样的呢？之后余兴未尽的又上青海。回南京后他画出一批《黄河纪游》《明月照关山》《旭日朔风《瀚海图》《莫高窟远眺》《迎朝辉》《河西走廊》《塔尔寺》及人物画《炊》《朝拜》

吴毅于中国南京梅花山写生（左为女儿吴艳）1981

《塔尔寺集市》等与江南山水迥然不同的作品，我心为之震撼——这一趟陇西行意义非凡！

吴毅说：“我回来后迟迟不动，就是我在那里时已预感我要抛弃老的技法，但还是中国画，是中国画的继续。这幅画笔墨厚重，‘瀚海无尽藏高窟’的意境出来了。如果按照视觉规律的话是不能做到无尽的。”“我的笔法随情而变，我画的时候根本没考虑笔法，对象不同，一切都变了，看我的画眼珠要到处转。”又说，“这张画你说美，那是节奏美、旋律美，其实这是中国画超越有限视觉的审美意识。”我想，能画出这种浩瀚沙漠的历史感，画出如此纯真的藏民，真的已不枉这次西北之行了。

1983年再次赴青海，一心登昆仑。西宁的朋友说，我们这里的人有一句话“宁可向东走千里，不愿往西退一步。”感于吴毅“溯源头，终古流水悠悠，大河之上从头越，展万里云天。”的壮志，为我们联系了部队的运输车，并伴随我们一起出发，沿唐文成公主入藏路线经日月山、青海湖、戈壁滩到格尔木，再转乘小吉普，翻唐古拉山登上了昆仑顶峰，虽道途艰辛，但一路领略了孕育我中华民族之源本身特有的深厚与博大。昆仑的气派令人感悟作画的妙谛即虚怀若谷，昆仑的纯真启示艺术的灵魂是将真情个性融于万里山河之中。

陈丹青看到吴毅的速写说：“这是吴老师的心血，将来是要进博物馆的。”看到近作说：“今天我才体会到以前吴老师说过的话——追求的是山水的真貌，即本质和灵魂，今天看到的就是山水的本质，气度大啊……如果石涛活过来的话也会吃惊的。”丹青突然又问：“吴老师工资加上没有？”“没有，因为他调出了原单位，他手术后的两年中没好好搞设计，就主动放弃了。在名、利这方面他不会去争。”这和他常以延陵季札之后承谦让之风有关吧，我这样回答，丹青即说：“历史会给他加工资的！”

吴毅于青海 1982

年轻人尤为敏感，称吴毅是“代表了这一代有创造性的杰出人才”。那时不少年轻学子经常向吴毅求教如何画出好画，吴毅总是对他们说：“你要培养自己的感觉，就要到大自然的母体中去逐步培养出自己的东西，而不是套别人的东西。主观的东西最终还是主观的，但必须从客观中来。”

有的学生苦恼地说作画时总逃脱不了几个“大家”对我们的影响。吴毅就说出自己的感受，他

一览江山 水墨设色纸本 55×69cm 1993

吴毅于四川峨嵋山 1982

说："这个问题也是一种意志。'大家'的东西要吸收，这种吸收是你被他融过去，还是你把他融过来，这里有个意志的锻炼，要有极大的信心、毅力和意志。艺术本身就是我——从某种意义上说，艺术和本人的感情几乎是等同的。"

"一幅作品是否是你真实感情的流露，以及是否上升到表现形式上的成熟，诸如技法、章法等等，这是随着画家思想上的成熟而跟着成熟，就像语言的表达方式，幼年时不完善，不成熟，到成人后就提高。若研究技术、技巧一辈子，而不重于自己思想上的提高、成熟，这样是不能有真正的提高的。"

吴毅画上的题跋来源于他的画，诗画相通言志抒情，他说画是有形之物，它的精神内涵是无形的，其内涵深，作品的容量就大。题跋是有感而发，是思想情操的表达，因而和画一样，是一个艺术家抒发他纯朴心灵的结晶，是他的思想的痕迹留在画上，因而一个艺术家应该有自己的观点、自己的语言，自己的音韵节律，表达自己感情的诗句入画——自称"画辞"。因而吴毅一再强调关键是开发自己的智慧，而不是因循守旧一成不变。

为此，吴毅常说："对学院的教学方法我有不同的看法，如果由我去讲课的话，我第一堂课就讲'志气'，要有为国争光的志气，不要害怕名人，要有自信。第二堂课讲'重传统'，第三堂课讲'反传统'，'反传统'和'反对传统'是两个不同的概念，古今中外都一样，任何一个流派在传承中都会因为因袭而走向末流……"

《登象山顶》画跋：“极目平沙漓江滩，洲渚错落水回萦，我骑笨象君莫笑，漫步滩头胜骑龙。”是吴毅的精神写照，他说在艺术这条道路上我不想走捷径，这是我一贯的观点，现在一些学画的沉不住气怎么行，路还长着呢！

日本著名画家加山又造（右二）邀请吴毅、沈蓉儿为其画展嘉宾 1984

吴毅特殊的画风和正直诚信的人品，至今都有不少画家称受其影响至深。他特立独行的个性固然是天性，也是近代中国社会震荡的形势所造就。他坚信：“我们这个动荡的时代，是一定能出人才的时代。”

三、立足世界 西方观潮

1984 年 6 月 3 日飞机在东京着地。

对吴毅来说，横滨那迎面而来的异国情调陌生中又有点熟悉，连周围华人的眼光都在生疏中流露亲切——吴肇扬的孙子回来了。

祖父吴肇扬历任抗战前日本横滨中华公立学校校长，包括小学、中学，其前身是康有为创办的大同小学。伯父继祖父后亦历任横滨中华公立学校校长，可说是桃李满东瀛，在尊师重道的日本华人中备受敬重。

我们访日的半年期间，接待我们的是吴桂显叔婶。他们日常生活俭朴，可以步行的就不搭车，但为家乡捐赠办学则倾其全力，一个海外华侨克己爱国之心，也是所有海外赤子的写照。

在此也特别感受到日本画家的真诚：横滨美术家协会会长长宗希佳，见到我们首先是为日本侵华

吴毅（右）与日本书画家大山鲁牛（左）于东京 1984

作道歉；著名画家加山又造邀请我们作为他个人画展开幕式的贵宾，还在他府上互相交换观看作品，他拿出多达两百张人物精品，并赠送画册数本；大山鲁牛和吴毅干脆撇开翻译作笔谈，大山先生写道："有八大山人笔意，亦有青藤、石涛、石溪、龚贤、王石谷笔法，最终是吴毅笔法，有传统又有现代感。"大山先生不满日本画表面的写实，主张写心，吴毅亦写"画即心""心之动律""随意而作"……你来我往笔畅意深。

10 月应邀访问东京艺大院长平山郁夫，他陪同参观该校各专业，感叹"日本的文化艺术源于中国，人种也源于中国，但各有民族特点，唯其保留自己民族的特点风格才行……然而又要互相吸收，就像农业的种子，老是一个品种就要退化，一定要两个优良品种培育出新的品种才能更优良，中日文化交流的作用也在于此……"平山先生言行一致，他为日中文化交流不遗余力。

在和日本书画家的交流中感受到他们对中国文化的根的情缘，然而在向西方学习的大潮中也有迷失自己传统的危机。眼看有些办大展所作的书法作品超高超大，视觉上虽引人注目，但感觉是"乱七八糟的墨团，装裱得倒挺好。"

吴毅认为："书法的境界事实上要超过绘画，墨团不是单一结构上的抽象的变化、视觉的变化。"在艺术实践中体认到："你作画必须考虑形式美，在某些情况下，当形式美和你内心的感情完全融合成一体时才会起艺术的效果。很多人把这个形式美

天地盈正气 水墨设色纸本 124×246cm 2006/2015

误解为单纯的考虑形式，这和必要的考虑形式有区别。表面上似乎没有差异，但是有质的不同，一种是和心灵的真正的感受溶为一体；另一个是分割的、割裂的。我讲形式的含义是它跟我内心的心灵形成一个完整的东西的时候，这种内心的感受包括了你的认识，包括了你的生活美、节奏美，反映了天人合一的美学观，这亦支撑我不断走向新的领域。”

一些非常欣赏吴毅作品的学者，如横滨国立大学加岛祥造教授，他希望吴毅能在日本办画展收学生，但亦担心曲高和者必寡，日本人可能看不懂。

对这点吴毅早有心理准备，他认为：“当今的艺术大多和商品没什么两样，商品自然有美的欣赏价值，艺术除此之外更重要的是思想语言，我的画是走向后者的天地，自然是一个难题。”同时更认知“持续的高涨是没有的，经过一些风浪能更深沉。”

1984 年 11 月底我们从日本到美国纽约。

陈丹青早我们两年到美国，从接机到安排住宿、引领参观美术馆，全靠他的帮助，甚至还指引如何买块巧克力在美术馆泡一天，如何在看到 M 字形的麦当劳店里免费上洗手间……

美国美术史家科珠恩女士介绍我们和纽约的画家及其朋友见面，她常说她在中国发现了一个天才，指《昆仑》一画 “这是大师的作品”。1982 年就推荐吴毅的作品参加美国《心迹画展》的巡回展，从史密斯学院艺术博物馆到波士顿市政厅画廊，再到纽约的布鲁克林博物馆。美国杂志《交流》介绍：

“美国观众发现吴毅在处理点与线时用墨洒脱，笔力刚劲，充分显示了高山本身的巍峨与活力。”

（左起） 水天中、吴毅、汪悦进、朗绍君、沈揆一于研讨会 2008

科珠恩很关心吴毅作品的去向，并问起1983年底苏富比拍卖公司在南京收购吴毅的十几张画去向如何，我们更一无所知，到是后来应邀造访还在苏富比工作的一位朋友时，得知当年仅他私人就收藏了吴毅的两幅作品。

那时收藏吴毅作品的途径除非是吴毅个人赠送，其余都是在南京友谊商店、南京文物商店、南京画店购买。画店能得到吴毅的作品，往往是风闻他要外出写生，就来动员他出售几幅作品。有次江苏省外贸“名家书画”约好拿八张画，结果自己看看“还不满意”，出于自爱自重而取消。

吴毅这种严谨的作风是一贯的。1989年纽约汉雅轩画廊办“神外书画展”，经办人到家里选了一张估计普遍能接受的作品，果然还没展出，那张四尺三开大小的画，定价四千已以六千美金售出。有人认为可以多画些这样的画，而吴毅的反应是不会去迎合。有的学生想不通，“老师大约有病，画不卖到很高兴，再画一张也不肯，毕竟也是几千美元呢！”人们不明白为什么他不急于出头，也不急于市场效应，他自己也说：“我的才华每一波都是被自己压下来的。”“我不会重复自己，也不可能重复——可以说老祖宗传下来的最精华的带有人文气韵的大写意，一个人毕生的气韵都溶化进去了。”

他就是这样朝着既定的目标前进，排除一切非理想因素的诱惑。

（左起） 水天中、程征、王宁宇、林木、吴毅、Melissa Chiu（亚洲协会博物馆馆长）、王璜生、陈履生于展览开幕礼 2008

吴毅的想法是，为卖画而画，不要说好画，连画都画不出来了。他说：“首先要自己对自己的画宝贵，才能画好画，如果把自己的画当摇钱树，那就画不好画。”画是一个艺术家抒发他纯朴的心灵的结晶，他有感而叹曰：“艺之道运于心，求之于自然，得之于自然。心正则艺进矣，童心可待日而得；心术不正，名位熏心，俗品可得，上品日远。”他对自己的要求从“攀登惟系风云志，追风墨韵定乾坤”句中 可看出，他锲而不舍追求的是水墨的至高精神境界，他的目光早已超越眼前的功利。所以不是故作清高，自性而已。

对生存问题，他常说：“一个人有了一个目标后就做什么么都不怕，多愁善感、患得患失就根本不适合在国外生存。关键是自身对自己的文化要有定位，走到世界任何一个地方都很自信。不会因为西方文化的强势而自卑，更不会为生活苦一点而觉低人一等。”他从小经历的苦难，几经沉浮转折的人生经历，他都视之为是“天降大任于斯人”，因此他把一切都看作是磨炼，丰富的阅历更是人生不可多得的财富。他说：“我一生的动力就是奋斗，做什么事都是靠认真，在认真中求提高。”

身处纽约现代艺术中心前沿，面对此起彼伏的艺术潮流，丹青对吴毅分析说：“你的学养来自中国，你的绘画市场也是中国，这是你的矛；你的盾是，你个人的文化完全是世界性的，你是有资格代表中国最优秀的文化精华向世界展示。拿你的矛来量你的盾是无法量的，现在要调整的是你对这个环境的认识，对这个环境的运用……”

吴毅对自己的目标是明确的，对西方艺坛的大环境的认识也是清醒的，中国水墨画远远没有达到它应有的定位和影响，这更激发他弘扬中国文化，攀登水墨艺术高峰的心愿。

速写 76×52cm 纸本 炭笔 80年代

尽管不少机会是随时在向吴毅招手，但对吴毅来讲，他不被眼前的得失左右，他常常想的是："在漫长的生命线中，机缘，也许是遥远的未来，也许近在眼前，机缘只是偶发性的火花，主观上并不追求某个火花，做自己该做的是最重要的，因为你追求的艺术是高标准的，这个目标不一定在你有限的生命里达到，但为另一群人达到，那是历史给予的机会，这也是一个生命现象，是一个更长远的生命过程。"

为此，对眼前的"机会"必须有取舍，也许会错失却不能迷失，他深有感触地说："我可能失去不少机会，但有一点我是牢牢抓住了——少壮不努力老大徒伤悲，元、明、清以来优秀的写意传统我得到了。""我既不是只吸收西方又不是只有传统精华的画家——我没有框框，我的范围是全球的。我付出的代价也大——如果没有人认识我的艺术也无所谓。"

吴毅认为艺术家的成就和社会名位没关系，他们不图虚名，他们属创造型，不是用"知识"，而是其"本源"，是艺术家的独创性带动了整个社会。

他在《观潮》这首诗中写道："身在西壁，新潮正涌，浪拍高岸，坐到天明。"表明他身在纽约这西方文化中心的壁垒，任新派潮流风起云涌，潮

速写 53×37cm 纸本 炭笔 80年代

起潮落，他静观其变，相对保持自我，不争这一朝一夕，更坚定自身对艺术的追求。

吴毅的努力是孤寂的，但不是孤独的，是与时代息息相关的："我自信我的作品必能代表这个时代，那也是我们这个时代给予我的激情。不能认为不是潮流的东西就没有时代精神。"他明白："我在西方很寂寞，但是中流砥柱，必然代表中国当代水墨艺术主流，每一个画家都要有清醒的头脑，一定要有自己的思考和定力，这就属人格性的问题，是一种使命、责任，从宏观方面感悟世界，使中国水墨画再创高峰，这是极大的自我挑战，无怨无悔其乐无穷。"

四、再现中国水墨辉煌

其实，吴毅以一个成熟的中国画家来到异国他乡，最渴望的就是"我了解世界，世界了解我"，他说："我了解了世界就明白我该做些什么；世界了解我，这个'我'更是指大我——中国水墨文化。"他不主张强调个人作用，个人毕竟太渺小了，但每个人应重视个人对社会的责任。

有感于美国收藏了极丰富宝贵的世界艺术的精品，在艺术实践探索的同时，吴毅萌发了想完成一件近百年还没点到位的事——从理论上提出东西方两个文化源，寻求对中国传统水墨文化作新的演绎，深入发掘与整理中国水墨艺术的美学体系。因此吴毅考虑中国搞美术理论的学者和画家可到西方看看，对西方艺术采取比照，根据我们深厚的文化传统理出中国水墨艺术的美学体系，在世界艺坛双向交流中和西方美学体系对应互补，这是世界文化交流史上的大事。

1994 年吴毅在纽约注册成立了非营利性质的学术机构“中国现代艺术学会”。

学会在全体成员的努力下，分别于 1994 年和 1996 年两次邀请了中国艺术界的画家、学者来美，提供一个考察学习交流的平台，每次都长达一个多月，以进一步共同探索中国水墨画的承传与现代转型。

2002 年学会在纽约举办了《中国画百年回顾国际研讨会》，邀请了 30 名来自中国大陆、香港特别行政区和台湾地区，以及美国、加拿大等地的学者演讲，会期两天，贵宾上百。会后亦安排一星期的考察活动。

吴毅在大会上发表论文《中国水墨语言的现代价值》——自 1993 年发表《现代中国画展望》一文后，正式提出“两个文化源”的论点，陆续发表的论文还有《二十世纪中国画要略》《中国水墨文化源流》《中国水墨画的自然观》《中国传统水墨画的现代选择》等。

2008 年 5 月中旬，纽约中国现代艺术学会与纽约亚洲协会共同于亚洲协会艺术博物馆举办吴毅画展，并同时举办中国水墨艺术美学体系国际研讨会。

吴毅在会上发表《论中国传统水墨画的审美意识》一文，提出“象思维”是中国传统水墨原创性的思维方式，是中国原创文化最早表述天人关系的

田园风 水墨设色纸本 69×35.5cm 1998/2006

原生态语言方式，是后人在水墨艺术上达到上乘境界的大道。今天中国面对世界的文化格局，最重要的是对自身文化的重新审视。水墨传统“象思维”论题是在20世纪末新的历史条件下提出的现代水墨寻根，是对传统的再认识，亦必然是当代水墨发展的导向。

速写 52×76cm 纸本 炭笔 80年代

尽管举办此类国际活动困难重重，但吴毅认为“中国在世界上的格局是处在大变动的时代，而且是非常重要的时代，是锻炼人才的时代，赋予了一代人重任——遇到再大的困难都不能放弃。要有坚定的信念和追求。”不少学者肯定，以民间力量在美国举办这样性质和高规格的研讨会“是一个里程碑”。

2009年7月，中国美术家协会与中国军事博物馆举办《吴毅水墨——承传与现代》画展。

2012年4月中国文化部恭王府管理中心举办《易象思维·吴毅作品展》。

2013年1月人民艺术家杂志、荣宝斋艺术论坛发表了吴毅《传统水墨象思维学科论》。

2013年11月下旬参加香港Christie's（佳士德）《当代中国水墨画展》，并作《当代中国书画的传统思想导向》的专题演讲。

吴毅把这次演讲当作一个中西方文化的对话，佳士得是一个很重要的能够把中国传统水墨跟现代艺术有一个衔接的国际交流的平台。

在演讲中吴毅提出西方后现代艺术的多元性，

速写 37×53cm 纸本 炭笔 80年代

活跃了年轻一代的思路。然而艺术多元化的纯形式，如何回归艺术本体的人性品格，仍然是最根本的。

今天论传统，更强调中国文明启蒙的中国精神，书画能达到这种中国原创性的思维模式，回归人的本源来认识艺术，这是书画艺术继承中无法估量的精神财富。传统书画原创性的"象思维"形态应是当今新世纪在东西方文明的大碰撞中能够进行对应交流的基础，普遍认知多元的价值和传统的精神价值将是互为通达的。

吴毅说："人有了博大的胸怀就不会有私心。我探索把过去、现在、未来在有生之年把它紧紧连在一起，形成过去、现在和未来导向的体系。经典就是有导向性的，否则就缺少生命力。"为此，吴毅的自我定位除了探索还是探索——"天荒地老不计年"。他更寄望年轻一辈对中国水墨艺术的承传与现代做出新的成就——"浩墨千万点，阴阳各为半，洒落分西东，似分亦相连，谁解个中意，英气冲霄汉。"

正如西安美院教授王宁宇、程征所感叹："……这使我们在现今的画坛上看到一位壮怀激烈、矢志不移的攀登者、求索者、先驱者。"

原中国美术出版社社长兼总编、画家程大利在《吴毅的高度》一文中写道："吴毅的道路是一条中国画按自身规律发展和推进的道路……吴毅的道路证明着中国水墨艺术之道的通达。他的新高度是在中国画传统的大熔炉中冶炼出来的，并且有继往开来的意义……随着吴毅艺术更深远的传播，我们

华盖长秋婀娜妆 水墨设色纸本 88×48cm 2007

会愈来愈认识到中国画艺术延伸的辉煌。”

中国美术馆研究员、美术史论家、画家刘曦林在《痴情“东方既白”——吴毅水墨略说》一文中称吴毅为“当今在海外沿学者化的艺术途径致力于中国文化深进的代表之一,也是整个华人文化圈里,在传统自身基础上向现代形态转换的代表之一。”

中国艺术研究院研究生院院长、画家田黎明邀吴毅在该院做“中国文化原创性的象思维方式对水墨的导向”的讲座。田院长称吴毅先生结合个人几十年来的艺术实践以及人生经历，对中国原创性的象思维模式加以深刻解读。象思维具有无限的深意，用象思维的方式来探讨中国传统水墨画，对于当代钻研中国绘画的学者来讲无疑是一个巨大的启示。

美国艺术评论家科珠恩女士说：“吴毅把一生奉献给了中国的传统水墨艺术，并把新的艺术观点带给世界。”

中国文化报副主编徐涟在其《吴毅：超越时空的定力与自信》一文中更呼吁：“我们需要更多的艺术家‘以超越时空的定力与自信’，坚守，创新，超越，让中华艺术以独树一帜的面貌，成为世界艺术星空中最耀眼的那一颗。”

作者为旅美中国画家、原江苏省国画院画家

飞流万仞 水墨设色纸本 371×249cm 1999/2007

为了开拓新境界

——谈吴毅的山水画

丁 涛

在艺苑的山水画园圃里，吴毅的作品已逐渐为人们所瞩目。他的山水画，具有雄健磅礴的气势，淳厚朴实的风格。峰峦、杂木、烟云、流水，生气盎然。他的足迹遍于南山北岳、深壑名川。在大自然的怀抱中，他尽情地驰骋笔墨，为江山传神，揭示造化的美。二十多年来的笔耕墨耘逐渐形成自己的艺术风貌。

吴毅的艺术生涯，开始于1958年。那时，他刚考取南京艺术学院美术系国画专业。强烈的求知欲，使他如饥似渴地画人物、花鸟、山水，而特别与山水画结下了不解之缘。根据他的回忆，在第一堂山水画学习课上，一位老师说："大画家画山水，点三个苔点，都与众不同。"寥寥几句话，看似寻常，却深深地铭刻在吴毅的心中。通过长期的艺术实践，他逐渐领悟到：小至苔点，也是功夫的体现，丝毫不可忽略。

吴毅山水画的起步和其他许多国画家一样，由临摹入手。他一度浸润在博物院的古代作品里，由临"四王"的册页开始，接着八大、石涛、青藤、白阳，上溯明四家、元四家及唐、宋诸家，凡是能接触到的作品，他从不放过学习的机会，心追手摹，鉴赏体味。争奇斗胜的风格流派，绚丽多彩的绘画传统，给了吴毅以丰富的营养。他注意兼收并蓄，例如，元代画家方方壶一幅笔墨苍润的山水小品，就曾经使他受到很大的启示。他决心沿着历代画家们的艺术道路继续前进。

在美国宾夕法尼亚州拉斐尔大学美术馆举办“吴毅画展”2002

停留在临仿阶段，另辟蹊径显然困难。艺术学院的写生课，使他将画笔从故纸绢中移入了现实世界。画论中“师古人不如师造化”的至理，使他决然迈步走向大自然。然而，面对着变幻无穷、气象万千的山山水水，虽激情盈怀，却难以落墨。原先在传统作品里学到的什么笔法、墨法，似乎难以与写生“对号入座”。当时他也曾试图将传统的技法——“分疆三 垒两段”的构图，“披麻”“斧劈”的皴法等等，用之于画面，然而画出来的山水总不能毕肖其神和表达自己的感受，作品往往缺乏生机。如果避开传统技法遵照自然原形写照，则又失却绘画意趣，因此，他感到苦恼、怅惘。

实践证明，成功者的艺术道路是崎岖曲折的。艺术家必须有勇气、有胆略、有信心去战胜困难:“传统”的继承，不应该生搬硬套，而必须有机的吸收。鲁迅先生说:“这些采取，并非断片的古董的杂陈，必须溶化于新作品中，那是不必赘说的事。恰如吃用牛羊，弃去蹄毛，留其精粹，以滋养及发达新的生体，决不因此就会‘类乎’牛羊的。”吴毅在困惑中，思考着、探索着。如何溶化？是山水画推陈出新的关键。学校毕业后，他一度被分配在轻工业系统从事产品的美术设计工作。特定的工作内容，使他有机会较多地接触了中国古代的装饰美术。那浑朴的彩陶器造型，那丰厚、庄

吴毅（中）与美国古根汉姆美术馆副馆长 Jane de Bevoise （右）于研讨会 2002

重的青铜器纹饰，那简练、稚拙的汉画像石，那绚丽辉煌的唐代壁画……这些民族艺术的精华，不都可以铸熔到山水画的创作中去吗？学习山水画的民族传统，不能只限于唐、宋、元、明、清山水画家的作品，不能只继承一点笔墨技巧，应该广义地去理解历史传统。用吴毅的话说，“传统的容量很大，它包括整个民族的气质、文化素养，各个历史阶段的文化特征以及审美意趣等等，要树立从整体上来继承的观点。如果只是继承某家某派，路子就狭隘了。”从这个认识出发，思想来个解放，面对大自然，就有可能根据实地感受，化澎湃的激情为可感的视觉形象。吴毅自幼生长在海边，受过大海的熏陶；中学毕业后又曾从戎于海军部队与大海朝夕为友，经年累月，酿成坦荡的胸境和奔放的感情。他总是希望自己的画面具有轩昂的意象；希望自己能站在时代的焦点上，用绘画语言咏吟出时代的强音。然而，谈何容易。他常常为画面不能倾泻胸臆而纳闷，在学习传统的过程中，容易被古人束缚，变得泥古不化；在对景写生时，则又容易被自然所俘虏，机械而被动地模拟对象，使作品成为自然的翻版。总之，艺术的独创性，时时存在着被“古人”“造化”吞没的可能。具有革新精神的明末清初大画家石涛说，“我之为我，自有我在”，艺术作品一旦失去了“我”的存在，剩下来只是一个形的躯壳，艺术生命就会泯灭，艺术创新就无从谈起。只有在师古人和师造化的基础上，挣脱“传统”“自然”的束缚，作品方可能进入艺术的自由王国。

从认识到实践，还有一段距离。摆脱束缚，并不简单。有些作者毕终身之力还依然故我，受着传统或自然的钳制，蹈常袭故，千画一面。他们每每提笔作画，首先想到的便是“程式”“古法”，不敢发古人之所未发。宋代李成在《山水诀》中提出了这么一个规矩：“凡画山水，先立宾主之位，决定远近之形，然后穿凿景物，择布高低。”郭熙在《林泉高致》中则有着更明确的阐发“凡经营下笔，必留天地，何谓天地，有如一尺半幅之上，上留天之位，下留地之位，中间方留意定景。”诚然，这些都是古代画家，通过创作实践总结出来的规律，作为入门的向导，无疑具有积极的意义；但奉为教条，势必导致作品千篇一律。画有常理而无常法。吴毅首先在谋篇布局上，不守恒蹊，力求个人的特构。他不拘于几个局部关系的摆布处理，不囿于一树一石，而是纵目宏观，找出对象的核心真实后，整体着力。他在一幅山水画题记中，阐明了他的观察方法：“信步天地间，观山越海，以势取之，自着插天撼地之状，无须拘于一草一木也。”以势取之，不计一草一木的得失，显然增加了作画难度。因不在具象上一一描绘，稍有不慎，便流于满纸涂鸦。“势取”者，立足于此时此地对象神采的捕捉、气韵的追求。从而率意挥洒，弃滓存精，曲尽蹈虚揖影之妙。吴毅作品的构图，一般是饱满博大的，但满而不塞，时寓空灵之气；大而不空，常见茂木奇石。明赵左《画学心印》中有段话说得好：“画山水大幅，务以得势为主，山得势，虽萦纡高下，气脉仍是贯串；林木得势，虽参差向背不

象之为画其画见性——永嘉论道纪 水墨设色纸本 70×97cm 2017

同，而各自条畅；石得势，虽奇怪而不失理，即平常亦不为庸；山坡得势，虽交错而自不繁乱，何则？以其理然也。”吴毅的创新，正是首先努力于巧妙取势。他在构图时，到处落笔，初见几于不可收拾，而一旦画就，则又比较浑然统调，具有某种超脱形象的意趣。

山水画个性的形成，画面的感人，在于意境的不一般化；而要获得这样的意境，又在于笔墨溶化了作者独特的感受和激情。石涛曾说:“山川使予代山川而言也……山川与予神迂而迹化也。”画家以心灵映射万象，使物象的势态与自己的情丝交融互渗，才能步入创作的天地。祖国的壮丽河山，孕育了吴毅作画的灵感。他常常翻山越岭，对景久久徘徊，醉心其间。当对象在画家胸中构成富有诗意的画面时，当大自然的脉搏与画家的呼吸起伏与共时，一股不可遏止的创作欲，便会促使他欣然命笔。显现在笔底的一点一线和连续的墨团，都是一草一木、一石一水的化身，它们迸发出大自然的节奏，也回响着画家内心的旋律。这种情景交融的结晶，正是艺术家孜孜以求的境界。

吴毅认为，技法对于一个画家来说固然非常重要，但是仅仅注意技法还不行，必须冶炼自己的情操，使笔墨从属于感情。笔墨只是一个手段，如一味追求笔墨，则往往使作品僵化。二十多年来，他在笔墨上下过一定的功夫，但并不以此为满足，而是时刻注意为情所用。在特定的环境里，产生特殊的感情，也就可能滋生特殊的笔墨情趣。他几次攀登黄山，黄山每次给予他的感受都不同。笔墨随着感情的变化而变化，吴毅总是想千方百计地把大自然给他的感受凝聚于笔端。

《山高水长》是他得于黄山的近作。他摒弃了用大片空白拉开空间关系的通常处理手法，而大片地使用墨团，巧妙地间以空白。宋人范晞文《对床夜语》说："不以虚为虚，而以实为虚，化景物为情思，从首至尾，自然如行云流水，此其难也。"这幅画就有"以实为虚""行云流水"的特点。画面上，泉水依山傍势曲折地盘旋在壑岩草丛中，既聚又散，宛如龙蛇竞走。时而奔突倾泻，时而舒缓流淌。气象开阖，境界幽深。他以为"惜墨如金"是可贵的，而"惜白如金"同样重要。"知黑守白"和"知白守黑"，原是不可偏废的。墨色近浓远淡可以比较方便地形成空间关系；而找出对象的内在精神，恰当地布施浓墨，也可以层次井然。清笪重光在《画筌》中说："无层次而有层次者佳，有层次而无层次者拙。"吴毅的这幅山水画，满版构图，以墨团造成空间，层次有序，构景奇特。这是作者在山水画创作中，惨淡经营的收获之一。

他奔放的笔墨，不仅着力于表现巨鳌大嶂，而且飞舞在江南山水间。近作《江南好》即是一例。此图从唐朝诗人白居易《忆江南》词意生发开去，看得出作者并未直接图解词句，而是领略精神，融合自己的意绪而挥写。绿荫秀润的山色，透明而清澈的湖面，轻烟、远渚、流水、行舟，宛如轻音乐一样，清新、飘逸，畅人心胸。画面没有采用董、巨江南山水的程式，却贯穿了董源构境的可贵思想："写江南山，用笔甚草草，近视之几不类物象，远视之则景物灿然，幽情远思，如睹异境。"

可见作者的视野开阔，他能凭借平旷的心襟，发现宇宙间深沉的境地，并善于区别不同对象的不同特点，从而施以不同的艺术语言。不以个人一成不变的手法，应付已经变化了的各种不同质不同情态的对象。他作画的唯一依据是生活和感受。他带着诚实的眼光，饱蘸着感情的笔墨，"澄观一心而腾踔万象"，不辞辛劳地作了一幅又一幅生动别致的山水画。既不玩弄笔墨技巧，也不作守旧的皴法堆砌。从内容出发，强调对于大自然的真情实感，赋予恰当的表达方式，尽量使内容和形式达到完美的统一。他在深入作画、调整画面时，首先检查作品是否充分地表达了自己的对的感受。有碍情绪表达的笔墨，哪怕是孤立看很精彩的，他也往往以积墨冲去，在所不惜。他处处立足于表达感情，并不留意于表达技法，在作品里力求把握天地境界，因此他的山水画，气象高华壮健，涵有内力。

交响乐般的节奏，是吴毅在山水画创作中的又一追求。这与他经营位置时的通幅着力密切相关。大面积的墨夹以小面积的白，或大面积的白间以小面积的黑，对比强烈，令人欣快。他笔下的山、水、草、木，律动感很强，聚散错落，若趋若奔，蒸腾向荣，充满着生机。《鸣弦泉》一幅以线描为主，画出了“弦中有流水，石上发清音”的意境。《万壑争流图》，泼墨间以勾勒，转折起倒，笔笔生姿。物象的表现有个性、有特点，那融汇争流的水，仿佛哗哗作响，宛如身临其境。画面形成的音乐感，不正是交响乐的特点吗！这种节奏和旋律，达到了比较理想的和谐。它们不是刻板的空洞的形式，而是有内容、有意义的形象。所以诗人艾里略说:“一个造成新节奏的人，就是一个拓展了我们的感情并使它更为高明的人。”吴毅可以说是在努力创造新节奏的画家之一。

为了在山水画中开拓新的艺术境界，一个画家不仅要能从“传统”和“造化”中解脱出来，成为驾驭自然美的主人，而且要不断地否定自己，不断地推陈出新，才可以向艺术峰巅攀登。每个画家，经过一段艰辛的艺术劳动后，逐渐形成了自己的风格，这本来是可喜的。但是，这种独特的风格，又往往会成为作者无形的束缚力量。吴毅在这一点上常常警诫自己。在艺术探索的历程中，他并不急于求成，不搞急就章。他画了大量的山水画，但是参加展出的并不多，他常常不满意于旧作，总

荷风 水墨设色纸本 144×368cm 1989

感到存在这样或那样的问题，感到笔未尽意。他不愿意让自己还未满意的作品公诸于世。他认为自己的作品还很不成熟，“还是涩嘴的果实”，但是，他坚信，只要持之以恒的努力，这生涩的果总有一天要成熟起来。我们期待着吴毅把这“果实”尽快地培育，使山水画带着强烈的时代烙印，带着崭新的意境，又带着特有的民族气息，屹立于画坛。

作者为南京艺术学院教授

曾载于《南京艺术学院学报（音乐与表演版）》1982年第02期

旅美画家吴毅

刘　禾

说起画家吴毅，人们并不陌生。他的中国山水画有较为厚实的传统底蕴，笔墨自如酣畅，所表现的山川景观，雄浑而有气势，充分抒发出他对大自然的激情，因而给人们留下较深的印象。

作为山水画家“读万卷书，行万里路”是吴毅的努力方向。60年代他登泰山游遍江苏、浙江名胜。进入80年代后，他七上黄山，两次去甘肃和青海，沿丝绸之路经嘉峪关至敦煌，访塔尔寺经唐文成公主入藏路线，过日月山，登昆仑顶峰，入海南藏族自治州、互助县哈萨克族区。此外，他还到广西桂林漓江、进苗寨，入侗族、壮族山寨，写遍各地的山川人情，画了大量的速写和创作素材。吴毅认为：“一个画家要用心灵感应万物。从西北的大漠平原、高原黄土，目空万里的气势中，领略了润育我中华民族之源所特有的浑厚与博大。登昆仑之巅更感叹天地正气养育人才。”1984年6月他赴日本横滨市、名古屋市，9月又游日本中部高原。1984年底，旅居美国纽约后，1985年又游美国西部大峡谷、尼亚加拉大瀑布等地。他说:“我心即宇宙，世界各地的山水都会在我笔下出现。”他所到之处成为他的创作之源，黄山、昆仑山脉是他反复着墨的题材。除壮游之外，他还喜欢研读汉魏时期的古籍，唐诗宋词是他废寝忘食的必读之书。

1992年江苏美术出版社出版《吴毅画册》。

同年，他带着自己的作品回国。他的个展在南京展出后，12月在北京中国美术馆展出，其作品引起北京画界的关注，并举行了研讨会。

在展出期间，笔者曾与吴毅作短暂的交谈。他说:“身在海外，心系中国。这次回国办画展是为了和国内同行进行交流。我的画风有些变化，过去是以传统笔墨为主，这次展出一部分这样的作品，但大部分是近年来创新之作，在传统笔墨的基础上，在色彩和材料方面加以新的探索，用丙烯着色，这是一种尝试，想听听同行们的见解。”

在展厅里展出的数十幅画作中以传统笔墨技法为主的作品如《峨嵋深处》《石门雨暗》《山中行》，作者以泼墨、积墨手法，笔墨洋洋洒洒，

朝阳图 水墨设色纸本 82×123cm 1962

淋漓尽致，浓重厚实的墨色表现峰峦叠嶂、雾气云叆蔽日遮天，气势万千，大有山雨欲来之势。《山色有无中》《金陵瑞雪》《有龙则灵》《阳朔晨曦图》《傲雪图》等画作，又多以枯笔淡墨为主，笔法潇洒，线条生动，画面清新淡雅，书写出作者对大自然的无限情怀。从这一部分作品中可窥见其较为深厚的笔墨功力和学养。用笔苍劲充满活力，泼墨层次多变，润泽华滋，每幅画面不管是墨色浓重或轻笔淡描，都给观者以丰富的内涵，耐人寻味。

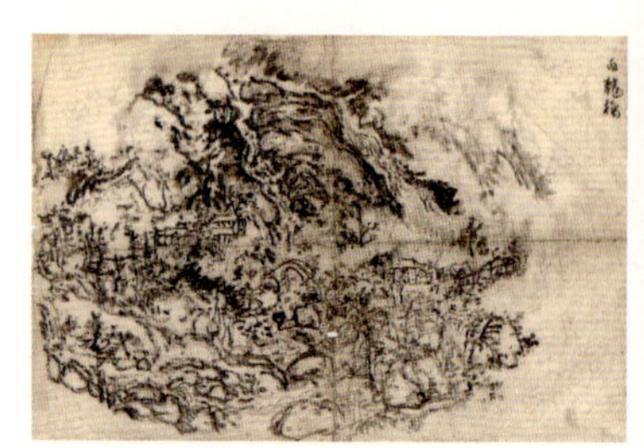

速写 56×72cm 纸本 炭笔 80年代

展出的另一大部分作品是吴毅近年来在美国的创新之作，如表现山水风情的《千峰竞秀》《敦煌》《北海奇观》《青海新貌》《大漠夕阳》等画幅；表现少数民族生活的《塔尔寺集市》《帐篷里的亲情》《母子情牵》等作品，作者以他在国内所熟悉的生活和写生素材为创作题材，用中国画皴、擦、点、染等传统笔墨的画法为基础与富有表现力的丙烯色彩着色，使两者紧密地融合为一体，画面增添了厚重感和新鲜感。那随意洒脱的线条，不拘泥板滞，使人感到其作品既有中国绘画传统的特色和韵致，又吸收了西方色彩丰富多变的优点，使画面更有节奏感和力度。特别值得一提的是他以荷花为题材的大幅画作，以重重的墨色积染出荷叶丛生的壮观景色，再用红色点出荷花，颇具神秘感和吸引力。他那别具特色的创作风格，给人留下深邃高雅的印象。

速写 60×52cm 纸本 炭笔 80年代

经过多年的苦心经营和创作实际体会，使他对中国绘画理论有更深入的理解。他认为：“艺术的真谛最难演绎的是心灵的传承，古人称为心法。”“艺术上不论师法自然或师法古人，着眼在心源，艺术必然是心灵跃动的象征。”他觉得：“研究和认识艺术心灵的传承，比传统法理的研究重要得多。”他相信这是造就一代人才的关键。他认为：“有关中国画的研究，人们习惯上从写意或写实去分类，或南北两宗或文人画等等。在我看来，中国画的气派不管中、西、南、北、东，不在表象形式差异如何，心法的内涵具有高度的同一性。从汉魏、唐、宋而下至元、明、清几番变化，大凡有成就的画家都以心源取胜。”他觉得“墨分五色的观念涵盖了无比精深和博大的道理，因而也决定了中国绘画的传统观念并没有固定的样式可循，并有广阔的回旋余地。”他说：“一切僵死的东西为我所弃，这是中国绘画史给我的启示。”他觉得艺术的发展反映在时代与风尚方面，包涵着太多的变数，反观历史，艺术的传承极易被传统的法理和表象形式所束缚，少有能超越传统的蹊径。究其原因多来自艺术家的心理障碍和心灵的传承因素。他说：“艺术总是在历史的波涛和演变中，作为痕迹而被人们所珍惜。历史的推移感，正是我执着于艺术的基本动力和选择。”吴毅把自己对艺术追求的体味都铭记在画册的自序中，藉以激励自己继续努力。

当我问及吴毅的作品主要通过什么途径——画廊、画商或其他形式与美国人民和艺术界交流时，他说“我的作品没有通过画商之手，大多是参加各种画展。”他与沈蓉儿从1985年后在纽约曼哈顿中城G&G画廊、林肯中心国家画廊、长岛艺术家画廊、纽约州政府画廊等参加过各种联展。1991年2月在东方画廊参加纽约中国美术家联展。还应纽约州立大学、巴铁摩艺术博物馆的邀请作绘画示范。平时教人们画中国画等以促进中美的文化交流。

对吴毅夫妇旅居美国，在不同的社会生活环境中，坚持对中国画的创新进行不断地探索，并以祖国山川、风土人情为题材创作大量的作品，志在弘扬与发展中华文化艺术，真是难能可贵的，本人深表钦佩，为此，祝愿吴毅、沈蓉儿在艺海中扬帆前进，画出更加出色的画作。

作者为《中国青年报》高级编辑，美国哥伦比亚大学教授

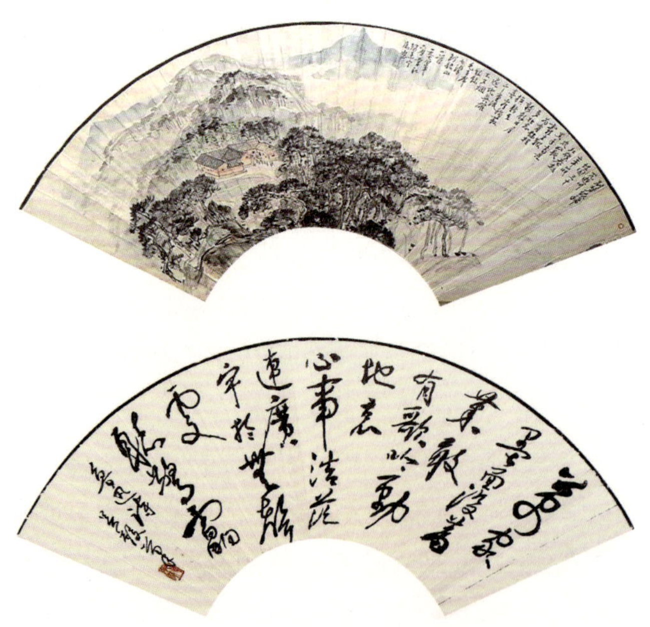

韶山 水墨设色纸本 扇面 1974

兴造化争神奇

张隆延

中国现代艺术学会会长、名重画坛的吴毅先生，早在1992年，即已将近十年所作，印成画册，流传中外。隆延逐页浏览，但见山水之气象苍莽，点染天成。人物则穷神尽态，各得其宜。塘荷瓶花又动静情殊，无不如意！不禁惊叹："宇宙间有此云峰流泉，有此飞瀑磐石；有此秋林夏莲；却无此笔墨！这样的艺术创作，不仅如唐人张璪的'外师造化，中得心源'，竟是与造化争神奇！"

沈蓉儿女士，写《艺窗点滴》，叙述毅兄生平，他博学明辨，爱汉魏古风诗；于唐宋诗词，又无所不读。乐山乐水，七上黄山而不疲。出嘉峪关，漫游甘肃青海荒漠高原，朋友称吴沈贤梁孟是第一对登昆仑峰的画家。

他二人游历东邻日本名胜，而今定居纽约多年。

"登泰山而小天下"，要"周历天下名山大川"，而后为文方有奇气。要见大漠孤烟，长河落日，要识得黄河之水天上来的气势；自然得如吴沈二位，养育浩然之气。

宋郭若虚论画曰："自古才贤上士，依仁游艺，探赜钩深。人品既高，气韵即高；而生动不得不至。"

吴毅读万卷，行万里，博学养气。体物入

微，神与境化 ，所以他说：“作画时，似乎整个人都回到了大自然。”这正如《南华经》中齐物论的“天地与我并生而万物与我为一”他又岂止是画师已哉？

毅兄秉承中华文化，了解历史波澜演进的必然、自然承先启后的使命。为了承先，有薪尽火传的任务，所以好学不倦。为了启发，有日辟新疆的努力，所以弃故。常常自毁旧作。“周虽旧邦，其命维新！”《大学》诲人：“日新，又新。”所

月色濛濛淡如水 水墨设色纸本 69×51cm 2000

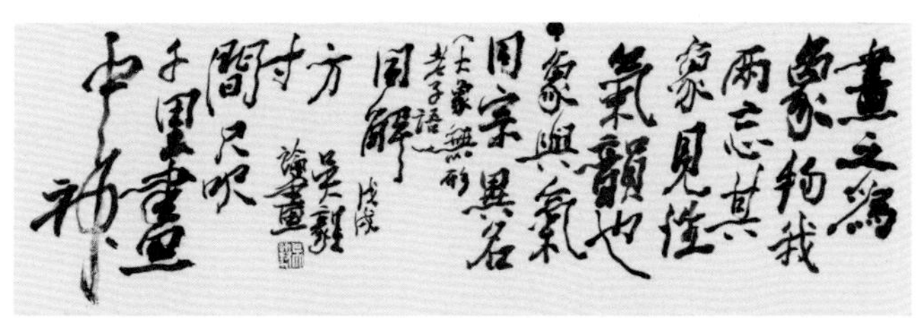

论画书法 水墨纸本 34×111cm 2018

以，刘海粟大师看了吴画，1985年10月题字——赞他为“中国画坛崛起之高峰”，称他：“与古为新”，真是恰当不过。

欧西的画家，也以摆脱传承的羁绊为努力目标。F.LEGER−1935年在纽约现代博物馆演讲，他说:“印象派画家们，从运用色彩中获得了自由。我们（立体派）如今从物象形状中获得了自由。画中的物象是什么？该如何？都没有人问了。”P. PICASSO毕生不断尝试创新，自我变革。他的成就，世人共仰。

吴毅先生在自序里，明白写着：“艺术的传承，极易被传统的法理和表现形式所束缚。但对我来说，经过数十寒暑的磨炼，迎来的是内心的坦荡。”这也正如沈蓉儿所写的“气定神闲”而“横涂竖抹总相宜”“浑朴大度”。

他的大作，表现了自身的学养，表达了中华文化的气质。值得中外人士鉴赏宝爱。

1996年于纽约

作者为著名书法家、鉴赏家，曾任美国圣约翰大学客座教授等职务

艺窗点滴

沈蓉儿

吴毅、沈蓉儿登昆仑顶峰 1983

我和吴毅同于1958年入南京艺术学院美术系，不过直到1961年，我由附中升到本科时方认识他。他已届毕业，是高班的班长，几乎天天到各班收速写稿，也每天必到校外画速写。初次见他作画，是在画写意花卉，只见他执笔寂静不动默思半晌，突然，他挥毫疾扫，那来势之猛吓我一跳。随即他又把画揉成一团，又让我大吃一惊。之后，发现他的废画供应全校油画班同学擦笔用还绰绰有余，那时我才知道他是大名鼎鼎的“吃纸老虎”。

有一次，我听吴毅说“没纸了，没纸了”，那声调表情真有点“山穷水尽”的味道，使我对自己尚有五张宣纸觉得是富翁般的动了恻隐之心，急急全数掏出去救援。不想，他反过来拿了二十张纸给我，并说“只有五张纸哪能画画，我还有八十张纸，已好像没纸了”，原来如此。于是，1966年婚后，第一要事就是存纸，那床底下、柜顶上也就是我们的“银行”了。

吴毅喜欢研读汉魏时期的古风，唐诗宋词是他见缝插针的必读。时间对他来说总嫌不够，吃饭、睡觉也似多余。每顿饭要请几次方到，以至邻居家的大白猫只要一听到“吴毅吃饭了”，就一溜烟捷足先登，偎桌静候。不过吴毅笔下出现的却是一只小黑猫，四爪雪白，称“四蹄踏雪”，那是吴毅从玄武湖带回来的。据说小黑猫的妈妈会用尾巴

吴毅于美国大峡谷写生 1984

钓鱼，它也长着一条长长的尾巴，自小机警，尖牙利爪，吴毅看它学上树，捉玩老鼠……画了不少速写，至今还十分思念它。

我非常喜欢吴毅的速写，山水、人物、花草、动物无所不画。冬日，他踩着冰雪画梅；夏天，他顶着烈日写荷，那是他每年必画的花卉，而老鹰、猫狗、老鼠、鱼虾，以至鸡鸭牛羊也都生动地出现在他的画中。

80年代是吴毅频频外出写生的年代，仅黄山就上了七次，他爱大雨中的山色，迎着雷雨闪电，打着伞到处作画，那纸上的炭迹被雨水冲洗后就像一张水墨画。《山高水长》是他那个时期的代表作，包括人生的经历，中国文化的传承。我一直想，不知哪一位作曲家将会为吴毅的画谱曲，我期待这心灵的和声。

1982年和1983年，吴毅两次去甘肃和青海，沿丝绸之路，经嘉峪关至敦煌写边川万里；访塔尔寺，经日月山，登昆仑顶峰，当地的朋友称我们是第一对上昆仑的画家。

两次从江南到西北，并非猎奇。吴毅认为，一个画家应善用心灵感应万物。从西北的大漠平沙、高原黄土目空万里的气魄中，领略了润育我中华民族之源特有的浑厚与博大。登昆仑之巅更感叹天地正气养育人才，他常说“我心即宇宙”此后，黄山和昆仑系列是他反复着墨的题材，而日本中部高原、美国西部大峡谷、尼亚加拉大瀑布及纽约街景、郊区公园等，则是他1984年后的踪迹。

我有幸是吴毅作品的第一个观众，也是第一个画评者。他画成一幅画就会兴致勃勃地和我谈个不休，哪怕三更半夜。他说作画时，似乎整个人都回到了大自然：画山石树林时如置身于山林草木丛中；写流水瀑布时，似化作水珠，跳跃在石缝崖壁之间……听他谈画，犹如随他神游天地，其乐无穷。当年视他作画要作一番思想准备的我，自70年代末，亦随他的气定神闲而“神闲气定”了。

然而，吴毅作画求变，以至险象环生，亦常令我惊叹，他常会在自己一度满意的力作上又继续画了下去，当我为那曾经有过的痕迹逝去而惋惜的不久，却又惊喜地发现他那活跃的新的思维痕迹已是那么成功的熠熠闪光，他画风的转变也常常在这样的延续中完成。他说，得和失本没有界限，而又一次否定自己前期的作品，则是成功的根据。

我不觉想起梦中的他，握笔挥毫时，笔下山泉随势流淌，布满天地……我明白他负有很强的历史使命感，故自强不息地为实现中国现代美术的新局面而作一己努力，执着地遨游于自身心灵的太空，走那条没有路的路，反觉海阔天空。他默默耕耘，从水墨到色彩，从山水、人物到花卉动物，他横涂竖抹总相宜。对他来说，色即墨，墨即色；墨由心生，色为我用。那份浑朴大度，那片纯真深情尽在其中，这也是他所欲表达的中国气派。

1992年2月写于纽约

作者为旅美中国画家、原江苏省国画院画家

荷塘深处 123.5×123cm 2010 / 局部

春江水暖鸭先知

——再谈中国画传统的再开发

王宁宇

1993年10月，吴毅先生来西安举办个展，我得以拜读他携来的专稿《现代中国画展望》；今年元月，又接到他自纽约寄来刚刚杀青的论文《艺术之我思我行》。读后深感这位一贯为中国画的现代发展而孜孜不倦地思索和实践的画家，正在一步步切入当代中国画发展问题的症结核心。他提出的许多见解很有高屋建瓴之势，充满了真知灼见和求实精神，值得大家关注和参与讨论。

吴毅先生说得极为真率——“我这一代人学习中国画所经过的历程，最突出的矛盾是传统的继承和现代人的直接感觉意识的差异。从入门开始，视觉功能就开始进行改造，学习传统的各家之法，还要提炼出独自门庭，可见这是相当漫长的过程。”其实，这种尴尬不仅是我们这一代人的事，它还是近一个世纪来整整一个时代中人的经历。按照我的理解，那种“现代人的直接感觉意识”其实也应该包含两层不同的含义：其一是被近代自然科学观念拭亮了眼光而发现了的透视、光线明暗，色彩变化和生理解剖等“真实”世界的视觉感应；另一则是“缘于现代绘画的激荡”，“带动了其他的现代艺术的发展，如建筑、雕塑、音乐、舞蹈、电影和电视等一系列现代艺术的崛起”“而构成西方式的现代（文化艺术）交响乐”，其中特别是西方的现代绘画，“它不同于西方传统的绘画表现样式，更倾向于追逐形外之象的效果，把形外之象强化感觉功能而产生现代节律感”，这么一种外在大文化环境所造成的多媒道的感觉与心理效应。从这层意思上来理解“传统的继承和现代人的直接感觉意识的差异”，就更能真切地解释我们这个时代里中国画家们面临处境的复杂特点——可以说，中国历史上发生过的华夷交混也好、胡汉冲突也好、中西合璧也好，不同时期的竞争对手基本上限于不同质的两种文化元。例如可归于印度笈多艺术风影响之代表的“曹衣出水”与堪称中国“行笔磊落挥霍”主流风代表的“吴带当风”，或者是来自西域的尉迟跋质那、尉迟乙僧父子“身若出壁”，“遍之飘飘然”且“用色沉着、堆起绢素”的“凹凸画面”法与吴道子“傅彩于焦墨痕中，略施微染”的重线重骨画法，其相互对应与交融的情况相对说来还是比较简单的；甚至于到16世纪后期至18世纪末叶的200多年间，供奉内廷的西洋传教士画家郎世宁、王致诚“抛弃其平生所学而另为新体，以曲阿皇上之意旨”所感到的疆勉悔恨也罢，受到利玛窦携来之西洋画圣母子像启发以层层渲染传神写照的曾波臣，受西洋传教士画家同僚潜移默化以数理入画的焦秉贞之辈的折衷踟蹰也罢，不过是被视为“科学观念”体系与“雅赏”“画品”体系两家的争斗。所以说，只有到了20世纪，才出现了中国传统这一文化元被西方近代“科学写真”体系和西方现代主义两个文化元前后夹击进退维谷的艰窘局面，问题到此时才变成了一道三元多次方程式。

应邀访名古屋日本中部书道会。（左起）加藤喜久治、沈蓉儿、会长稻垣松圃、吴毅、日中友好协会事务局局长冈崎温 1984

不过，这里简括为“三元”的提法仍然是相当笼统而不全面的，这里仅注意到了西方艺术的近代和现代两个阶段面貌同时存在、同时发生作用于东方的事实，却对中国绘画的传统采取了一种“混元”的立场。事实上中国传统绘画自走上理性道路以来，起码有“匠体”和“文体”两大支派，有意思的是在以追逐形外之象“写意”为主旨的“文体”产生后，以“写生”“传神”和装饰为能事的“匠体”并不曾中断其进程，两者展开共时共地的并存生态，这还没说到活泼穿插于两派之间的各种民间绘画形式。正是因此，我才在当年那篇文章中提出：“中国画的传统史似可比喻为一种‘电缆’而不是一根简单的‘电线’，它是由其中多股分支的扭结旋绕而向前方延伸而去”，“作为中国画传统整体构成的有机部分，市井工匠画、特别是多俗农民画中还蕴聚着昔日士夫文人画所欠缺所不愿或无能力利用的宝贵成分，这不仅是指浓烈的感情和朴实的气质，也包括工具、材质运用的丰富多样和不拘一格，包括造型观念上突出的超时空的‘现代意识’和打破视觉、触觉、听觉及心理幻觉间界的‘综合观众’，包括它与社会环境人民生活密切联系无微不至的实用意义等。而这些优势的产生不仅因为它们保留了民族原生始发的生命力和贮聚了民族文化日沉月滤的积淀，也因为它们的发展同劳动群众改造物质世界的创造劳动紧密交织在一起。”

吴毅（左）应邀于东京艺术大学与校长平山郁夫（右）会面 1984

所以当我看到吴毅先生在绘画实践中水墨与丙烯颜料交相运用、文人逸气与现代人的雄气交相生发的时候就感到很“对劲”；他所讲的“用现代艺术的观念对中国画提出更深更广的基本要求是历史的必然”，实质上是更加强化传统精神的原创性和人格性，强化中华文化的源，进一步发掘中华文化中人格智慧的原创力，在表现方式上必然要提升历史空间的力度，读来让人感到亲切有味，也与他本人的实践探索相一致。

可贵的是，在一年多的深入思索后，吴毅先生将自己关于“不管正统或传统样式，都离不了中国的文明基础”这一思想提升到新的宏观高度，提出东西方两个文化源的对应发展观点，力图在世界文化均衡发展的命题下通过世界文化发展的基本规律之揭露，寻找和确认中国传统绘画走出历史模式的道路。吴毅先生发现：“东西方文化意识差异，实际上远早于哲学产生之前。据4000多年前中国黑陶文化时代出土的文字模式，抽象构成的意识已经非常强烈，和西方语音系的抽象方式，迥然成为两极发展的倾向。这说明产生文字的前期，远古人类的思维方式就存在差别。有趣的是4000多年以后，大抽象的构成意识，却成为西方现代艺术史中更加强化了的艺术特点和手段，只是表现的模式不同，但思维的内核仍然是抽象和构成两大要素。这种时空转化中产生的对应关系，是东西方文化发展的内在规律性所决定的。也说明人类思维推演的基本方式存在（具有）共性的地方，（只是）因为历史条件的不同，才形成不同的发展方向。”

从“宇宙全方位运动”的自然哲学高度关照文化，又从“东西的文化意识……（在）不同的历史条件下朝两极发展，又在不同的时空点上以（各自）不同的方式重现文化的根源”这种文化哲学的高度关照美术，吴毅先生指出：“人类走了几千年的文明路、似乎返回远古某种艺术的直接方式，更能使现代人在社会高速运转下受压抑的心获得释解。东西方展开现代艺术新篇章的时代，其共同的根源也在此，否则必然沦为毫无意义的一次文化实验”。而且，由于中国的文化意识和哲学观念与西方强调对立冲突的哲学体系有微妙的差异，它那人天一体的主张，它对均衡和对应在一切事物和生命本体自律运动与转换中的重要意义的尊崇，“随着科学对宇宙奥秘的探索，当它越接近本源的时候，中国文化的光辉思想将愈显其现代价值”。

——我觉得这些判断恰恰是从中国绘画走出历史模式与传统艺术框架的目标需要出发，道破了对中国画传统最广义和最根本的精神素质进行再认识和再开发的重要意义！

类似的见解和主张以前在国内并非没有人提出，例如丁羲元先生坚持认为：“真正的创新同时也是使历史重新焕发出光彩，使传统重新跃动着活力，是对历史对传统的已然和未然的一种发现，从而也是对自身的一种肯定和提高”，诗人岛子也断言：“认同传统文化在现代转化中的价值，并不是一般人所认为的‘怀旧病’和‘复古’或某种意义的‘寻根’，而是对中华民族自殷商以来所筑构的精神客体作出有选择的内在肯定，也是我们的民

春晖 水墨设色纸本 69×55.5cm 1996

族文化在面临世界性挑战的状态下所赖以再生的前提。”这些认识无疑是十分清醒的。但是事物发展的客观势态，决定了80年代中后期依然还需要西方艺术思潮的涌进——这好比大自然中气流的运动一样，只要有不平衡，风就会刮起来，而且要一直刮到气压的大致平衡才会停止，所谓“风高响易沉”是也。另一方面，不同的观点都需要经过艺术实践的证实和时间的考验。而在这种背景下，吴毅之说的特殊的说服力在于他从创作实践和理论思索两方面长时期坚持不懈、顽强地向前掘进，而且把这种掘进推出国界，推到了西方现代艺术的中心纽约。

这位在纽约的环境中孜孜研艺的南京画家，演出了跟《北京人在纽约》并不相同的情节，但在抵进逼视西方文化的强势和末路、激励起自身本体“原创力”这一点上又有同工之感。也许，在中国画大讨论的十年之后，我们今天终于临近了气流态势发生重大转折的起点？这个转折点也许就是近一个世纪来无数志士仁人前仆后继多角度探索，许多赤子背井离乡漂洋过海去西方学习考察引进各种思路和做法反复争论所积累渐进得来的成果。吴毅先生讲得对——“20世纪中国人对西方文化的研究和了解，比之西方人对中国文化的了解要深刻和广泛得多，这是在中华文化的基础上产生中国现代艺术的重要因素”——也正因为此，“东西文化源的交汇点落在中国”才不是凭口妄说，而是有事实依据的，是“春江水暖鸭先知”那般的体悟！

对于抵进到西方现代艺术心脏中去斗法（而不只是去生存）的以吴毅先生等优秀画家为代表的中国勇士，我寄予特别尊敬的关注。“两个文化源”学说的提出，也应该算是实践了中国文化、中国美术这一条传统的直接收获了。

作者为西安美术学院教授

曾载于《西北美术》1997年第03期

临大壑兮一望白

杨　皓

中国驻纽约总领馆代表中国外交部和朱镕基总理办公室，破例将吴毅《红梅晴雪图》赠品携带回国 1999

大师笔下的巨梅傲立在山谷中，神姿的，暗香远送，群峰为之动容，它品性高洁清奇，坚贞不屈，象征着光明磊落的正气和孤傲正直的品格，道就是水墨大师吴毅所创作的一幅长 13 尺，宽 6.5 尺的水墨巨作《红梅晴雪图》，这幅以瘦枝疏花烘托而成漫山春色的巨作，清寒瘦逸，疏影横斜却给人以枝繁花密之感，它生动地表现了梅花的丰神和风骨，恰似一首无声之诗，让人对梅花产生无限仰慕和珍爱之情，中有题诗，为画龙点睛之笔，此幅巨作现被珍藏于北京中南海内，这对一位挚爱故国河山，羁居海外的游子画家来说，已经感到相当满足了，因为他画出我们的国魂。

自释仲仁首创墨梅以来，历代画梅大家大都以花论花。以磅礴的山川作为梅花烘托背景，其瘦不似鹭立寒汀，而是以巨繁的老干团结疏花，以疏见密的画梅手法，吴毅大师首创的第一位。这位被南京书画同行称为“扬州第九怪”的水墨大家，早在 1985 年即被一代艺术宗师刘海粟惊呼为“画笔浑涵汪茫，以古为新，为中国坛崛起之高峰”。1979 年，中国国务院召集了包括到刘海粟、李可染、陆俨少等二十多位大师级书画名家在颐和园的藻鉴堂集中作画，吴毅是其中最年轻一位，无怪乎其恩师刘海粟大师称其为“前途无可限量”。

1934 年出生于日本横滨，原籍广东珠海，1938

年居于澳门的吴毅，在那战乱灾难频仍的残酷年代，在他童年的心灵中，曾目睹通现实生活中人吃人的惨景，他为此感到震惊。1948 年，饱读诗书猛回头的吴毅来到上海读中学，他 1958 年进入南京艺术学院中国画系，1962 年毕业，1966 年与同窗女画家沈蓉儿结婚，此时，他的画风已逐步形成。他喜用重墨和狠墨，此因他童年记忆中的残酷印象无法磨灭，他感到唯有以不拘形色的重墨才能表达他内心深处压抑的情感，这种感觉从他所画的荷花中亦可见诸。为了画荷，他曾经于盛夏荷塘，深入观察，对荷之生长荣枯、苗叶花实、容色态度都了然于心，他画荷喜欢用瘦枝焦墨，仿佛不以此不足以表现残酷恶浊的世间，出污泥而品自清的荷花之高洁。

1980 年南京书院成立，吴毅被聘为该院画家，1982 年其为南京六朝古迹清凉寺而绘制的巨型水墨山水壁画《钟山夏晓图》轰动海内外，同年，美国史密斯学院美术馆为他举办“心迹画展”，与此同时，其画作入选马里兰艺术学院“黄山近代画展”。1984 年，吴毅偕夫人沈蓉儿访问日本横滨和名古屋，结识日本著名画家平山郁夫，加山又造，大山鲁牛等，1986 年吴毅夫妇定居纽约。他曾多次深入美国大峡谷等地写生，并在纽约州立大学布法罗分校、巴尔迪摩艺术馆、佩斯大学、林肯中心国家画廊、纽约州政府画廊等各地举办画展，所到之处，无不刮起中国水墨旋风。吴毅的水墨画以山水、人物、花卉、中国西部风情系列和美国山川风物及都市题材为主，以下是笔者对其部分代表作的印象观感。

创作于 1983 年的《金陵瑞雪》，写的是画家寓金陵数十年始获瑞雪的心灵感受，一场大雪覆盖了六朝故都，天地无语，春梦无痕，一切人世间的荣辱功名，都被一场严严实实的大雪遮掩了，画家仅通过几笔舒畅的线条、疏朗的墨点和枯枝上的新

石梁飞瀑图 水墨设色纸本 96×61cm 1980

抽象构成正来源自远古中国。这也在实际上认定，东西方的文化意识，在差异中存在同源同根的关系。而从宏观上看，东西方两个文化源存在着对应和均衡的发展程序。

1994 年 3 月，吴毅在纽约发起成立中国现代艺术学会（Association of Modern Chinese Art），以东西方两个文化源的理论，促进当代最有潜质的美术家、艺术理论家进行国际性的学术交流和展开具有成效的美术研究活动，促进中国传统绘画走出历史模式。他宏观地把握东西方两个文化源这一重大学术命题，以自己的艺术创作实践和理论思考以及高瞻远瞩的组织活动来进行承先启后的跨世纪文化工程。

身材高瘦的水墨大师吴毅给人以魏晋贤士的风骨和禅味印象，他曾言：空即是满，白即是黑，黑即是色。其内心高标异韵积聚的丰厚已到了空灵的妙境，恰如“临大壑兮一望白”。本文在此愿以吴毅的一段西游文字作为结语：

“癸亥八月别江南作青海二度游，蓉儿同往。道途唯艰出西宁，兵车日行数百里，山海相丽，盐湖茫茫。溯源头，终古流水怒悠，大河之上从头越，展万里云天。击掌长歌，歌日：志在高山，俯叫无止，风云际会，凌空比翼，天汉无极，道亦不已。时值高秋，西出秦地，纵横寥阔，江山多奇，回望三楚，烟波迷漓。”

作者为美国当代艺术基金会主席

一夕濛霏雨沥沥 水墨设色纸本 87.5×48cm 2007

莽昆仑 水墨设色纸本 69×137cm 1983

吴毅的高度

程大利

吴毅在半个世纪以来对中国水墨艺术现代性的探索中，始终是一个静穆而纯粹的思想者和实践者。他在西方反观自身，愈益理解到中国艺术的深厚和高远。他认为中西是两个文化源，其源流和学统各自成章，中国艺术按照自己的道路发展自会达到一个很高的境界。而他的绘画，熔铸中国传统各家并经受了山川自然的陶冶和人生的历练，直接续接黄宾虹的艺术思想，完成了自我语言的创造，进入苍茫淳厚、敦和超逸的境界。吴毅的道路是一条中国画按自身规律发展和推进的道路。中国绘画由画艺而到画学，从一种基于天赋感会的个人实践行为而纳入到一个宏大精深、绳绳相继的历史实践体系中。吴毅的道路证明着中国水墨艺术之道的通达。他的新高度是在中国画传统的大熔炉中冶炼出来的，并且有着继往开来的意义。

从中国绘画发展的主线来谈吴毅的画，也许更能清晰认识到他艺术探索的意旨和价值所在。自20世纪以来，对于中国画走向现代的思，大致有三条路：全盘西化、融西入中、在传统中延续并发展。前者显然不可取，后两条路则一直是艺术先驱者们躬身而力行的，尤其是对中西体用的思想始终困惑了至少两代人的精神领域。吴毅认为他这一代人学习中国画所经过的历程，最突出的矛盾是传统的继承和现代人的直接感觉意识的差异。但中国画的现代性并非是要参照西方的现代艺术模式，准确地讲它应该是由中国文化源延伸出来而形成的现代形态的艺术，因此吴毅认为“中西合璧”的提法值得商榷，而第三条路最有前景、最中国化，登上的巅峰也必将最高。他坚定地认为恢宏的、悠久的中国历史文化，完全有可能产生、延伸出现代形态的中国艺术。这也是他90年代初和沈蓉儿于纽约创办旨在加强海内外中国艺术交流的“中国现代艺术学会”这一学术机构的初衷。在学会的历次活动中，许多重要的学者对吴毅提出“两个文化源”的意义充分肯定：认为这一理论于世纪之交在被视为西方主流社会艺术中心的纽约提出来有其特殊价值，认为这是站在人类文化的层面下，从文化对应和均衡的哲学关系中探讨现代艺术在西方和东方的发展脉络；是对中国文化了解深入者面对强大的西方现代文化背景，对中华文化由传统形态向现代形态的反顾和确信。而他对“象思维”的认知和强调更产生了深远的意义，对笔墨文化哲学的认知更确立了民族文化的自信。

1984年冬大雪未化，得悉吴毅师族名玉书，欣宾刊石

董欣宾制印：玉书

20世纪70年代末至80年代，美术界主要谈“走向世界”；世纪之交主论“走向未来”；走过激越、迷茫的阶段，中国画界现在比较坦然而坚定地“回归传统”，而传统即它的心象传统。中国画的现代发展有它自身的逻辑，这个发展应建立在“继承”的基础上而非“求新”的基础上。在相当长的时间内，美术界把“求新”和现代性等同起

吴毅，吾中年所得之良师，壬戌春月欣宾

董欣宾制印：吴毅

来，普遍认为新的比旧的好，现代的比近代的好，中国传统的艺术评价体系遭遇全面放弃和否定。关于中国画的现代性产生的土壤，最早要算石涛的“笔墨当随时代”；尔后傅抱石主张“时代变了笔墨不能不变”；“五四”以来不断否定传统的呼声，以鲁迅等为代表。在晚清和“民国”，由于文化求变已经成为政治救亡的不容置疑的自然内容，所以人们对这样粗率的否定也往往不经思考就加以认同，而不去考虑传统画论完整体系的科学性，虽然是进步思潮下的产物，但对中国画的破坏是巨大的。20世纪中国画的整体高度不仅没有超过明、清，在世界上也处于远逊于中国古代绘画的尴尬位置，以至于给人一种中国画走不下去了的误解。对于西方绘画和理念的借鉴中，只有一点，即线条的节奏，类似舞蹈一样的东西可以融入中国绘画中。在这点上，林风眠的尝试是成功的。当后现代理论在东西方都得到普遍接受的时代，中国人在抛弃许多思想桎梏的同时，也重新审视自身五千年来的文化，对于《周易》、老庄、孔孟、禅宗等的重新关注，已逐渐成为当代共识。譬如说目前在政治上提出的“和谐”理念，是一个融儒、道、释三家哲学主张于一体的概念，是直接契合中国人心性的概念。这表明经过漫长的求索反思，中国社会终于能够站在自己的文化立场上来思考世界，虽然晚了一些，但毕竟有了一个根本的转变。中国人的诗性本质无与伦比，中国的哲学是最贴近艺术本质的哲学，中国画论、书论、文论差不多就是符合中国艺术精神的古典哲学的注脚。我们把大自然搬到纸上，把它取名叫“山水画”，而不叫“风景”，这样的哲学观念，何须再与理性和实证的西方谈融合呢？

20世纪的中国历史是反传统的历史，而今水落石出，不存争议的高峰在黄（宾虹）、齐（白石），他们的艺术是中国人心灵的记录。如果到今天还有人对此有怀疑的话，只能说他对传统艺术高度的认识还有问题。黄宾虹和齐白石的艺术都是新的，但首先是符合传统艺术规律的。其实新是时间过程，美才是事物的本质。真、善、美之前无需加新，但也不是说凡是旧的就好，永恒才最好。新如要永恒，需符合真、善、美这三个条件。唐宋画好，因它们经得起时间考验。艺术的本质是满足人类心灵的需要。中国画能带给人以淡泊与安详，使人充实和快乐。吴毅在人物、山水、花鸟诸题材上都有研习涉猎，徇有深厚造诣。在山水画的艺术形式上，吴毅所画多为气势宏伟、高远的八百里秦川气象，率真诚挚、深沉豪放，他把黄宾虹的短线变为长线，拉大了黄画的视野，使局部的景致变成了宏大构图，把平远、深远、高远之法一齐用于画面，使整个画面的气局更趋恢宏，在气度宏阔的经营中，他吸收了刘海粟长线纵横，大笔纷披和泼墨积染墨彩混用的经验，对于前人的学习吸收，他不是停留于一家一派，而是融前人之长，惟适己考从。他师心重于师迹，画面只表达真情实感，从不为法所拘。正如他自识的“我画群峰雷万壑，天荒地老不计年”。清代沈宗骞在《芥舟学画编》中谈道：“天地之气，各以方殊，而人亦因之。南方山水蕴藉而萦纡，人生其间，得气之正者为温润和雅。……北方山水奇杰而雄厚，人生其间，得气之正者为刚健爽直。”吴毅率其性而发为笔墨，融南北之殊、东西之异，“烟岚暮霭彼岸风”“笔刀槊影刚柔并”。他状西北之景竟以文人画的手法，纯用笔墨点线来表现，画足了大西北之神韵。而他以

情一世　水墨设色纸本 116×84cm 2019

黄之手法所表现的不再是江浙南方山水而是西北大漠，并把中国画的表现手法和西方绘画的表现手法高度融合了。可以说，他是当代极具黄宾虹精神的艺术家，是黄宾虹精神的发扬光大者。我认为，学黄宾虹，要学他是怎么成为黄宾虹的，要研究黄氏的艺术道路。吴毅做到了这一点。实现了继黄宾虹

深秋塘鱼 水墨设色纸本 69×44cm 2009

以后，中国画在自身规律中的突破性进展，这种进展既有历史的传承又有时代赋予思想高度，称之为“吴毅的高度”就包含着这层意义。随着吴毅艺术更深远的传播，我们会愈来愈认识到中国画艺术延伸的辉煌。

中国画讲人文修养是有传统的。中国的文人画更是修养的外化、知识的证录。历代所有大画家无一不是学问家，从王维、董北苑、苏东坡、二米、倪迂到徐渭、董其昌、八大、石涛及近世的吴昌硕、黄宾虹、齐白石等，都是或立言，留下著作，或以书画题咏和画面本身留下学问。吴毅既是一位以全部生命追求艺术境界的求索者，他的思想行为不仅有着浓厚的奇伟典丽的理想主义色彩，也有极为鲜明的导向，渗过水墨形迹，从视觉空间冲突中，把思维外化轨迹转化为人格倾向，把人格规范和美学原则放在同一原点上去衡量艺术与人格诉求，强化非视觉的心灵内向程序，心象便成为非视觉的人格象征。统而言之，他的观点，即西方艺术是视觉艺术，东方艺术是超视觉艺术。按我的意思总结吴毅的实践，他把西方艺术视为人性艺术，而把东方艺术视为人格艺术，则艺术的内容、形式、韵趣，无一不在人格力量的涵盖中，如此，才能扣人心弦。正如吴毅所认为的：人生天地间，天予我，地予我，独而不修人格，何来笔墨与气韵？早在南北朝时期，中国艺术就深刻体认了气韵是艺术之本，也是生命之本，把艺术直接纳入养生学范畴，琴、棋、书、画、舞（武）、医，都统一在人

繁花似锦 水墨丙烯纸本 122.5×242cm 1989

天一体的养生规律（气韵）之中。中国画对待造型艺术的观点，是以心象为突破点，强调诗的思维方式，“气韵”说、“心源”说都在深层的诗性思维中产生共鸣，这是不限制于视觉的心理反馈并突破了心理学范畴的逻辑思维方式。所以中国画的现代开拓，很难在西方的观念造型艺术语言体系中找到落脚点或者说去信手拈来，而是有必要在新的历史条件下对深层传统意识进行再升华、再认识，即对传统美学延伸出它的现代定位，以打通古与今、中与西相对应相契合的通会之途。意识到这一些，或许不仅是中国画，更是世界艺术期望在未来拓展更大空间的契机。

吴毅深刻地认识到，黄宾虹山水格在晚年的升华是把北宋以来的中国宏观山水风格推展到了方圆归一的无边界限，体现了独立文化体系的艺术自律性变革，当然也体现了中国画的永恒价值。这条自达境界的心灵修习之路，也是吴毅半个世纪来的体悟之路，秉持开拓之乐。当然，它的其他的社会功能仍能“成教化，助人伦”。笔墨可以随时代，只要你画得好；笔墨可以不随时代，也只要你画得好。个性、图式与精神境界相比，是次一位的。魏晋人的意趣，提笔即入法度，“通会之际，人书俱老”，通是会的基础，会是通的结果。通会融合在一起，是打开中国书画的钥匙。人成艺成，中国画说到底是人生的艺术。

吴毅且行且思，往返于古、今、中、西，他是一位有胸襟并且视野开阔的行者，同时他的矢志不移、澹泊名利、不求闻达的人格气质，更使他像一个隐士。中国历来的画论主张画家要做到“澄怀观道”“独与天地精神相往来”，并要“清心地”“善读书”“却早誉”“亲风雅”“不可有名利之见”……这一切吴毅都做到了。吴毅80年代初即出国，此之前为南京书画院画家，在美国他一直过着淡泊的生活，静观西方的变化，思索自已的艺术之路。他说：“不到美国，我也会这么画的。”这表明了他艺术思想和实践的一贯性。他有坚定的信念，并且一直处于思考状态，是一个始终在思考问题的人。他不拒绝新东西，对西方艺术有深入的研究，在美国大都会博物馆他越看越自信，认为人类艺术的制高点是契合的。在这个问题上，他与黄宾虹有着共同的感受和认识。至于身在西方世界，于他来讲只是吃了些西餐而已。

在不同的思维形态上，吴毅认为文化源最初在内核上可能是一致的，但产生了东西方不同的走向。西方循视觉造型美学观发展，以心理学的推理方式，重视视觉心理反馈的表象方式；中国则沿着符号结构—文字结构—水墨点、线三大语言形式不断深化，以达心灵内张力为主的“修身齐家治国平天下”儒家精神。“修”就是修心、修行、修养。修养是一种修炼过程，唯通过修养，才能“格物尽致”，以“诚意”“正心”达到最高之境。吴毅追求崇高之境界，尝歌以志曰：“志在高山，俯仰无止。风云际会，凌空比翼。天汉无极，道亦不已。”其壮怀激烈，慨当以慷之豪迈，直有“观沧海而发浩思，登昆仑以揽天下”遥接太古的魂魄。吴毅书画跋，或为乐府古风，或为七绝五律，又或为长短句，更或为散文体，总之是骈散不拘，风神潇洒，收放自如，其“静如流水潺潺，动若驱山走海”，甚类其画。吴毅经年浸润于诗书，陶咏乎风雅，泽古濡今，矫然拔俗而有此局量气象。我震撼于吴毅的群山万壑、烟岚暮霭，也感怀于他笔下的边角之景、折枝之花。身在异国之域，整个华夏大地，所有往昔记忆，甚至五千年的文脉，都是他的乡愁。清人黄崇惺说：“画者心中必有一段苍凉盘郁之气，乃可画山水；必有一段缠绵悱恻之致，乃可画仕女。”此可比吴毅欤？

吴毅近作《天目湖》一画极佳，功力、才情、修为、岁月尽在笔下，立象尽意，画夺造化，见通会之功。境界交迈，一尘不染，得大千玄机。

堪为佳品。17年前我曾写过一篇有关吴毅作品评介的文章，现在看来认识的局限性尚大，文笔和文思远落于吴画之后。吴毅的画是20世纪后半叶的中国画，在世纪之交又结出的丰硕之果，这是中国文化这棵大树结出的果，围绕这一点阐释，更深入地去认知中国画也就足够了。

2007年8月于北京师心居

作者为原中国美术出版总社总编辑、美术理论家、中央文史研究馆馆员、中国画学会副会长

石崖雨暗　水墨设色纸本 69.5×68.5cm 1982

关于“画词”一说

沈蓉儿

2006年10月吴毅在一首《画词》中表明“古辞配乐律而有词牌，余题画，重文意语言，其韵在画中，画词耳。”并强调“题画言简意深即可，不必刻意于格律，画辞耳。”

于纽约长岛艺术家画廊举办的“吴毅、沈蓉儿画展”合影 1986

学生时代的吴毅即已对古文诗词的学习锲而不舍，1966年“文化大革命”开始，人手一本《毛主席语录》的红宝书时代，他的手里还是不离古诗笺、唐诗、宋词等古文名著。他说：“毛主席的诗词写得好，他也钻研过古诗，为什么我们就不能学，错过了这个年龄段，想补也来不及了，好在澳门中学的校长是清末翰林，使我有了古文功底，还能看得进去，那是长期积累的中国文化，哪能轻言放弃！”

1982年3月吴毅谈及有关诗的观点时说：“我学画并没从画论开始，也没有从什么画谱开始，当然不等于不讲基本规律。二十多年读诗，我着重音韵的自然，所谓平仄实质上就是音韵的节奏，我相信节奏因人而异。我认为日常口语是存在节奏的，所以民歌是值得注意的，据说诗经就是从民歌收集而来的。五四以后的新诗吸收了外来的新诗体，很多作品动不动就‘啊……’很不自然。律诗又太束缚，容易因理伤气、伤情，甚至因雕镌而失去了过去民间的自然朴素的面目。这不等于我要否定自唐

参加于香港中央图书馆举办的“第三届国际书画艺术发展论坛暨世界书画名家作品交流展”2013

以来形成的近体诗（律诗），以上的观点和我绘画上的艺术观点是一脉相承的。”

诗和画都是抒发人的情操，“日月之行，若出其中；星汉灿烂，若出其里。”这是魏武帝的诗句，艺术家正需要有如此博大的胸怀。画是有形之物，它的精神内涵是无形的，其内涵深，作品的容量就大。题跋是有感而发，是思想情操的表达，因而和画一样，是一个艺术家抒发他纯朴心灵的结晶，是他的思想的痕迹留在画上，因而一个艺术家应该有自己的观点、自己的语言，自己的节奏，否则即使翻遍唐诗宋词也很难抄到表达自己感情的诗句入画。而语言文字的表达方式也不是仅一种方式，只有这样，艺术才不会陷入一个死的公式。

所以吴毅说他写诗题跋时“余不求创新法，求吾之心”。并强调“重点是我们不能走老路，一辈子跳不出框框，但必须搞透，和作画一样，我作画严谨，写诗也是如此，故任重道远，不是一代人所能完成”，这里提出了中国诗、画的历史任务非狂妄之言。我想这也是当今开始重视提倡学习古文诗词时值得思考的问题。

2007年7月5日写于纽约

作者为旅美中国画家、原江苏省国画院画家

浑厚的异国孤调
——吴毅纽约水墨展

潘示番

吴毅的水墨画作品耐人寻味。传统与现代并容，与其说并容，毋宁说以传统的精神包含自己身处对于两个世纪以来的生活感受。他试图从这种古老的基本元素出找到自己安身立命的寄托。2008年5月吴毅在纽约亚洲协会举行个展，特别是配合“2008年纽约中国水墨画美学体系国际学术研讨会”期间展示，意味着一种传统与当代对话的积极契机，也是吴毅深刻察觉到绘画必须结合深刻的学理的探讨才能创造出崭新的生命力，由此开创新的时代风格，由此标示着“中国水墨画体系”的学术研讨会，更加说明着。

吴毅于80年代来到纽约，这时候的美国画风经历了生命狂泄的抽象表现主义的洗礼、融合世俗性的波普艺术的浸染，进而是形色极限的极限主义的灵光乍现，进入一种个体主义而极难定义的后解构主义的时代。饱受异国文化冲击的吴毅，其创作动力与思索韧性，宛如一首异国漂泊的心灵史诗，足以令人动容。美国纽约是世界当代艺术的创造地，以其庞大的经济力主导世界绘画走向，可说是创造新时代样式的发源地。吴毅以水墨画在此展示，特别具有他东方所特有的笔墨基础，更加标示着有别于西方主流艺术的自我身份认同。“文革”后，他的奇特画风逐渐受到各界瞩目，在大陆引起

郁金香 水墨设色纸本 69×49cm 1987

各界讨论，也有一群仰慕与追求者；真正使得吴毅画风转变的契机在于1982年到1983年与妻子沈蓉儿在偏远的青海乡下的生活体验。从此，他的画风脱离小景式的中国山水画的构图形式，其美学调性也从文人的忆江南，或者中国水墨圣山的黄山那种云烟山川格调，一变为“长云排空，卷起万千层。大漠平沙，寒峰剑突，登昆仑之绝顶而小天下”的新的精神世界的展现，画面变为长幅，精神气象冲塞的广渺而动荡的大地生命，开拓出中国水墨画的新视野，这正是《莽昆仑》（1983）的新美学的开展。随之，他开始了饱沃异国山川之旅，游日本中部而有“惊涛骇俗倒挂川，云海茫茫觅人寰”，“一川银涛下冰谷，八月犹着冬天衫”，笔墨犹融寒雪，晶莹剔透的冰雪印象化成永恒冻结的时间追忆。1984年他与妻子一同经日本去美国，最后定居于纽约。初到纽约，吴毅透过自己在神州大陆的生活体验与自己独创的画风，热心于到处教授中国水墨并讲授中国美学的精神。不出数年，寡言而善于内省的他，放弃这种几近于“传道”的生活，异于纽约那种资本主义的外放而世俗的商业主义，吴毅选择沉潜静思，开始选择一种内省的创作生涯。

他的艺术理论建立在以东方所特有的象思维美学上，起于造字，终于象辞；他认为南齐谢赫

《古画品录》提到：“穷理尽性，事绝言象。”理、性、事、象向来被奉为中国传统美学的核心课题；基于此种美学观，水墨画在表现上着重于色墨同源、形神对应、笔墨行气。基于此种象思维的中国美学观，因为其形象表现的跨幅相当大，绝对抽象与绝对具象都偏离于中庸，绘画必须回到以人为主体的艺术行为，由对象而认识本质。从这种观点而言，吴毅的绘画具有传统美学精神的掌握，从心灵的感悟出发，从笔墨的精神着手；笔墨所表现的对象自然出于似与不似之间。“我画群峰雷万壑，天荒地老不计年。”吴毅的这番说明在于表现了中国水墨画不只表现外在自然，而是试图掌握整体宇宙背后那种生生不息的道体，艺术家不只是一位大自然的造像者而已，而是一位与大自然一体化的悟道者。因此，道不在多言，也非透过言传，正如他所说的“事绝言象”，一切都是心灵烙印下的产物。

吴毅对于近代画家中的齐白石、黄宾虹至为推崇，曾题画：“白石山翁善墨骨山水，堪称近代一格。”（《墨骨山水》2005）《墨骨山水》这幅作品以减笔为之，尤其以墨为画面精神，笔墨融于其间，清奇爽澈，可说自家面目，绝非古代简笔山水的石恪、玉涧等清淡简素，也非南宗山水的倪云林的疏朗，或者黄山谷笔墨的飘洒，而是从自我的生命经验与情趣所开展出的一番墨趣天地。“妙于用笔以干湿浓淡称善者古人多有论述，而绝无经典之说，盖水墨无常态。”（《新州民居图》，2006）墨无常态，物也无常形，世间万物只在于常理，这正是吴毅所要追求的“理”。至于繁简之别，石溪指出：“传说云林子，恐不尽浅疏；于此悟文心，繁简求一似。”古人因为惜墨如金之说，或者禅家御事以简的当下时间性的瞬间把握的迫切，因此推崇绘画当应以简为上。只是石溪所言，正是将对古人绘画憧憬的执着，转化为“文心”这种创作心灵的体悟，所谓繁或者简只是心灵的一种取向而已。吴毅采用浓稠而厚重的水墨笔调，线条扭动，或粗或细，或长或短，毫无定形。对象无定形，表现自然的抽象的法的世界也就无法从定形起。

“漫将一砚梨花雨，泼湿黄山几段云，纵使王维称画手，清奇难向笔头分。”石涛的“漫”字展现出一种生命情感的袒露瞬间的从容，虽是画祖王维在世，我自有我在，岂容得他人做主，禅家笔墨的自在正是如此。吴毅的山川出于黄宾虹山水的墨趣与浓厚内省的笔墨情趣。他的真出于自己的生活体验，就此而言则又超出黄宾虹的以古为师的传统精神。然而黄宾虹指出：“画有三：一、绝似物象者，此欺世盗名之画；二、绝不似物象者，往往托名写意，亦欺世盗名之画；三、惟绝似又绝不似于物象者，此乃真画。”（《黄宾虹画语录》）黄宾虹所说的“绝似”表现出过多的主观主义的倾向，然而却也意味着古典美学那种超然的真趣。同样在似与不似之间的论点，齐白石指出：“作画妙在似与不似之间，太似为欺世。”（《齐白石画法与欣赏》）似乎更为具文人观物的情趣。观吴毅的山水画，必须从一种主客双忘的的世界出发，笔墨、行气是抽象的心灵世界的外化，山河大地的造型尽是画家对于自我生命经验的揭示。相较于纽约画坛激烈变动的形式主义的流变，吴毅追求属于自己文化，属于自我心灵的水墨画世界；就形式而言，他是传统东方人文精神的结果，就变动中的永恒而言，他的水墨语言则是前卫的。

作者为台南市美术馆馆长

秋涧潺潺 水墨设色纸本 77×95cm 1991

曾载于台湾地区《艺术家》2008年6月398期，7月号

图画高远

林 木

吴毅先生的画很值得当代中国画画坛诸君玩味！

一位著名的中国画家，一代大师刘海粟的得意弟子，二十多年前去了美国，住在世界繁华之都纽约，住在这个中国众多崇拜“当代艺术”的人们心中的圣殿，却不去与纽约“接轨”，不去“中西融合”，不去“当代”，却仍在画自己的中国画、山水画、水墨画，画得比国内的国画家们还地道，还中国，这真是奇怪得很的事！

吴毅先生的画在80年代就见到过，山水画有刘海粟先生的承传，气象、笔法、墨韵都有刘海粟先生的痕迹。但又有自己的特点，就是气象大，当时就有很深的印象。因为看得不多，加之吴先生后来又去了美国，印象也就淡了。后来吴先生回来的时候多了，见他的画的机会也多了。后来我也去了纽约，直接见到吴先生的一批作品，他那种特有的大气象就让人印象更深刻了。

吴毅先生的山水画在当代中国画坛的确独树一帜。或许因为在海外，他少受中国画画坛流行风——如黄宾虹积墨风、江南笔墨风、“新文人画”玩票风、肌理制作风的影响，他的画注重气象，注重境界，凭风凌虚，天然浑茫。他的山水，既非平远、深远，亦非高远，“三远”法都是古人站在地上或站在山上观看的结果，吴毅先生的画，多是临空俯瞰，似从宇宙太空中来一般，故他的画多取宏大景观。如《莽昆仑》《水从天汉落》《重岩叠嶂图》《八百里秦川》《渊深流长》《禀天地正气》《昆仑近天路》《大漠朝阳》《华光万里》《日月之行，若出其中》《万壑雷鸣》《飞流万仞》……在此类山水作品中，山水日月都以临空俯瞰之巨大场面呈现，画面亦满密浓黑，宏阔深邃。尺幅不少也堪称巨大。如《华光万里》为125×246cm，《日月之行，若出其中》为194×240cm，《万壑雷鸣》为154×258cm，《飞流万仞》为249×371cm。就是一些尺幅小的作品，其气象也大。如《莽昆仑》虽然只有69×137cm，但其临空俯瞰，视域之下千山万壑迤逦而奔天际的海涛般群山，让人想到《石涛画语录·海涛章》中“山即海也，海即山也，山海而知我受也”的奇特通感和雄浑胸襟。

吴毅先生这种对宏大气象的追求，源于他的“象思维审美”的观念。吴毅先生在其画册《自序》中称：“诗言志，画亦然。盖图缘于象，画启于心，明于志。心象生成，图画高远焉。”在其《烟霭绿波》中题画：“形神公案何时休，有象无象心象通。有梦如斯似曾识，拭目相看贰拾春。信手拈来已非昔，楼台烟霭绿波中。”他在“2008纽约中国水墨画美学体系国际研讨会”上也对“象思维审美”作了专题的演讲。

何为“象”？老子说：“道之为物，惟恍惟惚。惚兮恍兮，其中有象；恍兮惚兮，其中有物。”又有“大音希声，大象无形”之说。可见，“象”并非“形”，亦非“物”。三国王弼论象，称“象而形者，非大象也”即此意。又说，“然则四象不形，则大象无以畅；五音不声，则大音无以至。四象形而物无所主焉，则大象畅矣。”（《老子指略》）又有“夫象者，出意者也。言者，明象者也。尽意莫若象，尽象莫若言。”“得意在忘象，得象在忘言。故立象以尽意，而象可忘也。”（《周易略例·明象》）可见，“象”当为道之象征，又当为意之承载。“象”非形非物，又可象而形之，象而物之，然此时之形非彼时之形，此时之物非彼时之物。当此时之形物各非其主而载道尽意，即为象矣。以此观之，方识刘宋宗炳“圣人含道映物，贤者澄怀味象”，“山水以形媚道而仁者乐”之深意焉！中国古典山水画是以山水媚（亲近）道的产物，此时之山水则为象。水墨山水画则更是“画道之中，水墨最为上，肇自然之性，成造化之功”。（传王维《山水诀》）“自然”者，自然而然，“道法自然”也；“造化”者，大千世界，“道”之派生也。而“道”又是什么呢？则是先于无限时间与无限空间的宇宙之先祖。象与道与宇宙天地之间那种哲理的象征意蕴就这样建立起来了。作为与形与物与造型与绘画相关的“象思维”，的确也就是这样构建起来的。宗白华以为“因心造境”为中国绘画精髓之所在。此“因心造境”即吴毅先生之“心象”也。明乎此，方知中国古典山水画何以要山水媚道，方知中国文人何以要仰观俯察心骛八极，方知庄子何以有“抟扶摇而上者九万里”尚不能真正“逍遥”的大鹏的遗憾，也可知山水画何以要“远”且要“微茫惨淡”……

当然，弄清楚“象”与传统绘画中的“象思维”，就可以弄懂从“象思维审美”出发去从事自己山水画创作的吴毅先生的山水画风格之由来。弄得清楚中国传统绘画来龙去脉的吴毅先生，又身在当代西方文化中心，他更清晰地明白，东西方艺术在系统性上是大不相同的。他说，“当代艺术重结构，材质，决眦入图，感官为快；中国水墨贵心领神会，其异于西洋美学上溯数千年矣。”在纽约的吴毅先生比在国内的我们看这两个系统的差别看得更清楚。而他的与天道观和中国古典哲学相联系的“象思维”，无疑是其艺术创作的最深刻的根基。

吴毅先生的“象思维”，没有把天道哲理从自然山水中分离出来变成理性的符号，而是紧贴自然造化，这是他的“象思维”的深刻之处。亦如前述王弼所论“四象不形，则大象无以畅”一样，天地万物不都是道的派生，不又因此而都是道的象征么？亦如吴先生自题其画：“造化为我成新图，点破天机墨一湖”一样，“天机”是暗寓于“造化”之中的。“外师造化，中得心源”永远是中国艺术的灵魂。作为艺术家的吴毅先生，正是从鲜活的现实感受中去结构自己的山水，感悟自然大化之天机，也寄寓自我之心神。

为了感悟山川雄肆奇瑰，在江南的吴毅先生曾亲历大西北，去看《大漠朝阳》，登昆仑之巅，领悟自然之苍茫雄浑。自题其画：“辞别江南，悠悠万里，披风追月，几度河汉星辰熠熠，日月山头，望尽一环碧水。长云排空，卷起万千层。大漠

几分墨色送秋声 水墨设色纸本 96.5×89.5cm 2013

平沙，寒峰剑突，登昆仑之顶，人间寰宇，尽收眼底，乾坤图画中。仰天长啸，感天地之大德”。昆仑山，这是中国传统文化中大山的极致。吴毅先生亲历大西北之大漠、昆仑，专寻这种亘古、混沌、苍茫、壮阔之气象，这是何等的体验又是何等的胸襟！他的巨作《飞流万仞》，画面则专取巨大瀑布轰鸣而下的壮观场景，以浓墨重笔为之，场面奇伟浩大，加之249×371cm的巨幅尺寸，堪称当代中国山水画之奇构。自题其画云“飞流万仞，江海神游，日月华光，云淡天低。乾坤动，白浪翻覆，闻道天马踏浪，听吼声隆隆。”你看，这里尽是“日月”“江海”“乾坤”“云天”，加之形声之“翻覆”“隆隆”，可见吴毅先生对宇宙乾坤自然造化的独特观照和感悟。他画《重岩叠嶂图》，有题曰："重岩叠嶂层层染，道在怀虚因图识。孰知画师此意无，洪蒙万千殊途归。"他在《八百里秦川》中也是以苍茫悠远连至天际的山川去寄托对历史的缅怀："悠悠千载，山河依旧。八百里秦川犹见帝王气。星转物移，我来此处挥洒，吴带当风，王维诗画，大小李将军，千年古风何处觅，惟留登高地，一览江山。"吴毅先生的这种对中国天道意味的追求还表现在他的《日月之行，若出其中》的作品里。该画亦是对一大瀑布的表现。画面中巨瀑轰隆直下，让人惊叹大自然超人的威力。吴先生为该画取名《日月之行，若出其中》，是直接引曹孟德《观沧海》诗意："日月之行，若出其中。星汉灿烂，若出其里。"这是曹孟德面对无限广阔的大海和无限深邃的长空，对宇宙星辰日月天体，对无限的空间与时间发出的慨叹。吴毅先生与其他画家的确大有不同，他在山水中不仅仅是对自然奇景的赞叹，也主要不是借山川以显笔墨之意趣，他所体验的往往就是对历史的悠思，对时空的追问，对天道的玄想，当然，亦即对人生的思索。他是关注自然世界中那些具备天道哲理、宇宙意识、历史情怀、生命价值和超越、崇高、宏大、奇伟一类境界表现的。这显然来自于吴毅先生对中国传统哲学的情有独钟，来自于他的奠基中国美学的"象思维审美"特征，来自于"象"对天地造化对道的象征与承载，也来自于他对创造山水境界的高度关注。在当今中国画家中，有多少人还在体验还在观照，甚至，还知道这些中国文化中的深沉的哲理因素呢？

美国圣地亚哥美术馆邀请作演讲《中国水墨 画的心灵语境》 2015

而真正在思考在体验这些民族文化深层基因的清醒而深刻的中国艺术家，又怎么可能会热衷“全球化”而去“接轨”西方附庸“当代”呢？而狂热于后者的人，往往是对中国文化，尤其是中国深层文化缺乏了解，对西方文化也一知半解的浅薄无知之徒。这种对东西方艺术体系区别的严谨而清醒态度，显然不仅仅因为吴毅先生在纽约，亦如持同样清醒态度的宗白华先生在北京，潘天寿先生在杭州一样。

作为艺术思维的“象思维”除了哲理内涵外，也当有民族艺术的独特表现方式，所谓“文质彬彬”也。在吴先生看来，这就是以水墨为基本样式的笔墨表现。他说：“古云：墨分五色，吾顿悟色、墨同源，国之精粹。寰宇一色玄黄也。天玄，地黄，玄之又玄墨也。分而为色，合则为墨，以墨作色，众色之本。”你去读吴毅先生的画，那种水墨淋漓满纸烟岚浓黑深重，的确又是他的山水画风格的突出特点。亦如其《追梦桃园》所题：“太初造物不纪年，一瞬苍穹五色玄。天陲九十九道湾，无际碧波万顷田。”画面浓墨重笔，笔线老辣重拙，墨法以浓重为主，破墨积墨互渗，加之色黑互破，和严谨留白，满密厚重而能潇洒灵动，笔墨俨然自成一家。他的这种强化水墨而求灵动的倾向在《一川银涛》中亦很成功：“一川银涛下冰谷，八月犹见着冬衫。茫茫赤池一片白，墨韵竟是画中神。”在《墨韵乾坤》中，又有“惊涛骇俗倒挂川，云海茫茫觅人寰。攀登惟系风云志，追风墨韵定乾坤。”一个“墨韵竟是画中神”，一个“追风

雨荷 水墨丙烯纸本 122×119.5cm 1988

墨韵定乾坤”，墨韵的表现在吴毅先生画中的地位可想而知了。总的来看，吴毅先生的笔墨以老辣古拙厚重苍茫为主要特征，善用浓墨，注重虚实相生，犹重留白，满密浓黑为主的整体画面中，常常闪烁一些空白，使其雄肆苍茫之中又不无几分隽逸与空灵（如《峻岭横云》）。其画面墨法，在重墨中求变化，亦浓浓淡淡，虚虚实实，泼破积焦，诸法并用，相生相发，成氤氲大化之境。

但值得特别指出的是，在我们这个把笔墨当成中国画底线的时风中，切不可也这样孤立地去看待吴毅先生的笔墨。吴先生曾论过笔墨与造化关系：“山光则形不显，有形而神不张则滞，山水虚实千变万化，谓之造化之功。”（《造化之功》）

这是吴毅先生行万里路的原因之一。他看重笔墨与造化的天然联系。再则，吴毅先生也并没把笔墨当成中国绘画的底线和根本。他曾说：“民初以降，师法古人者多不得要领而去古甚远。殊不知水墨本非出自理法，何言法哉！不可妄称新法也。”（题《新州民居图》）吴毅先生的笔墨讲究是从属于他的“象思维审美”的，他的绘画中有比笔墨重要得多的东西。“心象生成，图画高远焉”。这是我们千万不要误读吴毅先生的一个要害所在。

2009年7月3日于成都东山居竹斋

作者为四川大学美术学院院长、四川大学教授、著名美术理论家

八百里秦川 水墨丙烯纸本 122×137cm 2004

我所认知的吴毅老师

陈丹青

35年前，我流落江苏，得缘结识南京城两位长辈，一位是亚明先生，一位是吴毅先生。至今我怀抱感激：他们开了我的眼，使我从此认知了国画艺术。

陈丹青于开幕礼上致辞 2016

其时吴毅老师正当不惑之年，与师母沈蓉儿老师相敬相得，在“文革”末期而能清静自适，终日作画。那年月全国美展的所谓国画，大抵是新山水之类，剑拔弩张，花花绿绿。有一日，南京黄鸿仪老师引我拜访吴毅老师，他不在，惟见案头放着刚画就的一件泼墨山水图，笔致酣畅，气息深沉，与1949年后我能见到的国画完全不同，如古人所作，然而一派清新——日后与吴毅老师相熟了，听他随时论及传统与当代国画的种种是非曲直，这才好比牙牙学语，知道了怎样地看待而言说：那时我二十出头，无学知青，抹几笔所谓苏派油画，在吴毅老师的案前，算是见着了此前无知的中国画。我记得画案有一份厚厚的年历，天天翻过，每一纸写着随时想到的感触——其实就是私人画论——我读不懂，心下喜欢这笔迹，很好的字，曾长期学这字迹，写自己的书信。

吴毅老师不画应景的新山水，但在江苏画界显然得到私下的尊敬。比起金陵城亚明、宋文治、钱松喦、魏紫熙等老前辈，吴毅算是新中国成立后培养的青年画家。但他向来有自己的定见与远见，

（左起）陈丹青、季玉年、吴毅、沈蓉儿、黄素宁 2016

以我当时的无知，看他的画，反倒如同老派，与黄宾虹、刘海粟等被批判被遮蔽的一路有所呼应，但据此即以为吴毅老师追溯的民国初年的画路，又是错的，因我记得他所谈论者，多是宋元或明人，眼光思路，绝不在当时。

“文革”收束直到80年代初，吴毅老师画道大进，稍不几天，去拜望，即示我大叠新作，纵横淋漓，意兴遄飞，通篇是不可遏制的郁勃涌动，气格之大，似难以见容于纸端。以我偏见，远比海粟老人雄浑恣肆，较宾虹先生的苍润华兹，更见局势的扩张，若以老辈的眼光而下望，诚哉后生可畏。也果然，“文革”后海粟老人复出，见吴毅几厚册黄山速写，竟都留在自己身边；亚明先生则从来对吴毅另眼相看，现在想想，我都明白几位前辈的心意。

70年代末，百废待举，文艺圈的一时兴奋是赶紧恢复历史记忆。被打倒被遗忘的老画家，皆尽复出，已故的潘天寿傅抱石等辈，画册陆续面世了。这时，吴毅老师的价值得以显露：他与“文革”教条素来无染，倒和民初前辈的正溯相衔接，然而与他老师辈的山水画相较，他的追求似乎更遥远，并以自己对传统经典的理解，取其博大精深，而不仅是笔墨的是非。我记得《美术》杂志编辑栗宪庭以他敏锐的眼光，在1982年前后即以吴毅老师

华光万里 水墨设色纸本 123×247cm 2006

的画作封面，展示这一尚待究诘的现象：当“文革”式的国画轰然过时，前“文革”时期的老国画家相对凋零，吴毅老师这一亦近亦远、亦旧亦新的个例，似乎以一种反方向的姿态，预示了传统山水画内在的新创的可能性。

我不知道美术圈在80年代初的意态纷乱中，是否留意，其时我出国了。1985年，将届五十岁的吴毅老师与师母转道东京，远来纽约。从此我们在一座城市相与往还二十多年。二十多年来，吴毅老师每天画着山水画，我继续画油画，但我们的眼界与背景，全然改变了。我由这漫长的过程，逐渐看清中国古典绘画的大传统，也对吴毅老师的抱负，更为了解而同情；他并不是一厢情愿的古典主义者，也有卑薄浅燥的创新之念；吴毅老师从来尊敬自宋以降的山水画大统，但他不愿静态看待古人的遗产，时时以为那是必须超越的旧资源；同时，他

吴毅老师在作画 / 陈丹青 1978

又不满于百年以来的新国画，在我印象中，他的内心并未认同20世纪新国画运动被理所当然视作权威的那几个名字——平视古代与当代，我以为是一种正当的骄傲感，凡有抱负的艺术家，理当骄傲，不然休想有大局面，休想出真精神。

而这大局面，真精神，从过去三十年的国画实践看，我以为，并未出现，虽然水墨画的形态，略呈多样了；80年代起于金陵的新文人画，超越共和国水墨画，上溯明清，恢复了闲适小品的位置；八五运动中以宣纸水墨作成的观念作品，那是另开维度，不应归于国画之谈；90年代迄今国画人物画，花样百出，渐近卡通游戏，而南北各路山水画，倒是大幅度回看传统，但那是取古典图式而有所化变的表面文章，且不问功底，单是佛道两家的空灵与蕴藉，已无从谈起；其中有一路专向黄宾虹的遗风徒作仿效，亦无非是依据印刷品作种种图式的演绎或放大，不见内在的文脉，更无文人画的气息了。

吴毅老师大病初愈 / 陈丹青 1978

这时回看吴毅先生自我守护而自我放纵的画道，愈显得孤立而奇倔，简直有堂吉珂德式的况味。虽说他早就自外于国中画圈的名利场，远隐纽约，但他之看重于山水经典者，并非意在道家的通达、出世的闲散，而宁取古人的胸襟与气势；他80年代作品的用水用墨，时或易于被误作刘海粟、黄宾虹的余韵，固然，黄刘二位可以是山水后辈的支点与诱因，但其实吴毅的画并不见刘的疏空与黄的萧条，以性格与画品论，他的画向来豪放重气势，不肯拘泥于任一史说、派系或风格，也不愿核对山水画史的历代画理；他所心向往之的总是大山大水大气象：他早年沉醉于黄山的雄奇百态，晚岁则叹赏昆仑山脉的无古无今。我与他初识，他经常议论水墨的精要，纽约时期，则超越笔墨之谈，念念不忘的是宏伟的格局，愈近老境，愈是无所顾忌。

以我在外的经验，吴毅老师的耿介不群，是在域外失去了山水画的大语境，难以寻获对抗与对话的维度，这也是所有出国的画家必须面对的困顿。而所谓文化语境之在国内，本来应该有的，然而绘画之在近三十年，既是趋近多元而开放的局势，更是日渐功利的世俗过程，整个文艺界，则早已经沦为公然的势力圈和交易场，像吴毅老师这样的局外人，自不必寻找位置了——流俗的论见，都是喧嚣，绘画的理数与新旧，也毕竟小道，现前的成败得失，更为画史所不屑。吴毅老师今已八十多岁了，数十年来每天画国画，我在国画的门外，算是见证了一位山水大统的当代遗民。山水画的前景终究会怎样呢？犹如远望山势，我有点相信，有点怀疑，我们能否看见中国山水画未来的起伏或终点。眼前，我看见，吴毅老师以山水画作成自己的叛逆与承续，并以持久的豪情，回应这不属于山水画的时代。

作者为著名画家

痴情"东方既白"

——吴毅水墨略说

刘曦林

吴毅于苏州 1997

900多年前，苏东坡流寓黄州所作《前赤壁赋》末句言苏子与客泛舟酒醉，"相与枕藉乎舟中，不知东方之既白"，成为千古绝唱。后有李可染先生借此典移入文化思考，对民族艺术之前途深怀期冀，时有"东方既白"之呼。今又有吴毅相与共鸣，虽远在西方，却心系母土，坚信中华传统文化之生命活力。在整个世界以西化为现代化目标的激流中，他清醒地提出东西方文化双向交流论，并阐发"象思维"等一系列观点，志在自身文化源头和文化根底上建立当代中国水墨新的美学体系。为此，他不仅在美国传授中国画的美学精神，且在彼邦成立"中国现代艺术学会"，且三度邀请数十位大陆史论家赴美研究中国画问题，2008年又在纽约举办"中国水墨艺术美学体系国际研讨会"，可谓"身在曹营心在汉"，亦是美术界史无前例之举。

追怀往事，1924年，林风眠等在法国组"海外艺术运动社"，举办"中国美术展览"；1933年，徐悲鸿筹办的"中国美术展览会"在巴黎展出；次年，刘海粟携300件中国现代美术作品展出于法国，并赴西欧多国巡展，都曾怀有一颗希冀"中国艺术走向世界"的赤子之心。如果说有些不同的话，乃中西文化立场之差异。刘海粟、徐悲鸿、林风眠基本上倾向于吸纳西画或调和东西艺术以振兴中国美术，对中国美术又都有些不满；吴毅却是爱吾中华文化如痴，更明确坚定地具备了以中国艺术自身为根的文化立场。他是在骨子里被中国文化熏透了的人，身在异乡为异客，乃“月是故乡明”的主观情痴。

吴毅祖籍广东中山，1934年出生于日本横滨，幼年在澳门接受传统文化启蒙。青年时代为新中国海军少尉，继毕业于南京艺术学院美术系国画专业。新时期为南京书画院画家。1984年重登东瀛，不耐久留即转赴纽约。几十年的艺术生涯，以其瘦高病躯，登昆仑雪峰，览黄山风云，绘金陵巷陌，画巴黎街头，吞吐中外艺术信息，会通古今美学内涵，着文、赋诗、图绘不辍，成为当今在海外沿学者化的艺术途径致力于中国文化发展的代表之一，也是华人文化圈里，在传统自身基础上向现代形态转换的代表之一。

笔者初见吴毅的作品于《美术》杂志1982年第7期，这些20世纪80年代初的作品隐约可见刘海粟的影响，但显然已以其绵里裹针似的笔线节奏和浑然整体的墨韵气象而卓然独立。此后，他出国了，但艺术的重心依然是母土。他离不开这故土，更缘于它是传统文化和造化的源头。吴毅说：“我的目标是在我们民族绘画中树立一个里程碑。”为此他于1982年奔河西走廊，赴敦煌朝圣，两度远赴青海，登昆仑峰顶，胸襟为之开阔，情感为之激扬，笔墨色彩为之升华。1983年所作《莽昆仑》，荒凉、苍茫、博大之气象逼人。

这也标志着吴毅艺术的新里程，他由此悟到了传统笔墨走向现代的契机与途径。如果说《莽昆仑》代表着他以传统笔墨为主、略施色彩的典型风神，此后他又相继推出了墨笔与色笔叠错并用甚至于厚涂犹如油画般效果的另一类风格，体现了他将五行色彩视为生命现象的“色墨同源”说。

吴毅水墨画与众不同的是，贯注着一条由《周易》生发的文化脉络，尤其《易传》之“象”说，启发他创“象思维”概念，确立了“人在主位”的主观能动意识；又以经络学悟出笔墨行气，得出“气韵是经络的生命象”的结论，并将之自然而然地化入笔墨节奏之中。

作者为著名美术史论家，中国美术馆研究员，中国美术家协会理论委员会副主任

北海奇观 水墨设色纸本 68×90cm 1986

曾载于《中国文化报•美术周刊》

水墨心源

——记（纽约）中国现代艺术学会会长吴毅

新　生

2007年元月，纽约，著名旅美画家吴毅先生在家中为大家作题为“经冬寒冰犹未尽，满纸洒满傲霜珠”的梅花图，并讲述他的艺术生涯。他说他一生的奋斗就是让中国的水墨画更加绚美，因为中国水墨画远远没有达到它在世界上应有的地位和影响， 弘扬中国文化、攀登水墨艺术高峰是他的心愿。

于美国纽约州立大学水牛城分校举办的“吴毅、沈蓉儿画展”前合影 1985

华侨世家 艺术生涯

吴毅先生籍贯广东珠海，1934年出生在日本横滨。生父曾是花旗银行的高级管理人才，精通6国语言。1937年全面抗战爆发，小吴毅随父母到澳门，自小酷爱艺术的他，小学六年级便获得澳门中、小学书法比赛第一名。15岁时虽在上海考入军校，21岁成为海军少尉，但1958年他以军人的身份报考了南京艺术学院美术系并被录取。人生经历的这一大转折，使他十分珍惜这迟来的学习机会。在罗叔子、陈大羽等老师的指点下，吴毅深深领悟到了一个新境界的开阔和博大，内心蕴藏了巨大的动力。

吴毅先生从那时起不断地思考和探索中国的水墨画，不断地画高山、画激流、画梅竹、画菊石、画荷风等，每每作一幅画，往往是未尽人意，已经是被画了一二百遍了。因为他要作的画不是一个简单的物体组合，而是充分发挥前人运用笔墨的经验，起笔落笔浑然一体，黑白布局也不是简单的拼盘式三叠式。如果你观赏他的画，你就会感到，画面上的那些白点似在闪动，它们是有机的内在联系。为达到作画更高境界，他两次赴青海，沿着文成公主入藏路线经日月山、青海湖、戈壁滩到格尔木，翻唐古拉山登上了昆仑山顶峰；赴甘肃敦煌，沉醉在千姿百态的洞穴壁画、雕塑艺术中。他在大自然的母体中培育了自己的特殊感应，画出了一批黄河记游、明月照关山、旭日朔风、河西走廊、浩瀚沙漠、纯真藏民等与江南山水迥然不同的作品。

1979年，应文化部的邀请，吴毅先生随江苏省国画院亚明院长到北京颐和园作画，当时汇聚了南北老中青三代画家。李可染先生称他“用墨很好”。刘海粟先生邀约他一起去黄山写生，并称“画弟子吴毅画笔浑涵汪茫与古为新，为中国画坛崛起之高峰。”1980年南京书画院成立，吴毅先生被聘为书画院画家，同时被选任为南京美术家协会理事、南京市文学艺术界联合会委员。1983年被推选为南京市人大代表、主席团成员。

海外赤子 水墨情怀

荷韵 水墨丙烯纸本 122.5×120.5cm 1998

吴毅先生的祖父吴肇扬曾任抗战前日本横滨中华公立学校校长，该校的前身是清朝“戊戌变法”七君子的领头人康有为创办的大同小学。应时任日本华侨总会会长吴桂显的邀请，吴毅先生偕夫人沈蓉儿女士1984年经日本赴美国纽约。美国美术史家科珠恩（Joan L . Cohen）女士早在1982年就推荐吴毅的作品参加了“心迹画展”美国巡回展，画展从史密斯学院艺术博物馆到波士顿市政厅画廊，再到纽约的布鲁克林博物馆，取得了很大的成功。吴毅先生以一个中国画家的身份来到异国他乡，最渴望的就是“我了解世界，世界了解我”。他说:“我了解世界就是明白我该做些什么，世界

梦荷系列 荷雨2 水墨丙烯纸本 122.5×121.5cm 1991

了解‘我’便是指我中国水墨文化。”

为了“我了解世界，世界了解我”，吴毅先生1994年在纽约注册成立了非营利的学术机构——中国现代艺术学会，并亲任会长。该学会分别于1994年和1996年两次邀请了中国艺术界的画家、学者赴美，给中国艺术家提供了一个考察、学习、交流的平台。2002年学会在纽约举办了“中国画百年回顾国际研讨会”，邀请了30多名来自中国大陆、香港特别行政区和台湾地区，以及美国、加拿大等地的学者演讲，会后还安排一星期的考察活动。

至今已发表过《现代中国书画展望》《中国

个艺术家的作品已远远超前。从他的作品中可证明他不但精通所有西方艺术的观念，却又不被它们束缚。这些西方的观念明确清晰地表现在由他画的山水和房舍时的透视空间感中。然而，他那连绵的山脉及凹凸有致的岩石却又来自他的中国传统山水画的传承，并完全以中国画的方式表现。尽管如此，有一些说不出、分不清的西方元素是真的存在，却又很难精确地描绘细列出它们的特征。不知道他怎么做到的，这个艺术家将西方的表现方式，经过他内心内在的转化，织进了深邃的空间，组成了他的艺术作品。

于纽约G&G画廊举办的“吴毅、沈蓉儿中国西部山水人物画展”前合影 1985

吴毅相信，在他作品中融合了多种传统文化。要注意的是，像其他艺术家一样，他是与生俱来即有很高的天赋，并又尽其所能臻于完善。他的画大部分都是山水画，尽管他的画中经常会点缀着一些文人归隐式的房舍，同时他也画都市风情。吴毅提供给我们的大自然的景色，事实上是一个亚洲人的直觉及西方人观念的融会，并以此方式表示出他是真实地暗示了他自己的生活。曾有人说：一个天赋极高的艺术家，若真要达到能在艺术上占一重要地位的话，必定是一个品德高尚的人。虽然观画者，除了吴毅生活中的一些通常的事实之外，并不知道得太多，但我们由他的作品中，可以看到一种活泼显现的和谐精神与心灵，这不仅来自于吴毅对不同艺术传统的选择，也来自吴毅对自己生活的选择。此天衣无缝的结合造就了他今日的艺术成就。

很令人惊讶的，在吴毅的画的个案中，这种融会并不是由于一方减弱或折衷而产生的；以他

吴毅应邀于美国马里兰州巴尔的摩艺术博物馆作示范演讲 1985

的理想，最好兼有东西方两种不同文化的影响，并且二者之间得到最完美地融合。结果是，我们非常困难去分别他的承传的地理性；西方画法被包容于他的山水画的研究中，以至于文化上的细节也无法区分为东、西两大类。也就是说，吴毅是一个不折不扣，全心献身于他的艺术的学者；恰似他不断地努力去使他的作品达到完美的同时，也显现出他对自身位置的环境特性的了解及适应。他对自己无私的自我评估，显示出他的美学思想已由他的全面的学识修养及很特殊的对其他文化的尊重与理解而变得更丰富完满。吴毅浓密厚重的笔墨，赋予了他山水画的淳厚与高贵。与此同时，画的线条又可以是轻盈甚至优雅的。这两种元素的结合创造出了对比，然而也产生了能量的平衡。吴毅展现给我们的是他是一位水墨画大师，他的作品均是以传统作为支柱，再用开放式的探索追寻作为改变。“气”或“能量”，不仅清楚地呈现在他完美画出的画纸上，更也显现在他得到灵感的作品中。显而易见的，他的专业素养，让两种互相竞争的文化影响力，可以和谐优美地并存于那些描绘大自然的作品中。

2009年写于纽约

作者为著名美术评论家，任教于纽约普拉特学院和帕森斯设计学院

吴毅：超越时空的定力与自信

徐 涟

人类在历史的长河中创造了千姿百态的文化类型，凝聚着不同民族、不同国家、不同地域、不同时空的智慧，包含着各自对自然、对社会、对自身的独特看法。经历了无数时间的历史考验，我们今天知道，文化多样性的存在，是基于不同视角、不同境遇、不同空间所产生的不同结果，很难用高下区分。而在今天，随着科技的进步，全球经济一体化打破了文化类型在不同空间的独立存在，中国文化、印度文化、欧美文化、非洲文化……所有独立存在的文化类型，都被同时并置于互联网时代的同一时空当中。尽管保护文化多样性的呼声不绝于耳，但同化与消解的可能无处不在。如何从困境中突围，去创造文化发展的灿烂明天，需要从个体到整体人群的不懈努力，需要有强大坚定的自信、力拔山兮的勇气和坚韧顽强的毅力。

吴毅成名于20世纪70年代末、80年代初，被李可染赞曰“用墨很好”，刘海粟带他同上黄山创作并为他题词“画弟子吴毅画笔浑涵汪茫与古为新，为中国画坛崛起之高峰。”他于80年代初即大胆创新，成为最早一批进入市场的中青年画家之一。随后他偕夫人远赴美国，至今二三十年。在东西文化的交融浸染中，他始终坚持中国水墨的传统路径与本体特征，并向美国观众和学术界大力推介中国艺术。他创办了非营利的学术机构“中国现代艺术学会”，举办过3次国际学术研讨会，以“超越时空的定力与自信”，做着中国艺术“一砖一瓦”的基础工作。身处西方世界而对传统中国水墨的坚守，对当代中国水墨在世界的传播，使他成为今天一个极有意义的个案，给予我们诸多启发。

一

每一位艺术家的成长经历都会在他的艺术创作中打下深深的烙印。人生的几次大转折，以及不惧怕变化与漂泊的性格，决定了吴毅今天的人生轨迹。

吴毅祖籍广东珠海，1934年出生于日本横滨，1937年随父母全家到澳门。家道中落，年少的吴毅出入于当铺典当衣物，品尝到人生的不易。受孙中山爱国思想的影响，吴毅15岁考入华东军政大学，1950年调至华东海军学校信号中队受训并留校，成为新中国第一代海军信号科助教，参加了天安门广场的阅兵式。那时吴毅的梦想是当一名巡洋舰长，像岳飞、文天祥那样精忠报国。部队闲暇生活之余吴毅则继续着儿时画画的兴趣。

1958 年，吴毅以现役军人的身份报考南京艺术学院美术系，选择了国画专业。从此，他开始了艺术的攀登之路，先后得到罗叔子、陈大羽、沈涛、谢海燕等老师的指点，中国水墨画在他面前展开了一个全新的境界。刻苦的学习，使得吴毅在校时就赢得了“吃纸老虎”的称号。1962 年，吴毅和大部分同校毕业生一起，被分配到江苏省轻工设计室搞产品装潢设计。在随后的“文化大革命”中，吴毅白天挨斗，晚上画画，利用点滴时间，在方寸之地用线条笔墨施展着自己的才华。

不从众、善思考，是吴毅的习惯。不愿人云亦云，使吴毅从水墨画创作之初，就表现出与众不同的风格。他的国画没有“文革”遗留的痕迹，却与坚守传统的国画大师有着内在的文脉相承。1979 年，吴毅在江苏省国画院院长亚明的带领下，到北京颐和园藻鉴堂作画，受到前辈画家李可染、刘海粟的称赞。1980 年，南京书画院成立，吴毅被聘为书画院画家。同年被选为南京美术家协会理事，南京市文联委员。

此时的吴毅，已过不惑之年。从 1982 年起，他数次赴甘肃、青海，畅游敦煌，沿文成公主入藏路线，经日月山、青海湖到格尔木，登上昆仑顶峰，感受大山大水的雄浑壮丽。写生归来，吴毅创作了一系列作品，与他自己以往的创作不同，不再是水墨画所擅长的江南山水，而是以酣畅的笔墨，流动的气韵，描绘出苍茫大地、气象万千。

现在回头再看吴毅30多年前的创作，不难理解当时所引起的震动。画面处处流露出来似乎未被“文革”割断的深厚传统和文人意趣，在70年代末、80年代初期，不是保守，而是大胆超前。1982年第7期《美术》发表了吴毅作品专栏，其中《山高水长》作为封面，在那个媒体资源紧缺的时代，是非常特殊的规格。吴毅是超前的。他率先看到了传统中蕴含的巨大力量，并时时将宋元明清的传统作为超越的对象。放在今天，这些作品也处处流露出新意。这不是某一地某一处的风景，而是画家心中的大山大水。面对这样的作品，让人感受到，只有包含大千世界无数沟壑的人类心灵，才能具有这样的胸襟与气度，当然，从中也能体会到画面中所包含着吴毅突破自我、突破前人的雄心与自信。

二

1984年，吴毅与夫人沈蓉儿访问日本，与日本艺术界来往密切。加山又造邀请他们作个人画展开幕贵宾，平山郁夫称赞吴毅“画出了西北的气势”。半年后，他们又踏上美国的土地，从此将家安在了纽约，在大洋彼岸坚守着中国水墨的创作，同时也开始了将中国水墨画推向世界求得认同与尊重的艰难之旅。

和20世纪之初远赴西方留学的前辈相同，吴毅远赴美国是因为渴望了解世界；而有所不同的，则是吴毅以一个成熟中国画家的身份来到西方，其实有着更大的抱负，即希望让 20 世纪 80 年代的世界了解中国水墨艺术。他渴望着“我了解世界，世界了解我。”他曾说：“我了解了世界就明白我该做些什么，世界了解我，这个‘我’更是指大我——中国水墨文化。”

强大的传统基础与坚定的思想信念，使他经受住了西方当代形形色色艺术流派思潮的冲击，没有失掉中国水墨画传统。他潜心创作，不重复自己，更不重复前人。他也不为市场所利诱，从不为市场而画画。在寂寞坚守的同时，他深深感到，对中国水墨的评估在西方远远没有达到它应有的价值。他愿意做一个先驱，“因为你追求的艺术是高标准的，这个目标不一定在你有限的生命里达到，但为另一

荷韵水墨 丙烯纸本 122.5×120.5cm 1988

群人达到，那是历史给予的机会，这也是一个生命现象，是一个更长远的生命过程。”

确实，身处30年前的美国，要想让世界认识中国水墨，认识当代中国人的艺术创造，是一件知其不可而为之的事情。但吴毅的个性，决定了他从来就是一个胸怀宽阔、知难而上的人。在他的性格中有股与生俱来的倔劲，又有着一股天生的骄傲。他常常逆时代潮流而动，这使得他在“文革”时期画出了别人不敢画的风格，也使得他到美国不去做艺术市场，而要做别人不做或难做、甚至是不可能做的事情。1994年，吴毅在美国纽约注册成立了非营利性质的学术机构“中国现代艺术学会”，随后邀请中国艺术界的画家、学者赴美，在一个多月的时间里参观、考察、交流、讨论，探讨中国水墨画的传承与现代转型。2002年，学会在纽约举办了中国画百年回顾国际研讨会，邀请了30名来自中国大陆、香港特别行政区和台湾地区，以及美国、加拿大等地的学者演讲。2008年，学会与洛克菲勒三世创办的Asia Society Museum合作，在纽约举办了中国水墨艺术美学体系国际研讨会，进一步深入探讨中国水墨画的独特性及深厚的文化根基，以及在世界文化多样性中的作用。吴毅说：“世界处在大变动的非常重要的时代，是锻炼人才的时代，赋予了一代人重任——遇到再大的困难都不能放弃，我就是这么走过来的，有坚定的信念和追求……”

自20世纪以来，在东西方文化交流中，我们不

梦荷系列 荷影 水墨设色纸本 122×122cm 1991

难发现诸多成功的个案。赵无极、朱德群，都是从中国文化中走出去并在西方世界成名的艺术大师。在他们抽象的油画作品中，处处显露出中国的印迹与东方的神韵，但他们毕竟都是以西方人所熟悉的艺术语言进行创作，对西方人而言，他们令人入迷之处，仍在于异国情调。1947年考取公费留学法国的熊秉明，20世纪50年代即以其雕塑作品为法国艺术界所称道，而其蕴含在抽象结构中浓浓的东方情韵，远没有得到应有的理解与认可。至于其在中国书法上的造诣，在法国更少有知音，而甫一传至国内就引起无数共鸣，被中国人奉为大师。他充满东方情思哲理的艺术评论，则成为艺术圈内的追捧，“若想活得明白些，活得美些，都应读一读这本书”

（宗璞）。应当说，熊秉明的艺术价值至今仍被低估。因为，在沧桑巨变的20世纪的绝大部分时间里，中国传统文化的价值不仅被西方、甚至被中国人自己低估。

自20世纪50年代后，国人留学多到俄罗斯，鲜有正常途径赴欧美留学。直至改革开放打开国门，再次涌起留学大潮，一批优秀艺术人才纷纷走出国门，游学西方。至此，西方也开始从当代艺术的视角审视巨变中的中国，借助拍卖行的推动，一批中青年艺术家登上了各大拍卖行，也成为时代瞩目的艺术明星。但其中看不到与中国传统水墨精神一脉相承的当代中国艺术，难有真正代表当代中国人传统价值、精神追求的艺术样式。因为，在已有的西方艺术格局当中，我们是被选择的对象；在他者的眼光当中，不可能有自身独立的价值。而包括经济、政治以及意识形态等诸多因素的影响，直至今天，中国传统文化精神的价值仍被远远低估。

当代中国艺术真正被西方认知，依然任重道远。

三

随着国际文化交流的日益频繁，吴毅数次回国举办展览，让更多的人了解他几十年坚持的水墨创作与他今天所达到的艺术高度。2009年，吴毅在中国革命军事博物馆举办了大型展览，受到了国内艺术界的极大关注。2012年，吴毅再次携新老创作，在恭王府举办“易象思维——吴毅、沈蓉儿中国画

清音图 水墨丙烯纸本 96×110cm 1992

作品展”，多位学者专家参加了画展研讨会，对吴毅的创作给予了很高评价。沈蓉儿，原江苏画院画家，在艺术上具有相当造诣，与吴毅几十年夫唱妇随，在艺术与生活的道路上携手并肩，一路同行。

在异国他乡近30年时间里，吴毅在艺术上孜孜以求，从不间断地创作、实践，在理论上则深潜传统哲学、美学等传统文化典籍当中，力图贯通古今，有所突破。在多次研讨会上，吴毅提出了“象思维”的概念，并不断丰富完善，意欲以此概括出中国人原创性的思维模式。“东西方的差异，在于思维的差异。西方艺术的发展有着清晰的脉络，但中国艺术的研究却缺乏大的审美体系作为参照。中国历代大画家没有看到光？不懂得在自己的绘画当中表现光？显然不是。这是由我们的思维模式决定的。

只有找出我们的原创思维模式，才能拿到世界上去，才能体现出我们自身的价值。”吴毅认为：“如果说西方文化的审美意识是心理学为基础的视觉审美方式，有明显的逻辑思维痕迹，那么象思维则是中国文化审美意识形态方法论的重要特征，通过这种方式去认识事物的内在关联性，以判善恶、美丑。”从象思维出发，他认为，中国绘画史基本上是沿着象思维的轨迹发展而逐步形成了水墨三大审美基石，即色墨同源、形神对应和笔墨行气。

当西方的当代艺术突破一切禁忌、转向极端的个人表达时，固守真善美的传统创作观念似乎成为不合时流的落后反遭不屑，当代艺术不仅成为西方更成为某些中国人顶礼膜拜的对象。但吴毅不追流俗。长时间地在异国他乡坚守原有的艺术语言，使吴毅深深地体会到，仅有作品还不足以让水墨艺术发扬光大。作为艺术家，吴毅不满足于创作上的实践，而是将理论的突破视作东方艺术被世界认同的关键，并甘愿寂寞，投身研究。这种勇气，何其难能可贵！而这勇气，来源于他几十年潜心艺术追求的执着，更来源于他对中华文化的强大自信。

事实上，东西方思维与审美意识的差异，形成了东西方不同的艺术样式与艺术观念，没有高低之分。焦点透视创造了在平面上表现视觉真实的立体虚拟幻象，而中国画则在写意的似与不似之间创造了形神兼备的艺术形象。儒释道相结合的文化传统，让艺术成为精神与肉体、社会与个人、自然与人和

梦荷系列——荷风 水墨设色纸本 122.5×122.5cm 1991

谐共处的抒发方式，也成为中国人追求心灵自由的途径。寄情山水，言物咏志，艺术家笔下描绘的永远是精神家园的理想图式。蔡元培所提倡的“以美育代宗教”，既是对艺术作用的历史总结，也是面对西方思潮全面涌入、从近代转向现代时的方法对策。那么在今天，面对不可抵挡的经济全球化浪潮，人们在精神上面临着多重挑战与困惑，艺术，是否一定要像西方的当代艺术一样完全介入生活，成为政治表达、社会表达的附庸，还是保持艺术自身以塑造视觉形象达到审美的目的？中国水墨绵延千年的历史，可以为世界提供新的价值的选择。

在多样性文化并存的时代，年轻一代对文化类型的选择，需要对于传统的强大信仰。这信仰，必须来自于强大的自信。中国水墨在世界的地位，不仅在于中国艺术家的努力，更在于国人是否有足够的自信——由于经济腾飞而上升为文化的自信，深刻认识中国水墨的价值。而反过来，这种自信又在于中国艺术家的作为，能否将延绵千年的中国独有的艺术形式带入新的世纪，不仅为中国人所认识，也为世界人民所激赏。

我们需要更多像吴毅这样的艺术家，“以超越时空的定力与自信”，坚守、创新、超越，让中华艺术以独树一帜的面貌，成为世界艺术星空中最耀眼的那一颗。

作者为中国文化报社副总编辑兼理论部主任

华彩 水墨丙烯纸本 123×243cm 1991 / 局部

曾载于《中国文化报》2013年7月3日

墨雨的啸咏

刘昌汉

吴毅的水墨画有一种翻江倒海的气势，他用墨常常铺天盖地，淋漓尽致；用色也是横涂竖抹，层层堆积，全然不顾形象，不拘技法。80年代曾经七上黄山，爱大雨滂沱中的山色，打着伞到处写生，又曾两次去甘肃和青海，登昆仑顶峰。笔端流泻出的江南山色或大漠平沙，甚或小小荷塘，无不具浑朴大度，目空万里的气魄。吴毅，略带拘谨也不善言辞，谦和重礼，慢慢的言谈很难与他画里那种疾风骤雨的恣纵激狂相连一起，只有在聊到艺术兴头上仿佛依稀可见到他专注投入的一面。

吴毅1934年出生于日本横滨，1938年居于澳门，1948年到上海，1958年进入南京艺术学院，1962年毕业。毕业后因为受国外的出身背景所累，几乎有十年时间没能率意作画，少数作品也由于墨色深重，正所谓“黑山黑水”，与“文革”的红、光、亮意识相违而难以示人，直至1976年“文革”结束后才真正地开始大量创作。他认为艺术的心灵传承比法理研究更为重要，历史上大凡有成就的艺术家都是以心源取胜，所以他弃绝了僵死的表现形式，在创作上以无法之法自由驰骋。他的山水综合了李可染的浑蒙、黄宾虹的滋华、刘海粟的狂放和朱屺瞻的老辣，在浓、淡、破、泼、积、焦、宿的相融变化中达到润含春雨、干裂秋风的用墨之妙。他以秃笔画人、画房舍、舟船和流水；花卉则粗枝

关山日照图 水墨设色纸本 123×65cm 2013

大叶，画梅花老干傲雪，画荷迎风摇舞，或以浓色表现出夏日艳阳下的华彩；他的荷干线条抖动又粗细不匀，叶子密乱，全无章法，用墨和颜色层层重复，生机盎然，厚重而又耐看。近世画家画荷，除了张大千外少有吴毅以小观大，十里荷塘的大气势。他的画不是小品散文式的遣兴抒怀，而是长江叠浪的尽性长啸，一如余秋雨笔下孙登与阮籍的啸咏，是岁月与人文历史沧桑沉淀积累的统摄。他的艺术生于中国，成熟于中国，1984年偕妻子沈蓉儿移居美国，除了作画、讲学外，创立了“中国现代艺术学会”，具有历史使命感，致力水墨画的现代再造，是一位有心者。

水墨革新的口号喊了近乎一个世纪，总是理论与实践难相结合，吴毅对这两方面付出了双重的努力，他的实践尤为可观。他是位承续文化传统精神的画人，内容上依循水墨画的文人思想和天人合一的自然观照，但是形式舍弃了“六法”的应物象形，自由地自我抒发，直指艺术心源的表述，使他的创作具有个人的面目和现代的精神意义。在艺术成就上，他内发的展拓创意多于向外的借鉴，在中国文人的群体情感基础上欢愉、沉吟、啸咏和哭泣。

作者为波特国际艺术公司负责人，中华才艺推广协会美术负责人，曾于伊利诺North Central College美术系执教

登高望远兮，云飞扬

钱旭东

认识他，既是偶然，又好像冥冥之中的必然。

太太南艺的同学贺氏，远赴澳洲多年，只她们始终保持着不间断的联系。一日，贺忽然通过电邮发来一批画作图片。我一一下载后，面对着电脑屏幕，居然只有震惊二字。

贺告曰：画的作者叫吴毅，是她早年在南京时的老师，现旅居纽约，邮件是他的近作，还附了若干诗文。

说实话，在当今中国水墨画坛千奇百怪层出不穷的探求中，在所谓“穷途末路之争”无休止的喧嚣嘈杂里，兀然看到吴毅的作品，那气韵，那笔势，那结体之雄健，那线面之洒脱……似见所未见！直感画家胸中藏着万千气象，目中却又空无一人，这是一种只有在他的水墨笔意里产生的震撼力量。

当即我就将那批图片全部打印出来，并随之在网上购得吴先生出过的三本旧版画册，开始了心向往之赏读旅程。

其实是我的孤陋寡闻。吴毅先生出国前就是南京书画院的画家，且已出名，刘海粟等大家都予其极高评价。前些年，首都军博曾为其举办个展，美术界重量级人物悉数到场专题研讨其艺术成就。

他去美国后还组织成立了中国现代艺术学会，并亲任会长，为中西艺术交流做了许多有益的推进……但更重要的还是他的书画，似乎在传统雄浑苍茫的底蕴中，更强化了西画所具的质感与激情。其时我便心生奢望，哪天可以一睹吴先生风采，聆听一番他的绘事灼见呢？

机会终于来了。前年四月，文化部在北京恭王府为吴毅先生和他夫人沈蓉儿老师举办展览，展名为“易象思维”。可惜当时我因杂事缠身未能前往观展，只请公司摄像赴京拍回一个小专题在栏目播出。但我已与先生约定，不日他们来沪时一定设宴拜见。

吴先生和沈老师如期来到上海。是夜，我偕太太在他们居所附近的一家餐厅，整整畅谈了三个多小时。特别让我惊喜不已的是，先生竟主动赠我一幅题为“秋涧”水墨斗方，现今我已装裱配框悬于壁朝夕默读。那天席间，我们当然主要听先生讲话，他滔滔不绝地讲述他对于“中国传统水墨象思维”的理论，而且他完全像是一位布道者那样，所到之处皆谈易象——这时，我知道了：吴毅先生还不是一位“学者型画家”，他更是以画笔在写作论文的真正中国文化的学者。

吴毅先生的外貌、气质，居然与他的笔墨风格完全一致，清癯而健朗，儒雅却又性情。可当我认识他之后，再来认识他的艺术，应该又多了、深了些许层面。许多人都赞赏其画作，却几乎极少谈及他的书法，我觉得当为一个严重的缺失——吴毅是一位作为当代书坛称之无愧的大家。

首先，吴毅的画其实正是他书法的延伸，或者说，他的画均为他另一种形态的书法，如果说对书法的本质有所认知，亦应对此有所认同：而重要的是，书法更是吴先生“象思维”的形象载体，他常以瓦当、图腾符号入书，就足以看出其独运之苦心。

有人对他的书法是留心的，而且尚在早年，那就是陈丹青。陈在《我所认知的吴毅老师》一文中写道：“……心下喜爱这笔记，很好的字，曾长期学这字迹，写自己的书信。”好了，吴毅的书法，陈丹青的文字，终于唤醒了我对书法久违的冲动，陡然决意重拾搁下十多年的毛笔，开始了每日的临池生活。

但吴毅先生的字绝不好学，也不知陈丹青究竟写得如何，但我确有“心下喜欢”的同感，于是每天都临读，整整写了半年。

吴毅先生曾自书：“笔墨见性方为上”，又说：“非神畅则莫能达意”。书法一旦真要比拼性情与精神，这难度就极高了。开头的体会是，面对那没有规律的气势，我对自己说，只好试着走进他的内心吧。他的内心是什么？孤寂而强大，甚具“心有天游”之境界。

先生的笔势亦难学，清代高尔俨《与致虞妹文》中提到“笔墨缭乱”这四个字，仿佛就是评他的书法，特别我称其擅用“破笔”，但破得苍凉却又华滋。于是慢慢地，才读出了先生笔下看似“缭乱”里的“内秀”，似乎我也读到了黄山谷、郑板桥……

真正的书法，何以到达“知法而无定法”的“妙哉”之境？我看与布莱希尔所创的戏剧“陌生化”之说异曲同工。字写熟了最忌清滑，那假如每一个要写的文字对自己都是生字，每一笔都面临那样的生涩，那样艰难，还能轻飘飘地“滑”得起来么？于是只好要求自己，不教一笔闲过。

真正的书法是需要精、气、神的完备，精乃功力，气为气质，神是品格，我以为吴毅之书正是这三者的结合，完全融进了书家精深的功底，与博大的智慧，加上他必定颠簸的人生旅程。有人聊文风时讲过：“一个人如果在坚硬的山间生活，他的笔调可能会更崇高、厚重一些，有嶙峋的风骨、气格。”刚好用形容吴毅的书风，因为他的心一定生活在坚硬的山间。

日前又见梁启超评汉碑《西狭颂》，称其“雄迈而静穆”，更可作先生书品之写照。我不知他是否研习过此碑，但尺幅间分明看得出“隶意入草”之神韵。

——于是，临读雄迈静穆的吴毅先生，我唯有抱以敬畏之心。

［**感外再悟之补记**］

在一个筹备中的民营美术馆相聚用餐之际：那天，吴先生酒菜甚少，因为有他多年未见的也曾在纽约的老友；那天，还因为他心仪的是——他滔滔不绝孜孜不倦地继续推进他的——“象思维”。

对了，那天还下了细雨，颇似他笔下的氤氲……

吴毅先生回国即让夫人沈老师给我电话，告知行程，幸运的是两位老师不顾旅途劳顿，隔日就同我和太太还有几位朋友见面了……我早存求教临读的心念，却终究不敢把习字拿出手，所以只交了一篇“临后感”上文投石问路。

交了以后的心情仍是忐忑的，当在期待与焦灼之间，但第二天晚上吴先生就来电话了。电话里先是沈老师说的，她说我的文章吴毅看了两遍，说我是很懂他的人……随即，吴老师把话筒接过去了，他的声音好像比面谈时更洪亮些，他说我的文章很好，有些还是他自己没说出来的，当然这是对后生能用心感悟的一种勉励吧。

很快，他把话锋由书法转入“象思维”模式下的形神观上去了。我主要听他讲，他讲得似乎很激昂，几乎有二十分钟，概括起来就是学书，乃至诗文，必须上溯汉魏六朝，甚至直抵三千年以上文字的起源，甲骨、钟鼎、石鼓……电话里自然是意犹未尽的，便约好再面叙一次。

因为他们已决定第三趟赴青海采风写生，所以只能等到7月初他们回沪。

之后的半个月时间里，我把搜集到的厚薄五册仅有的吴毅图文又认真阅读了一遍，感悟其笔底之墨境中，更感悟到真正的书画艺术乃精神体验之旅。

7月3日晚9时许，沈老师来电告知他们已返沪，并约好明天上午九点半就去他们上海的寓所拜访。当夜，我下决心从一大叠元书纸的习字中，挑出八幅，准备斗胆请教。不想夜半竟醒三次，倒非激动与兴奋，只是紧张，似乎比当年面临高考的心情还要过之。究其紧张，其实还是不自信，而不自信的背后，恐怕尚有一丝儿功力之心在作祟。

所以第二天上午，我仍然在纯粹体验那份景仰的真诚，与渴望大家“点石”教诲之功利的交织中，按响了吴宅的门铃——

吴毅先生已端坐在洁净的玻璃桌前，透进窗户初夏的阳光里，他精神显得甚好。开始，他又提到了我上篇小文，倒是沈老师看出了我的心思，并料定我的背包中藏有习字，几番鼓励催促我快点拿出来，我自然赶紧从命。

吴先生亲手把我的作业平摊在桌上，看得非常仔细，神情也非常沉静。片刻，他高声道：“中国的书法成就最高，它是天地合力的产物，天地人是一体的，是竖着的，本质就是‘象’的原创精神，所谓‘立象’就是立人。”接着，他不容插话地从《易经》的“天行健”，老子的“大象无形”，到返璞归真看秦汉文化，《山海经》与中华文明的原创性……如泼墨样地漫聊开来。我深知吴老师倾其全力所推的“象思维”，既是中国文化艺术的本源基础，又是一个相当复杂庞大的系统，弄懂弄通并要付诸运用实践，是非常难的事。现在我能做的，唯有用笔和用心记下吴先生闪耀着智慧火

屏风九叠云锦张 水墨设色纸本 64×95cm 1978

花的只言片语。

又是沈老师说话时打断了他，再把话题拉到我临习的书件上。此时，吴老师才缓缓地说：“你的意到了。意到，就很不容易，写得很不错了……”说着，他又用手指点出我临书的部分笔画，说像这些起笔用笔，笔势都有这个意思在里面。其实我最期盼的是他对我在书之法上严厉批评，我说，我没有功力，平日练得也不多，只是试图走近先生的精神世界，去感受，再把这感受融到临习里……吴老师微笑道：“精神的东西到了，就应该知足了。”或许他已看出我对于书法技艺上有些急于求成的端倪，尤其看了我临习的另两张隶书《西狭颂》，他说，临书不必求像，所谓的“法理”其实很害人，忽略了原创性，只重视技法的传承。艺术并非造型的问题，是人性的核心问题。东西方对人性的阐释点不一样，东方的空间概念乃至宇宙观是没有边界的，点、线没有边界，那一旦都规范了，不就又变成美术字了吗？要寻找大江大河的源头，再归还转化成视觉，不规范中有规范。而丢掉了核心的东西，就会变得浮躁、轻飘世俗气……临了，他又补上了一句：“最难临的是当时的文化含量啊！”

（左起）沈蓉儿、段佳、柯文辉、刘曦林、吴毅、王鲁湘、程大利、夏惠林、释大岳法师、彭勇 2016

这完全是吴毅先生谈艺的精华浓缩，我在记，沈老师也在笔记。沈老师说他今天讲得特别精彩，似有褒奖我的激发之意。只是她过会就会把话题扯开，生怕先生一口气讲得太累。于是吴老师稍息般地问起我习字用狼毫还是羊毫，我说羊毫；他说最好用长锋的，动势、刚柔的运转控制比较好；同时让我要多看看甲骨和金文，他说尽管有镂刻的痕迹，但那些刀法的残缺也很值得吸收。他还劝我多读古代原著，他自己从不看注释，一遍遍地领悟感悟那原汁原味的精髓……

在北京怀柔主办“中国现代艺术发展趋势学术研讨会” 2000

吴毅先生有本论水墨的专集，叫《承传与现代》，这时又谈到了它。吴先生说：“我喜欢称‘承传’而非‘传承’，不知是谁发明了‘传承’二字。”这回我试着去领悟，我说传承只是忠实地静态地继承，而“承传”是动态的，它的立足点是在继承传统中的创新。我不知他是否同意我的理解，他只含笑加上一句：“经典经典，什么是经典？内心世界最经典！”

……如此者，一个上午三个小时就匆匆而过，我提出共进午餐吧，因为两位老师明天一早又要远赴重洋了。

我们选择了就在马路对面的已被他们称为食堂的“锦江小厨”，点菜极简，我也破例没饮酒，更想获取多的精神营养。

只是席间，我尊崇的吴毅先生和沈蓉儿老师——让人由衷尊敬地，也让常人匪夷所思地——甚至偏执地——谈他们对“象”的追求、研究、理想——“象”就是吴老师和“近距离了解吴毅”的沈蓉儿老师共用的梦想！

其实，他们的要求并不高，更无市场化的奢望，他们只想有三五同道，有心之灵犀，有一隅净土，当然也要有博大的跨越——“（过去）历史——现在（当下）——未来”……在这种低调的微弱的话语间，我却被震撼了：当下文朋佳友间，似尚闲适之风尤盛，更趋小技之趣，这可能是对前些社会风尚的一种反叛，但也是原创生命力退化于式微——吴老师给我勇言，我诘问：当下的艺术家们，该把我们弄到宋朝、明朝，还是汉朝、秦朝？！

吴老师沈老师就要去（回？）纽约了，再见或许是今秋，抑或明春。吴老师说可以e-mail，但终究会缺了直溯源头那份原生态的感染。分别前，他又告诫我：人家讲眼高手低不好，我认为好，首先是要眼高……他终于记起了他自己得意的诗句，且吟咏起："登高望远兮，云飞扬……"

吴毅作画，视平线压得很低，因为他内心太强大了，眼界也太高了：因为他此次又到了黄河源头膜拜；因为如此一位八旬老人无欲无求地为中国文化原创精神而不知疲倦不计回报地奔走呼号；因为他以"拙"的面目抵御世俗侵袭干扰，而保持生命创造的精神之源，从而获得了超脱世相的本真之美。

"登高望远兮，云飞扬……"为何？正如曾是原中国美术出版总社总编、画家程大利对先生画评的标题，那是——"吴毅的高度"。

2014年7月6日夜

作者为上海东方财经美学节目《艺品生活》制片人

吴毅先生的国画创作与象思维

柯文辉

上篇 浅探象思维

吴毅先生祖籍中山，1934年出生日本横滨，幼年就读澳门，青年返内地任海军少尉，1958年考入南京艺术学院中国画专科，1962年毕业。新时期任南京画院画家，名利无争，钻研艺术废寝忘食，体力不支住院，切胃三分之二，已萎缩胆囊摘除。调养康复于1984年底到横滨，旋迁美国纽约，治学作画，精力饱满。

他师事刘海粟教授，老人来宁必进谒请教，甚受器重，推心置腹，言久忘倦。刘翁告我："吴毅怀才不露，看书读画好往深处思考，凝蓄底气。得失常温，比同业人多走两步。我拿'气吞万里如虎'（辛弃疾语）勉慰之。他画昆仑得大气势，雄肆坚韧，兼具江南古代名家秀健，前程无量！"

先生谦逊告我："美术里学问大，造化、书本、遗产三片烟海合为无极，创一学说，活百岁不够用！小时候古文底子靠澳门师训打下基础，成年主动补课。我很渺小，知来地球一趟不易，希望找到人们忽视的一得之愚，是生命原动力。"清醒有志，让我动容。

艰苦寂寞造就有识行者。他牢记："不断更新是最重要传统"。民国学人（包括温和的郑午昌）多否定董其昌及四王，他视为“打倒孔家店”口号影响，笼统乏公正分析。董氏承前启后，四王四画僧皆得益于香光。四王在题跋中自称拟古之作，有个性化笔墨揭示感情，80年代中期，学者们得陆俨少师指正，在沪开会座谈，发表论文与先生趋于一致，强化了他读画史兴味。从文献洞悉明清文化主根未断，总体上豪情逸气淡化，崦嵫暮色妨害写意体系的发明阐述，民国西风东渐日猛，更无暇顾及。

元朝黄公望、倪云林、王蒙、吴镇、方方壶诸大师，把无繁不简的宋画线条，化为无简不繁的音乐式抒情符号，以形让意，变而弥真，无过无不及。山林风骨，田园野逸，与蒙古帝王不合作，憧憬内观自由，笔生情焰，冷眼顽强，传统思维活跃。

秦兵马俑写实功力扎实而乏气韵，宋画意在笔先，以实求意神会隆宋勃发文风，山水人物名作如林，华滋朴茂，千古无两。南宋兵荒马乱，气息稍降，繁华香梦掩生灵涂炭，仍多国手。

海粟教授告以1927年在东京古尔邦亲王府亲见董玄宰临张僧繇没骨重彩山水，笔锋圆浑，复色奇幻不可名状。几与西方油画异曲同工。唐朝水墨蔚起，与诗表里，语言大丰，此派未传，足证古哲八方突围觅路之诚恳。

先生巡礼壁画、汉漆画、画像石（砖）、战国帛画、新石器时岩画、青铜器造型及装饰纹样，陶、石、金文字，清理出变中有不变，不变中有变的思维与手法，豁然惊喜又不全自信，名之曰“象思维”。

曾如是说服自己：

一、论画成语有“迁想妙得”，“澄怀味化”。

“澄怀”—— 正心，诚意，滤尽俗尘，达赤子心态，净若空的空间，观析造化本象。

“迁想”—— 迁我入物，出入大千，调集类似物象，证以诗文古画与其异同长短处，投入我的胆识、学问、气概、理想，咀嚼、消化，提纯补充我内观省悟心象，作画时出手所料不可预约，迅速飘散的灵感和即兴效应，写成“妙得”的形外之象，化主客体为一，贯串选材、构思、创作、批评诸多过程……

二、自汉许慎作《说文解字》，到清代孙诒让等小学名家，当代文字学者章太炎、陈梦家、李白凤、康殷等，限于六画训诂，未触摸文字草创前已萌芽，（地震、电雷、火山、洪水、日月蚀、祖先崇拜，祭祀仪式，多少有些关联）参与八卦、河图、远古文字，从模糊到符合象思想规律的稳定，造字中起过巨大作用的方法，罕人关切。汉代篆隶正、行书、草（章草）等体已足承载文明之需，造字是偶一为之，新体不再出现。

三、神形合一，二千多年来以形写神，抒怀

寄意。

谢海燕教授（右二）参观展览 1998

广州美院王肇民教授说：“形就是一切。”形不似何以传神？照相术来华已过160年，有形无神之作无数。

颊上三毫原形所无。画师无中生有，加上格外神似，南北朝有记载。

宋梁楷作《李白行吟》惜墨如金，神形并重，诗人盖千余年才华，慕神仙道气，学剑不成心雄万夫侠气，对李隆基多幻想（“为君谈笑静胡沙”等言过其实）献《清平调》三首的帮闲味，上书韩荆州（朝宗）自吹自擂的策士与清客风，“安能摧眉折腰事权贵，使我不得开心颜”的狂傲不驯，画非传记，笔墨水银泻地，和立体人性无孔不入。

金冬心与素描无缘，自画像冠绝二百年，布衣的自豪，看不起盐商，又要卖画吃饭，鄙薄功名又不能决然断绝的藕断丝连，倜傥风流，诗文出众的自信，多极人性若揭。文人画为西方绘画缺门，百年来，精通汉文的大家为高罗佩，能写文言文、汉诗（格不太高）。李约瑟（《中国科技史》作者）懂古文，离高精尖的创造还有些不足，高氏为自著《狄仁杰》（长、中、短篇小说皆有）插图仍是毛笔素描，乏气韵生动。文人画作者必是文人，有大学问，绝俗品类，历尽坎坷，泡过诗潮文海，书法文气盎然，底功遥深，情饱韵厚，又不会画，拙气特殊风骚，方是文人画家。诞生他们的特定因

（前排左起） 刘大为、亚明、吴毅、程大利、高云、沈蓉儿。（后排） 张德俊、冯健亲 1998

缘早逝，百余年一片空白，呼吁重视培养是善良愿望，能教出文人的明师是谁？如何保存火种要看历史的作为了。

齐白石云：“不似则欺世，太似媚世。不似之似，高于形似。”屈原学《诗》、楚人民谣，晋陶渊明阮籍宗汉魏五言诗，李白、杜甫，甚至庾信、鲍照及汉晋乐府，达到无似无不似，个性传统天衣无缝。

不似之似，无似无不似，传神离开得神，与象思维潜流的参与是分不开的。这种内观的神奇崇高，如司空图《诗品》所言：“不著一字，尽得风流。”一旦巉相，等于用尺去量李白的“白发三千丈”。印度达摩传禅宗，是佛教为了存活拓展，与汉文化，尤其是士大夫熟悉的道统合流活力，起到为思想输血一斧无痕的杰作、为推动唐诗国画繁荣的力量之一。象思维善于把握适度，杜绝凝固的教条。（禅宗不立文字，入门仍需借重语言，只是不为外在物所拘而已）。

象思维不神秘，不重对立极端（中庸）。徐悲鸿为甘地、泰戈尔造像，由于画家在描绘对象面前的虔诚，触及灵奇又未造神的人情味，比作者一生中任何作品都符合象思维而高出一头，（包括那些人物众多缺乏史诗气魄的大油画）造型美上也不可同日而语。

先生佳作《论中国水墨画的审美意识》有点睛警句：“追随象思维的脉络，初始于造字，成于象文字，终于《易经》的象辞（集大成），成就了中国早期文化的辉煌。”“两千多年的水墨绘画史，背后有一个深藏不露的独特的意识形态，其独特性表现于两个方面：一是中国象思维的象文字根源，二是超视觉的审美意识。”

又云：“晋郭璞序《山海经》，暗指司马迁未触及此书，不够全面。孔子不语怪力乱神，对太史公治史有约束，这对史的纯度是正确的。象思维内观为主，无法证实的怪力乱神或系浪漫主义折射现实的梦游产物。二水分歧，广而不滥。”

他不想在象思维专论中评价西画来华得失，想不到寻求救国道路之一，和中国本体文明失去汉唐消化力的矛盾。吸收外来养料的必要，分寸掌握欠妥，形成西画改造国画导致原创力萎缩，踏步传统，重复西法，当代画坛名流对象思维陌生。1982年，《美术》七月刊推出吴画《山高水长》，给予认可，他表白素志是“在我们民族绘画中树立一个里程碑”，在美国成立“中国现代艺术学会”，邀请国内一批理论家、画家赴纽约研讨；2008年再开“中国水墨画美学体系国际研讨会”，在中美文化文流，华侨对祖国遗产热情关注两方面，均空前韵事。

正是独一无二的思路，象高于形，得象忘形，几千年来未掉入再现客体为高。形的捆绑难以解脱，局限了西人心眼双手，使东方绘画的鉴赏创作造境抒情有西画未到之处。如果我们抛长扬短，文人画消失，在西方造就大师千计的素描，一花独放天地人和历史都会感到过于单一而寂寞！

他剖析西方现代艺术的成因：18世纪启蒙运动抬头，实证哲学带来科技的前进，古典主义油画并未超过古埃及古希腊、古罗马雕刻以及文艺复兴时的绘画。大师们创新初捷于印象派的被承认，画派如雨后春笋，文学家们以新作推波助澜，闯将林立，受时光检验的传世之作渐多。20世纪两次世界大战、科学对地球环境生态的负面作用、人的孤独感觉醒、能源危机、民族冲突、发达国家福利要求上升，税收难以满足等等，希望忧惧拔河于灵魂内核，标新立异，揭橥荒诞，哗众取宠，愤世谴责，择路彷徨。现代艺术主题经大浪淘沙，争论不已，既成多元，无法也不能一锤定音，四五十种主义生生灭灭，交与时光大众专家评说。

自20世纪决澜社成立前后发轫，中国现代艺术观念与具体作品来自西方，迄今进入世界艺术史的经典之作暂缺，现代大潮对传统、思想、市场冲击，和绝大多数国人无大牵连。

新石器时代雕刻、殷周殉葬玉器、民间雕塑精到之作，成熟变形皆和象思维有血缘关系。某些观念与现代艺术可以沟通，但有本质上的不同。

象思维如何整理体系，可能要几代学者去发现和漂洗，先生春雷一声，必有后继勇士光大，起到西方学术不可替代的作用。并由灵奇深沉、绚丽、厚重、淡从腴出，朴自华生的空前伟作，欢舞于清除了污染的净土，印证人类大悲大喜，歌唱复活的青春，大自然与人性的真善美。

下篇 吴毅的画

吴先生以象思维为指南，跟传统派、尊西派、中西合璧派知识结构不同而特立独行，有利于广泛吸收遗产。其画使我想起古老的《太极图》，白鱼是壮美阳刚，主旋律为大西北的昆仑山擎天摩星，呼吸宇宙，苍茫浑涵，浩气蒸腾，见证历史，民族象征，万劫不泯，不卑不亢，滋养文明，余脉江河放歌。黑鱼阴柔恬润，荡气回肠，萦绕梦寐，乡愁遥系游子，不胜自豪，昆曲阳春白雪，明镜鉴古启今，合艺术生活一体。在他求索象思维的深心圣殿，其渊源比他的先祖延陵季子还要源远流长的祖妣。困难扰来，哺以仙乳，一回回再生如凤凰涅槃，天壤间最纯至情无死无枯，犹如沃土谣曲永恒。

以下两跋是先生襟怀外化的独白：

《昆仑跋》

吾闻海内名山，五岳称雄，王者祭祀以镇九州。又闻黄山归人不看岳，奇绝冠天下，近代画坛高手，无有不上黄山而称饱览天下名迹，进而抒其壮怀，咏其高志者。余六上黄山得益匪浅，瞻太白遗迹，颂高风亮节，涉清流，涤胸怀，神游四海，欲登之太极，瑶池宴饮，观宏宇以遂平生之志。

癸亥八月初二，携妻蓉儿辞别江南，悠悠万

里，披风追月，几渡河汉，星列灿灿，日月山头望尽青海一环碧水，长云排空，卷起万千层。大漠平沙，寒峰剑突，登昆仑之绝顶而小天下，人间寰宇尽收眼底，乾坤图画中。仰天长啸，感天地之大德，生我育我，杯酒酹酹，歌以咏怀。

《梦江南》

自古江南多贤士，物盛民丰，先祖延陵吴故里也。魏晋以降，文辞益盛，继开一代唐风。江南好，令人不忘而长思，枫桥夜泊，缭绕愁思百代有余韵。长江天际连天浪，洗尽前朝是非。燕子矶头，紫金山傍，悠悠岁月，屈指数十春秋。皓雪寒梅，秋荷绽艳，后湖望雪，太湖千帆过，几多景致，几许华光，墨痕素纸万千尺，黛瓦回廊，小桥流水，近于小诗，朴而雅，巧则俗，不求经意。去国万里，人生历练，多有夙愿，重踏江南故土，河塘星布，日出月落，扁舟一叶，亦能宜人。姑苏闾巷，旧会相识，怀古惜今，得图一集，曰《梦江南》。（1999年元旦）

昆仑数日，江南半生，前者视野，概括江南。至情挚语同出肺腑。有此钥匙，知人论艺，不致离题过远。

先生西行多次，都有更新故我的喜悦，对他绘画个性至关紧要。他明白那片高原上有我们陌生的父老乡亲，兄弟姊妹，有无画家光临，人们照爷爷奶奶那样生老病死，放牧耕种，读书婚嫁，敬神饮酒，曼舞轻歌。他听到了万里之外尘世清音的呼唤，把这些可敬的人和风光装进心灵是自我超度，滋润良知。

尺幅千里是对古代画家的礼赞。

巨川和万里矛盾：川画小了被原野吞没；画大了，千里变成一里，没有容量。他选择大河绵亘咆哮而东，位置与中国地图的长城平肩，澄空下有广袤大野拱手致敬，群峦起伏逶迤，主峰旋动，高亢似《信天游》。细流五六条，出没穿插，形断意连，首战告捷。

1982年伊始，有关塔尔寺的作品一组，从敬受雅教到自觉表现，笔色（墨）自在。《上塔尔寺》红墙屏列山顶，秃树刺云，小鸟回翔，残雪未融，香客一男二女，携二少年，抱一幼童去寺祈福。路左右石壁陡峭，响亮彩墨与香客同样凝重。陡岗不动路扭腰。

《塔尔寺雪霁》外实内奇，冬树简练，积累爆发力遗赠茂夏澄秋，高洁的雪萧瑟严肃，深穆大化苍远不冷漠，帐篷外两头家畜反见闲趣，人影阒寂，生机弥漫。启迪作者思忖个人微末，沉恋功利，内在尘埃，旋扫旋积。处世何如持冬阳之爱彼此交欢？《壬戌纪事》场景和睦不争天地宽，每人约束欲望，即儒家“己所不欲，勿施于人”。换位考量，亲如一家，阴谋含羞，恐惧敛迹，谎言自私孤立，本色言行即行为艺术。《塔尔寺小道》屋宇道路喷射鲜健空气，行进中人畜车辆不紧不慢，共

（左起） 刘昌汉、刘国松、黄光男、吴毅于作品《明月照关山》前 2011

（左起） 边伟、董伟、吴毅、潘公凯、邵大箴、田黎明于画展开幕礼 2012

品舒畅岁月，愈观愈美的平常，比出猎奇肤浅！三载后再画，真是“上山空手来，树影笑吾痴；别后时惆怅，相思不自知。”“不来牵挂少，重晤倍相亲；未懂方言妙，听如故土音。”居中寺庙上挪，反映牧民文化地位在先生思维中地位升高。赋色浓艳峻伟，熟后回生。半生多少事，唯大默涌出笔触，非深浅轻重可以注释。枯坐良久，不觉伏案梦游，题句墙上，醒后未忘：“空慕雪荷远浊尘，黄莲嚼烂证前因，纷旋真幻何须问，耿耿寥天岁岁青。”此境或与先生神会。《塔尔寺集市》概括一角如写生，熙熙攘攘，静谧未全缺席。利润介入，俭朴藏民抵制中有少量吸纳，未损道德宗教权威。比起东南华北新建梵宫富丽世俗，高原安详镇定。先生眷顾，余情可掬。

《莽昆仑》（1983年）当代绘画史上不可省略的扛鼎之作，再生幽谷中的奇峰，与李少文先生的《九歌图》并列为双璧。浩气四塞，灵泉宏渊。“我之为我，自有我在。”（石涛名言）作者激情抛开平时本我，拥抱空前大欢欣，爝火明怀，彩虹入脉，神飞八极，造化在手。几十年徘徊，寻探、苦待、挫折，废画三千，焦灼，迷惘，喜梦，仙宫陈酿，长夜不眠，超逻辑的呓语童言，无从追忆的七情叩门，一逝不归的短暂春光，百味一锅，接应不暇，笔的旋舞，迟疑分秒，贻恨终身，不及思量，只好信任主导他的诗性冲动，人、画、画具之间针插不进，戛然而止，增减不得，金无足赤，小疵不掩大淳。画和古今有名无名师长因异成异，容量超过一张四尺宣纸百千倍，吃进桑叶无数吐丝织的云锦，赞扬，嫉妒，谗言无力变更它的命运。予记以俚句："古哲昆仑恨少缘，顽童白发啸云天；巅峰炬火（太阳）无穷岁，一画心碑额上悬。"

通古化古，知西出西，晨曦将倒屣相迎。

先生对线条曾仰慕老辣，练过金文及汉碑，悟得自然为高，追求大脑腕指放松，绝不经营，以过程代目的，对晤古贤，学其神髓而不袭形貌，融入性情，发现自我，积累风格，行者无疆。知味无言，画中自现拈花微笑。

前引《昆仑颂》，半说黄山，先生敬之如乃师。

1978年百废待兴，人们思有作为追回失去宝贵时光，先生亦然，不顾交通接待条件，珍惜创作良机。其时画风受海粟翁、石涛、石溪熏陶，但不死守雷池，对景挥毫，自择视角，损益调整，呈献感受。云水朝暾岚光蒸蔚，虬松盘曲蓊郁向上，灵窍顿开，牛角尖里悲愤恩仇一笑泯化，自惭自责，偏狭血沸烈焰，心拜无垠大美，重悟浮生造化真谛，雾散烟消。石块飞泉，乱而不乱，安置便妥。画外十之九，浸泡所思，受用无量。

1981年先生画汤口、桃花溪、人字瀑下巡礼者进山处，题句："云浓雾重千崖雨，瀑激湍喧万壑雷。安得画图奇绝处，依山日日看千回。"适海翁住散花坞，油画国画轮作，便于先生观摩促膝对语，融融两得。其他画友钦佩先生笔底曲直、收放、伸缩，方圆自如，开阖汪汇钝锐新不违古背时。树骨铮铮，大枝走向理趣特征中含。围墙拙倔秀巧，与徽派建筑唱和，桃花点到即止，浓艳不落伧俗。

《山中行》画老汉扶杖独行，步伐稳而缓，石级尽处，险峰高，赖勇气和对美的渴望，远道来攀登。老汉能否了却夙愿平安回家，引起读画者的悬念。山上初夏，绿叶尚未生齐，和山麓青松对比成趣。几片桃红不随桥下水花去，林间天上云雾浮漾，下部没骨写线多，笔性沉着痛快。

《山水清音》全用水墨，瀑布挂石壁，自山石怀抱里冲出跳下深潭，晚唐李涛诗：

“千山万壑不辞劳，行远方知出处高。溪涧岂能留得住，终归大海作波涛。”哲理撩人。听觉画不出，笔代镜头传导。赠我们通感，清字见之墨浪。由远而近，而静，而净。

《溪声》水势强于前作，暖色强光，“风定花犹落，鸟鸣山更幽。”有点喧哗也不扰乱溪的午梦，石的覃思。游人信步，闲听水的脉搏，树的心跳，有益无害。仙居翘盼雅客太久，让黟山解颐一笑吧！

《深壑流泉》以象征生机的嫩绿植被铺底子，半空木桥上有父女二人驻足听碧漱耳，大小墨块形不规则的石头躺在沟底，色白如乳的泉水不舍

禀天地正气 水墨设色纸本 124×180cm 1996

昼夜地磨得圆通无棱角，石头走不开，不感谢改造者的苦口婆心。惜分贝太低，听不清楚。泉水让石头切割，凸现纯白色，造型如远古岩画，展示了原始美术的魅惑性。画面鲜亮，清雅藏张力。石缝中长出几粒小红果摇曳多姿，吸引我们眼球。

《万壑争流图》透明的黑色层次繁丰，中部巨潭，汇集瀑布顺势远征，水曼妙似舞蹈，多声部合唱音域崇隆宏博。先生写长跋阐发其神形统一观。形象的探索，“而不是像西洋画写生那样是描绘此一时、一物的外形。……包括了人的主观因素和客观因素两个方面，神是指精神因素，形指形象，包括了对象表里的统一。形是处在不断变化当中，不是一成不变的死板东西。就是一个不动的物质，从中国审美角度来看，它仍然存在一个形象的探索，如房子，山石，因而形象的探索是着重美学观点。”

翡翠池在黄山正北松谷庵附近，从清凉台步行往返约20公里，不通汽车，石坡窄路，少人光临，把黄山最宁静的妙景冷落了。1981年先生独往一游，作此行游踪记：“……见冉冉山涧会于潭，水清澈碧于蓝天故名。夹岸巨石无苔，篁竹披拂，松柏间其中，山势清秀与北海之奇峻迥然不同也。坐池上，游人六、七，有泳于池上者，悠然自得。时暮色苍苍然，心凝形释，与万化冥合几不欲归。”我至其地赞曰：“就是几代世仇的两位酋长在池上相逢，也会忘了抽剑，不觉异口同声地喊道：‘这儿的风景实在是太美了！’”

同胞们把四千年培养成的写意审美眼睛丢失了，看古画是平面；看最差的照片也是立体！

花非花　水墨设色纸本 56×68cm 2006

先生为翡翠池造像，美在何处，多数人会说看不懂。我们反省一下百多年来的西式国画教育加上其他因数，造就多少开宗立派巨人？

苏州建城两千五百年，浓妆淡抹，天韵绰约。长江三角洲明媚富庶，举国艳羡，才人济济，于华夏文明奉献良多，诗文词画取材不尽。游子离国，碧梦销魂，天外飞回，何辞劳瘁？伫立弓桥，漫步如箫笛小巷，翠扑眉宇，甘泉淡茶，颊齿留香，络绎客流中当有先生跫音叩节石板。破译点线墨色块面内蕴情愫密码，作者万计，各用方言，编不成辞典，化验不出五行气息，画师史家让游客得其要领，代有三五人喜出望外，非苛论也。

红伞闪动流火过桥，没入葱翠柳影堆中，欸乃策动小舟，共橹声摇入阁楼风窗；谁家少妇呼儿，长腔酷似昆曲；评弹抑扬蓝帏小馆，男苍女脆，吴侬悠悠；栊绿花房，紫嫣红，车送闹市。日日时时见，余味袅袅。先生造境强者，画一当十。浅陋如吾，何敢解释朦胧突破清晰？

《月落乌啼霜满天》，唐张继绝调，妇孺成诵，驰誉东邻，彼邦捐赠铜钟补古迹遗憾，予谓用心可谢，未识无声胜有声，有限未若无涯妙耳。画里落月大于车轮，光晕河水，街灯渔火，撒星散韵。桥屋多直线，船头树影红墨交织，酣中微涩制滑。艺术价值愈独立诗外，则愈忠于原作。画尽意在，不黏不脱，得之矣！

莫问《水巷》画何处，入画一游君自知。斤

斤计较，那及白眼畅观？巷是二胡共鸣琴筒，大小高低屋顶是音符，情大于纸而外溢。水动屋不能动是常规，屋不动而动，水动而入静是例外。跳出画外正为进画，进后必出，辨证待之，动静人画活脱。后街一角的《民居》，路上不见行人与手推车轮沟痕，民国初年建，适应人口翻倍几次翻盖扩大，主色灰绿，密集，仍保持市民自得其乐，稳定略带悠闲，水墨铺染处，光在移动。房子和人一样彼此交往，互换有无，诉说所思所忆。

《花非花》白居易诗，长短句近词，蓝雨溟濛，纱幕后红花明暗闪烁，轻重远近若河底倒影，飘忽忸怩，分不清是亲是躲，携手挽留似水年华。

无锡平远小景被云林大师画得风神旷逸，萧散摄人魂魄。先生两绘惠锡双峰，卸去拟人负担，视江南五千里丘陵为海，线浪横呈，避倪翁脚印，大笔当扁担，挑起他眷恋的月下两胜地与之同醉太湖三万六千顷，赠乡亲们一段酣畅，化为《二泉映月》，若钝刀刻印去纤俏归隽永，为阿炳师弓指法回音么？“不可说，不可说。”（佛祖语）

顾亭林苍凉豪句：“天地同肝胆，江山阅鬓华！”过来人胸臆，天风海涛曲未终。为吾士吾民创一硕果，行百里者半九十，默契自强者无暮年！

作者为当代著名书画评论家。鉴赏家、美术理论家，原刘海粟先生助手

曾载于《吴毅作品集》季丰美术出版社 2018年3月

明月照关山 水墨设色纸本 179×97cm 2011

毅心毅骨，道重道远

冯 戈

年过八十，凛凛如松。

1934年，东亚山雨欲来，吴毅生于日本横滨，祖籍广东中山。1937年中日启战，全家移居澳门，1948年迁上海。书香门第，幼习书法，天资过人。1958年入南京艺术学院修传统水墨绘画，1962年获学士学位。

“文革”来临，黄土沸腾，日月动容。吴毅白天饱受思想批斗，晚上坚持水墨修炼，紧随五千年文化闭关，潜心研究中国传统水墨绘画的现代转型。磨剑十年，才华渐现，方向渐明，画作既保留传统之精要，亦开拓传统所未见。70年代末、80年代初，已受注目，得前辈如李可染、刘海粟赏识，得艺评家如栗宪庭认可。

1984年，吴毅携妻女访美，因缘际会，就在纽约留下，转眼至今。当西方当代艺术思潮涌入中国，牵起“八五新潮”以及随后幕幕风云，吴毅直捣黄龙，跑到西方当代艺术的原产地，细读经典原著，体验实地生活，亲炙文化背景，据之对西方当代艺术的了解全面深入，实非留于国内可得。

然而，纽约的艺术洪炉并没有把吴毅吞噬，30多年来，隔着半个地球，他一直沉迷于中国传统水墨绘画的研究和开拓。离乡愈远，眼界愈宽，传统反而愈清晰，志愿反而愈坚定。

长廊月夜 102×97cm 2001

2008年，吴毅出席纽约中国传统水墨论坛国际研讨会，发表《论中国水墨画的审美意识》一文，提出“象思维”概念。上溯周易、黄帝内经，下贯宋朝理学，以至近代水墨学说，跳出视觉表象的分析，摸索水墨创作背后的意识形态、精神模式，拆解中国整体文化的基因，旨在一举归纳中国传统水墨艺术于一个逻辑图谱之中。由此可见，吴毅涉猎既广且深，立志宏大崇远。

中国文人画的真正主题并非客观物相，而是绘画者的内在人格，所以其锻炼一向远远超出绘画技巧的培育，更关键的是绘画者在个性、气度与品味方面的修养。一山一水，一草一木，皆为风骨，皆为高尚人格的追求，皆为人处于大自然应有的谦厚态度。

吴毅示范了中国文人画家必经的修行，长年淡泊名利，埋首博大精深的国学，结果容下了五千年文化的心也容下了天地。心有多高，画有多高；心有多宽，画有多宽；心有多清，画有多清，吴毅的画作总贯注着一股若隐若现的元神之气，在笔触间流动成韵，大山大水如钟鼎回荡，乔木幽草如琴弦轻叹。

在坚守传统的同时，传统的现代转型是吴毅更重要的课题。相信他选择留在美国生活，是为了更容易保持开豁的心态，客观中国传统水墨绘画的得失，准确掌握中西相互长短。付诸实践，他广涉西方当代艺术，勇于从西方吸纳中国所缺元素或手段。例如，他放胆以中国笔法运用丙烯，大大拉阔中国传统水墨画的色域和质感，开前所未见的尝试。

过去百多年来，一如其他东方古老文化，中国被西方近数百年的进步惊醒，急忙找办法改革求存。所走过的路曲折迂回，或失于自信不足，未有充分保留自身传统的优点；或失于器量不够，未有充分包容其他文化的长处，摇摇摆摆，至今仍有待建立一套是传统的、也是现代的，是中国的、也是普世的中国当代审美观。

当今资讯发达的大环境，造就跨地域的生产模式、销售模式、生活模式。价值标准与文化信念无可避免走向一体化，个别文化必须有更大自信，更宽包容，更强融合，方可立足。对自己的文化有足够认识，方有依据自信。有足够自信，方有足够胸襟，可以平视古今中外，参透其间互补共融之脉络，勇于发挥自身文化具贡献之智慧，广纳其他文化另辟之蹊径，合建普世相通之道理。吴毅曾说："当代东西方文化交流应当是双向的交流，为使这种双向交流实现，则必须建立起当代中国水墨的美学体系，而这个体系需建立在各自的文化源头和文化根底上。"这正是一个既有自信、亦有胸襟的观点。

作者为香港著名律师、收藏家

激流 水墨设色纸本 90×96cm 2003

曾载于《吴毅作品集》季丰美术出版社 2018年3月

吴毅的水墨艺术

汪 铃

吴毅、朗绍君、王宁宇、朱道平、崔振宽于美国芝加哥 1996

自19世纪末，与时代呼应、追求创新成为中国水墨画的发展动力。20世纪初，随着与西方接触日渐频繁，艺术家尝试探索新风格、新形式和新媒介。艺术家虽然对水墨的看法不一，但有共同关注点：如何把传统中国水墨转化为现代形式，同时又尊重其本身的艺术承传？

20世纪50年代，政治需求主导艺术标准与风格。水墨虽被视为精英的艺术，但只要能体现社会现实主义，仍得到允许。毛泽东强调艺术是为群众服务的，而社会现实主义则能实践此目标。吴毅是此时期崛起的画家之一。他受传统水墨画训练，在超过六十年的艺术生涯中，吴毅孜孜不懈创作，作品植根于中国传统绘画，却又展现出创新的表达和视野。

吴毅1934年生于日本横滨，三岁随家人移居澳门，十五岁时再迁至上海。他生于书香世家，幼年开始学习书法，且表现优秀，小学及中学时期已屡获奖项。后于南京艺术学院学习传统水墨绘画，1962年毕业。“文革”时期只容许符合革命风格的艺术，而吴毅却仍忠于自己的艺术方向，继续致力于水墨创作。一如许多“文革”时期的画家，吴毅从不公开展示作品。“文革”结束，艺术家逐渐重获创作自由及自身的艺术个性。吴毅开始参展，在中国美术界快速冒起，成为重要画家之一。刘海粟

梦荷 水墨设色纸本 123×120cm 1991

与天地精神相往来

——我说吴毅

王　昊

知道吴毅先生大约在2000年前后，有一次在郑奇老师家聊天，聊到当今在世有几个大画家的问题，北方的贾又福、南方的董欣宾、上海的朱振庚……郑老师突然说："还有一个在美国，叫吴毅。"说到此处还不由自主地笑道："当年董欣宾看到吴毅画时，很是激动，仔细研究后说：吴兄竟然能在一厘米见方画出二十多个墨色层次！"董欣宾与吴毅不仅是南艺附中的校友，二人还同出自南京艺术学院老院长刘海粟大师门下，以兄弟相称。话到此处有两个问题显而易见：一、忆当年董欣宾老师是何等骄傲的人物，一般人自不会放在眼里，就是二般人物（当世所谓有权有势的体制内大家、名教授）他又何尝放在眼里过？足见其对高质高量艺术本体的崇尚和为人的率真。二、可以想见吴毅先生当年中国画艺术已经达到的高度。

几年前在一本拍卖图录中见到一张吴毅先生80年代中期的水墨山水，浑厚华滋甚为叹服。近年又在金陵美术馆的馆藏展中，见到两幅水墨山水，长线飘然物外，以点为皴、墨色浓淡丰富多变、异常淋漓。我逐一拍照，许多精彩的局部不敢放过，整整拍了近两百张图片。机不可失、时不我待，毕竟见到这么多原作的机会有限。纵观吴毅先生这么多精品力作，我就痛恨眼睛不够用了，其笔墨技巧之精湛自不必言，先生长线生辣多姿，点皴淋漓酣

山外有天地 水墨设色纸本 69×96cm 1995

畅，所作山水得天地精神，雍容博大、气势恢宏。再加上其“象思维”理论承前启后，堪称一代宗师。然而，让我感觉到最为震撼的却是从笔精墨妙的山水背后所弥漫出来的作为主体“人”的精神的存在及其澎湃的表达。

我论画习惯分三重境界：第一重“状物”，状物是常人的境界，即能准确再现景物。这只要有扎实的基本功就行。第二重是“诗境”，诗言志、至诗的境界、就具有格调了，既可抒情亦可写意。作品即是艺术家的思想情感外化。世俗一般意义的“大家”都在这一层面上。第三重是灵境，灵境是灵魂的境界，其作品通天晓地、与天地精神相吻合，直指人的灵魂，能让人的性灵震撼不已。这样的人物从古到今都很少，人们通称为艺术大师。其实，我们今天是生活在“大师”满街跑的时代。所以很多被称为“大师”的人，可能最多到了第二重境界，当然，还有很多被江湖的“大师”连状物的层次尚嫌不够。

吴毅先生的山水先后经历了早年的状物、中年的诗意和部分晚年的灵境。他是可以和黄宾虹与海粟老人比肩的人物。

吴毅作品的气场比黄宾虹更大。黄宾虹先生的五笔七墨解决了中国山水画有清一代四王以来陈陈相因的摹古之风到近当代写意笔墨的大转型，实现一次大的写意笔墨的突破与飞跃。可以说宾老解决了技术的问题，但他用一流的笔墨仍然在画诗意的景，始终没有脱离自然山水的状态。而吴毅先生则不然，他的很多后期作品已然超越了自然山水，而向人文精神、人的内在精神深处升华的这样一种气象。

吴毅是海粟老人的弟子，但他比海老走得更远，特别是他晚年的有些半抽象的山水与海老比较，则更加苍茫浑涵、大象无形、直接天地宇宙气息。正如老子《道德经》所言："惚兮恍兮，其中有象；恍兮惚兮、其中有物。"不经意看好像什么也没画，退后到一定距离再用心品味，一下子就感觉什么都有了，气象万千，真叫人荡气回肠、回味无穷。

在山水方面与当代大家相提并论：台湾省大家刘国松先生一生致力于中国山水画的当代化研究和先锋实验，具有相当的不俗成就，但他和吴毅先生比较你就会发现，刘是中西结合偏西的味道，还有那么一点工艺制作的生涩感。而吴却是地道的本土特色，点线激荡写心画，强调用笔的书写性。当代大家周韶华先生的作品里都有一股浓浓的大国气象，很强调画面的民族性风格感觉。而吴毅先生作品则更多强调宇宙自然与变化莫测的心灵相通感，意蕴浑茫无际、天地一任苍茫。董欣宾先生理法兼修，著作奥妙、长线飘然且浑厚，变化莫测，笔下一片江南，嬉笑怒骂皆成图画、文章。他是南派新文人画领袖、南线代表人物。然天不假年而距大师一步之遥。吴与董同出海老门下，而吴多年海外苦修、世界奔走，其目所及、其心所思，已然全无家山一族之囿，茫茫乎笔下已成天地宇宙之本心气象格局。新文人画北派领袖北皴代表人物贾又福先生的山水与吴毅相较，又福先生山水也先后经历了早期画景，中期诗境和晚年人文精神与宇宙自然之间的高度通感。但他与吴画放到一起相较时，不难发现：又福先生之作品多多少少都有些工艺的味道。而吴毅以南线手法，飘然直取、直抒胸臆豪情，地地道道地从传统写入当代水墨精神。

再来聊聊中国艺术品市场，今天的幕后推手是资本炒作，已故的大师我们顾且不论，在世的“大家”哪一个高价的背后不是市场资本的运作？动辄几十万一平尺，高价一定高质吗？离开市场运作、离开既有的“宝座”，可能就有相当一大部分“大家”的画价要被市场打回原形。回头再看看已经故去的大画家朱振庚、董欣宾二位先生，以及健在的吴毅先生的画价，那些昔日的“大家”和我们，岂能不双双汗颜！

2018年4月

作者为更斯艺术馆馆长

毅生为艺

夏 夕

生于1934年的吴毅，在其懵懂之年接受了新中国成立的洗礼。他的美术基石于20世纪60年代在南京艺术学院得以奠定，他的文化根基形成于孜孜不倦研读各类中华古典著作的过程中，阅其文、听其言，他对于《黄帝内经》《周易》《说文解字》、道儒学说以及众多古代美术理论著作的熟稔于心总给人留下深刻的印象。

远观吴毅作

吴毅画，近看不如远观。近难“得其环中”，远方揽其胸臆。笔触细腻、粗犷兼备，画中皆大气象，忽如神祇俯瞰大地，又如鹰目疾视众生。爱默生（Ralph Waldo Emerson）曾在《论美》（*Beauty*）中说道：“美，从最宏大和最深远的意义上说，是一种对宇宙的表述。”吴毅多幅画作，超脱宋郭熙“三远”，其画之大观，或许是只有宇航员在宇宙中才能领略的壮阔。

观画作“坎布拉”系列，大形状之中饶有原始意味。竟让我想起法国拉斯科洞窟、西班牙阿尔塔米拉洞穴壁画以及中国原始彩陶纹盆的状貌。正如他所倡导的“象思维”一样，画中气象直追人类起源之初，摒去具体物象的线条和色调，代之以富有精神概括性的粗轮廓，填以充满原生象状的质朴色。上古精神、当代视角尽显于画面。我不禁怀疑先生曾穿越万年，目睹那天翻地覆、浑厚苍茫。

吴毅书，临摹不如观读。自古书法习练者，大多临大家体蹒跚起步。然，摹形易，写神难。无神则无味，形不过空壳，终落入“奴书”的窠臼。或许这也是为何吴老对着钱旭东先生的“作业”只道：“精神的东西到了，就应该知足了。”

古镇《水巷》中的桥下一景，水波凌凌，题跋似也随水波被船桨划开，爬上了粉墙黛瓦，形随境转，韵由意生。墨象如书的《竹石山瀑图》中，实竹如籀，虚石飞白。

细读吴毅论

以文论道为哲学，寄道于物是艺术。艺术家同时肩负着哲学家的责任和修养是少有的。吴毅先生的背后，我看到了哲学家的影子。

吴毅之论，主张“象思维”。何为“象思维”？对于当代中国人，尤其年轻人而言，晦涩枯乏。然，细读吴老画中题跋、专述文论，“象思维”除了涉及艺术创作源头，生活的方方面面也囊括其中。吴毅先生读《山海经》《道德经》《太平御览》等为现代人鲜知的古籍以及各类自魏晋时期一直延传至今画论著作，从中进行“象思维”的追根溯源，以期寻求中国画的承传与革新。

在美术领域，他首次提出“象思维”，吴毅成为了美术新思维、新实践的开拓者。“象思维能够离开质体表述超视觉的存在，是因为建立人为主体的思维方式，这样原创性思维形态不经过人工

以神为象古今同 水墨设色纸本 96×180cm 2015-2016

雕镌的、最自然的艺术方式，也最符合超视觉审美特点和规律。”——吴毅在《论中国水墨画的审美意识》提到，由此将中国古代“迁想妙得”“外师造化，中得心源”“气韵生动”等繁杂庞大的美术思想观念归结为一，用“象思维”重新解读、总结了中国古代的绘画，并且拉开了中国画与西洋画的距离，甚至是确立了中华文化与西方文化的根本界限。他曾在《重开中国画以“象”论画之门》一文中清晰阐述道：“中国画传统水墨与文字同根。上古时代象即画，以象论画这是中国从文字起到画象，不论山水、人物、花鸟、虫鱼及犬马禽兽，整体而言象思维即水墨正源。”文中还引经据典，以《黄帝内经》《周易》《山海经》《说文解字》以及南齐谢赫《古画品录序》等多部经典著作中的描述佐证了中国古代传统文化中“象”的本源性。更甚，吴毅先生表达了自己对于中国美术教育的担忧与关注："我们这一代所受的艺术教育始于20世纪初的对西方文明的解读阶段，19世纪末，世界形势风云突变，西方的强势文化与中国文明直接碰接的结果，使中国一时间几千年一以贯之的象思维形态失去重心。在20世纪初所建立的教育体系，文史方面没有深刻表述中国五千年文明持续发展的原创象思维，使中国画传统精神处于难以明言的尴尬地位。"当代著名美术评论家程大利先生赞："这是来自一个画家的思考，没有严密的逻辑思辨能力是很难进入这样一个'原理'研究状态的。"

近品吴毅格

品贵而才高，性纯而艺精。李苦禅曾说过："必先有人格，方有画格。"自古，各领域大家无不品性贵重、事迹感人。吴毅亦如是。身居海外30多年，初心不改，大隐于繁华都市，笔耕不辍，画格亦承其人格。

20世纪80年代初期，中西文化剧烈碰撞，许多大家都在矛盾抉择、徘徊张望，吴毅始终坚持用最传统的工具与手段创作，决心光大、发展传统中国画。机遇使然，亦是自身选择，他避开了国内激进的"八五思潮"，来到大洋彼岸，深入了解西方文化艺术而不随波逐流，知己知彼方得心源。

他在异乡从事中华文化传统研究、创作、交流。担任中国现代艺术学会会长期间，他在美国多次召开关于中国画深层思考的学术研讨会。不知自己渺小者，难为大师。他十分清楚仅凭其一人，不能长久深远地挖掘、延续中国画文脉。柯文辉总结吴毅的美国生活："（吴毅）在美国百分之八十几乎是个隐士，除了绘画和吃饭之外，他的工夫都花在了思考上。" 吴毅先生今耄耋之年，自学画起已六十余载，始终不为市场所动。几十年来的作品，包括20世纪80年代成名作，皆留手中，潜心研究、偶作展示。

爱国不一定身赴沙场，上阵杀敌。弘扬中华文化，文化自信，为祖国软实力添砖加瓦一样是爱国。他是当代的巍然艺术赤子，亦为新时代中国画发展的风向标。

结 语

夜幕之下，细雨绵绵。吴老和师母相扶而依，二人或许浅吟低语着，然相隔不远，只觉他们步履平和、静默向前，丝毫没有理睬夜雨二三点，唯独回头招呼女儿一定要掩于伞。这看似再平常不过的言语、举动，却一直在我的记忆深处：一位笔下尽出大气象、满心都在"象思维"的艺术家，却也仍然是一位普普通通的老父亲，对于子女的关爱如细雨润物般的点点滴滴。驻足徘徊之际，二老已然是对子女童年不绝于口的寻常夫妇……

2018年12月

作者为南京大学美术理论硕士研究生

深壑流泉 水墨设色纸本 66.5×44cm 1991

蓦然回首，我已兴高采烈

——献给低调的奢华·吴毅花鸟画展

刘春杰

记得一年前微信圈流传一个链接，大概讲述的是梵高凄惨的一生，标题好像是“梵高回眸，我已泪流满面”。我学着佛印大师当年回复东坡先生的两个字跟了朋友的帖：放屁！朋友一如当年苏轼，很不解并马上问：“你为何如此粗俗？为何没有知识分子的良心？”

梵高回眸，你已泪流满面？请问你流的是什么泪？你流泪的原因并非是因为当年可怜的37岁的“疯子”悲凉地如一只动物般死去，而是浸泡在他身后的光环里，以及他给故乡带去巨大成功的商业热浪里。

无论中外，不论古今，总有梵高这种异类孤独着过活，一生被屏蔽于大众视线，也总会有盗名欺世者享受着众星捧月的待遇，然而这种不断刷屏的往往是“水中月”，是彻头彻尾的伪大师，以至于如今艺术行当里谁被称为大师就是遭受讽刺，就是骂人。在大师遍地的时下，国学大师、艺术大师的称谓就等同于江湖骗子。

我当然不想把吴毅先生比作梵高，因为今年86高龄的吴老一直平静、祥和、优越地生活着，他比梵高幸运的多得多，他不仅有一位知心爱人，沈蓉儿老师还是他的同道、朋友，甘愿做他的助手。

如今吴老在艺术上的非凡成就确实不为大多数人所知，身在海外是原因之一，其二便是我们多数人更愿意相信耳朵，而不是眼睛。电视购物般的广告宣传，传销保健品般的蛊惑让人们去追逐竹王、猴王、猫王，大家忘记了老子的“五音乱耳，大音希声”。如果有人说出真话，劝对方不要轻信那些广告，人家一定会说你是在妒忌能人，分明是没有吃到葡萄的酸味。现实中，此等现象比比皆是，有时真的让我闭嘴不能，但说真话，你信吗?

不管你信与不信，我说了真话。去年5月，金陵美术馆成功举办了吴毅先生山水画展，盛况空前，至今历历在目。82岁的南艺老院长保彬先生3次来馆里观展，静静地慢慢地徜徉其中。老人家事后对我说：“吴毅画的大气，画的惊心动魄。”83高龄的著名艺术史家柯文辉先生、著名画家程大利先生、著名文化学者王鲁湘先生都在开幕式后第二天再次回到展厅。大利先生则说：“这个展览，有点像傅雷为黄宾虹办80岁画展的美术史意义。”陈传席则发我微信：“李可染之后基本无好画家，吴毅是好的，比某某某等画的好多了。”（为了尊重前辈艺术大师，我在此隐去其名）也正是由于这次展览受到业内专家、学者、同仁的肯定，金陵美术馆、南京市艺术研究院决定不辱使命，一鼓作气，今年再次举办吴毅先生花鸟画展。

吴毅花鸟画作品有的水墨淋漓，奔放厚重，深沉大气，是一种源乎内在的浑厚之气；有的以笔为骨，色墨交融，五彩缤纷，或动或静，皆充满生命的律动。他敬畏宇宙万物，化天地正气，超脱世

醉秋风 水墨设色纸本 47×59cm 1997

相，把花鸟画当作山水画而挥洒，图像刚正高洁，用笔活泼生动，传神见性。或巨制或小品，或水墨或泼彩，无不流露出画家内心深处最柔韧的轻歌，在与花鸟孤寂对话中深情款款，相知相依，是画家人生情感起伏激荡的心灵倾诉。吴老的花鸟画呈现了对历史的悠思，对时空的追问，对天道的玄想，亦是对人生的思索。传情而言志，感天而感地，充满关怀。他的山水画豪迈大气，雄厚苍茫，洪荒之象，中国精神；他的花鸟画意通远古，诗画交融，人书俱老。

《飞雪迎春》是吴毅先生1998年之作，一岭梅花，在飞雪漫山、流云填壑的旷世风景里相映成辉。梅树虬曲挺健的枝柯以中锋写出，若秀骨云姿，笔意苍润。大片飞白拟积雪封山，与墨泼纸素，倏忽造化的崖石浑融一体，舍其形取其质，少用点皴而气势犹在，画面虽迫寒却气韵生动，畅神达意，意通古今，三昧尽在其中。《情一世》这幅作品的题跋柔肠百转：去国二十多年，常忆往昔冬春相交，风雪交加之日，梅花山上冰封雪锁，白茫茫一片渺无人迹。梅花铁株傲骨凛然；他独立山冈相对无语。人生，不正如阴晴雨雪般瞬间变易，不改的是凌云之志。感念有苍穹赐予的玉珠相伴，此缘绵绵情一世。

旅居纽约34年，吴毅先生对艺术与方法的思考逐步上升至哲理层面，在东西文化走向的比较中找到属于中国自身原创性且又极具前瞻性的“象思维”方式，“象思维”是中国人审美特有的内涵和文化根基。他还在实践中悟道：色即墨，墨即色，色墨同源。吴毅认为中国画是更高、更深层次的富有人性和天性内涵的东方文化，画家向传统经典学习需要去解读而不是复制。

他画太阳，因其心光明，无论在何方，他都向着光明的方向追寻民族文化之源；他画月亮，因其心柔韧，无论在何地，他都朝向故乡，发出中国声音。

如果有人问，你做多年美术馆馆长，最重要的策展是哪个？我将毫不犹豫地列举吴毅先生的画展，并以此而自豪。再过20年，人们也许会诧异：“2018、2019年金陵美术馆就曾经两度举办吴毅艺术展，但遗憾的是我们当时忽略了该展重大的学术价值。”是的，金陵美术馆以前倾的姿态，敏锐的嗅觉发现了身在海外的吴毅先生，几十年异域生活他从未放弃中国传统艺术的创作与研究。今天，我们想研究他何以持续的文化自信与担当？为此，我们荣幸地得到吴老夫妇信任，将努力还原一位真正的艺术家，以及他明确的学术方向。

“众声喧哗中，安于低调是一种自信”，吴毅的低调是奢华的，其人品格高尚，其艺博大精深，在宽敞、舒适的展厅观看他艺术的总和，感谢历史的机遇，如果太多的机构争相去研究吴毅艺术，我们还有这个机会吗？是故，吴毅先生回首，我已兴高采烈。

2019年4月

作者为金陵美术馆馆长、南京市艺术研究院院长

雨中行 水墨设色纸本 48×64cm 1996

花叶正浓 水墨丙烯纸本 123×242cm 1991

王鲁湘导览金陵美术馆吴毅花鸟画展

王鲁湘

这是吴毅先生1991年在美国创作的一幅作品（见左图），此时吴毅先生出国已经有六、七年了。这显然是一幅很现代的作品，画的是我们中国非常传统的题材荷塘。但是这幅荷塘与我们见过的历代中国传统的画家画的荷塘相比，最突出的就是它的五彩缤纷。不管是潘天寿的也好，齐白石的也好，张大千的也好，更不用说远古一些的古人画的荷塘，虽然在整个中国水墨画的系统中间，它可能是色彩最浓艳的，但是和吴毅先生的一比，显然完全是另外一种情调。即使是张大千晚年的荷塘，看上去用色非常大胆和浓烈，也没有办法和吴毅先生笔下的荷塘的色彩的缤纷、热烈相比。我这里用的“缤纷”“热烈”这两个词，不仅仅是颜色，更主要讲的是笔触，讲的是行笔。虽然中国画本身就有点像西方所说的“行动画派”，因为西方特别在第二次世界大战以后，美国波洛克这种所谓的行动画派强调整个作画的过程，笔墨、痕迹一定要保存在画面上，展现出画家作画中间行动的过程。因为在行动的过程中，行动所产生的力量，他们认为是一种美感。在这点上我可以说吴毅先生的这幅作品实际上就有一种非常强烈的行动绘画的特点，因为无论是线条的走向还是颜色的涂抹，这种行为过程的痕迹历历在目，全部保留在纸上。因此我们看这幅

画的时候，和我们中国其他的过去的那些画荷塘的绘画相比，这幅画就显得充满着一种动感。

吴毅先生所用的丙烯，当然我们过去的画家不可能用到这种颜料，或者即使有这种颜料，受到我们儒家审美观的影响，可能也不敢用。或者说他要用的话也会把它调得非常的稀，调得非常的淡，然后保持中国画一直固有的儒雅的美学风格。但是吴毅先生这幅画包括他的一大批作品，他的基本追求已经和传统大异其趣。绘画的现代性恰恰就表现在这样一个基本的美学风格上，他的这种美学风格非常的狂野，非常的热烈，非常的泼辣，非常的奔放，可以说我们能够找到的美学的范畴都和传统的温柔敦厚有很大的差异性。这种差异性其实非常能够对应我们五四以来的人性解放、思想解放、社会解放，包括艺术解放的整个一个潮流。所以我们看吴毅先生作品的时代性就是在这个地方。我们再看他的作品，又保留了只有中国人才能领会的一种很微妙的东西，就是我们所说的“笔性”。

西方人，比如说我们看莫奈晚年的作品，其实和吴毅先生很多地方都非常相似。我们如果把吴毅先生绘画的某个局部拿出来，把莫奈晚年画自己花园的有些作品的一些局部抠出来，把它们摆到一起，有时候分不清谁是莫奈，谁是吴毅。但是，整个的大体来看，他们之间还是有本质的区别，就是因为用的工具的不同。莫奈的画还是画在西方的亚麻布上，用的还是油画的那种平头短锋的刷子笔，用的是油彩的颜料。虽然他接受了很多来自东方的留白，关于虚实、关于笔触的这样一些新的美学

《低调的奢华—吴毅花鸟画展》嘉宾合影 2019

语言，但是他是西方油画的语言体系。吴毅先生虽然用了丙烯，用了很厚的颜料涂抹，看上去很多地方的效果接近油画，但是整个绘画的语言体系还是东方的、水墨传统的语言体系。因为他用的一直是长锋的中国的毛笔，因此这种笔在行进过程中，一直讲究线条的笔性，还有一点，包括他在涂抹这些非常浓烈，甚至是有相当厚度的丙烯颜料的时候，也是一种中国大写意的用笔。这种用笔仍然在纸上保留了运笔过程中的笔性。包括他的笔姿，他用笔过程中的节奏，这些东西是由于我们东方的大写意工具所造成的，包括画在宣纸上产生的这样一种沁染，也是和画在亚麻布上有很多的韵味的不同。还有一点，就是这种留白，这种留白是东方人特有的，一种对于整个宇宙的哲学观念的折射。这点西方的艺术家是很难理解到的。就是说为什么看到东方的画家在画的过程中好像是无意识留出的这些空白，而对于一个西方的画家，他在无意识中间，整个一幅作品，他根本没有办法体会到这种留白、这种空白所形成的我们所说的宇宙的秩序之网。吴毅先生对绘画的思考已经超越了题材的约束，对他来说画荷花也好，画山水也好，或者画兰花也好，画小动物也好，其实天地无非一气，都是真气的一种流转。在真气的流转过程中间，对于一个人来说，他体会到这样一种气的流转，然后形成了一种象的思维，根据这种象的思维，把它泼绘到纸上，形成了不同类型的作品。因此我们看吴毅先生今天在金陵美术馆展出的所有的这些荷塘也好，兰花也好，或者是狸猫也好，不管题材如何，和去年在金陵美术馆展出的山水是一个精神，这个精神就是中国人

吴毅先生在展览海报前 2019

的宇宙精神。

这幅画中（如右图）荷花开的特别盛艳，整个荷塘的热烈并不是通过多少朵花来表现，而是通过一种意象，在吴毅先生这里最后都化成了笔和墨。我们有时候讲一个画家画画达到一种境界的时候，叫作笔歌墨舞，那么这四个字用来说吴毅先生这幅作品恰如其分。笔歌，每一笔都在歌唱，都带着旋律，带着节奏在歌唱；墨舞，这里的墨，我们看看吴毅先生这幅画用的颜色，有蓝色、有绿色，还有墨色，还有留出的各种各样的空白，这样一种我们几乎看不出顺序的点、线、色、墨到了吴毅先生的笔下一一归到了他们该有的秩序，就形成了由点、线、色、墨组成的交响乐。整个作品特别像一首浪漫主义的交响曲。吴毅先生一直在试验如何用中国的长锋毛笔在中国传统宣纸上驾驭西方新型的绘画颜料丙烯。因为我们中国人的颜色是渗透性的，而宣纸又是世界上所有纸质中最具有渗漏性的，所以中国画一直无法解决色彩问题，实际上和材料有关系。我们画的颜料和纸再加上水一冲后都落到纸底下去了，落到后面去了，留在纸表面的东西很少，这就造成了中国宣纸画在色彩方面总是达不到饱和度。但是用西方的丙烯能够克服这种问题，丙烯颜料可以完全在宣纸表面上存留下来，根据用水的多和少，可以呈现出水性到油性到覆盖性各种各样的特点。所以这个丙烯颜料从80年代进入中国后，中国很多具有大胆意识的画家就开始使用这种颜料，但是这种颜料确实对画家的控制能力、驾驭能力是一个很大的挑战。因为如果你用非常传

华彩 水墨丙烯纸本 123×243cm 1991

统的那套东西来画的话，这个颜料和过去传统的那套东西是排斥的。所以既要保持中国画的文化属性，又要把这种新型颜料自如的驾驭，在这一点上吴毅先生做了非常有力的开拓。他用三十多年的时间，一直在使用这种颜料，和墨结合，这种颜料有不同的浓度，比如很淡的时候它很薄，或者是到最后直接从吸管里吸出来，像油画似的产生肌理等种种语言，吴毅先生都在进行探索。

我个人认为中国画家在用中国的毛笔宣纸，用墨来配合丙烯颜料，吴毅先生已经达到了最高的境界。他的作品把中国的大写意，印象派画家莫奈晚年的油画语言的探索，到后来野兽派马蒂斯，包括战后美国的波洛克，所有20世纪最具有语言探索的流派融入自己的画里。

黄宾虹先生在20世纪说过一句话，绘画发展到印象派，到野兽派，到立体派，西方画家已经开始懂得笔墨、懂得内美了，因此在这样的时刻我们中国画家是可以和欧洲画家握手的。在这个时候，我们和他们谈艺术，他们就听得懂。我们和他们谈艺术，开口闭口就是笔墨，以前在古典主义时期和欧洲画家谈话时谈不到一起去的，因为他不知道画的内美。但是到了印象派之后，尤其到了野兽派、立体派的时候，西方绘画已经从古典主义的外美到开始追求内美时，黄宾虹认为中国画家可以和他们握手了。黄宾虹认为，一幅画和大自然相比，到底谁更美，肯定很多人说大自然更美，因为说到底我们人在模仿大自然。但是黄宾虹又说其实大自然不如画，因为大自然中没有内美，没有内美就没有笔墨美。画之所以能够超越大自然，之所以在我们眼睛能看到大自然的情况下，还要有一些人去画画，我们还要收藏画挂在房间，就是因为画有大自然没有的东西，这种东西就是笔墨。笔墨之所以美，因为它代表了一个画家全部的心性，这种人的心性之美超越大自然。这就是画能够超越大自然的根本原因。写意画的每一点、每一线、每一面都用书法的运笔方式，是一笔一笔写出来的，而不是用刷子抹出来的，或者用刷子平涂出来的，因为那样的话就不见心性之美。我们看吴毅先生恪守这一原则，和黄宾虹一样，他们画画的时候一定是集点成线、集线成面，在他的画面上一定不会出现平涂的东西。我们看到眼前这幅八尺整张的画，没有一个点、一根线、一个面是抹出来的，都是写出来的。尽管看上去他主要是用丙烯颜料在写，和我们理解的用墨写有视觉上的差异性。但事实上在吴毅先生笔下是没有差异的，他运色如运墨，运颜料如运中国的墨。而且有些地方是进行覆盖的，比如说我们看到的所有荷杆，其实下面都是一个墨杆，是一根墨线，在墨线上覆盖了一层厚厚的丙烯线。包括荷叶，下面可能是一片墨荷叶，墨荷叶之上用不同的颜料覆盖了，有些甚至是很多层。比如这个局部，有四五层，五六层的笔墨之多，这个就有点像画积墨了。但是在无数点、线的书写过程，看上去每一点、每一线都非常狂野，这种狂野甚至超过了马蒂斯和鲁奥，但我们仍然能看到一个东方艺术家受到过的极其严格的哲学训练，就是阴阳对比。同时他是东方艺术家，在看荷塘时就像看宇宙，要留很多生机之处，无数的地方是一种生机的转化。所以我们能看到画家在作画时情绪非常热烈，整个作画过程非常狂放，所有生机之处无一不历历在目，在整个荷塘中保留下来。他画八月的荷花时，手中的墨是一壶鸿蒙墨，鸿蒙就是宇宙没有开辟时的景象，也就是大爆炸时期，地球还没形成的过程，这时候是生机最强烈。就像一朵花都开了，生机已经到头了，但是含苞欲放是他生机最强烈最旺盛的时刻，吴毅先生的画就是这种生机非常活跃还没有谢尽的时刻。他所画的画，不管是画荷塘还是其他，其实要的就是这样一种生机，非常活跃，还没有谢尽的时候，正好是非常饱满热烈的时候。所以我们看吴毅先生的画，不要仅仅从题材上去理解他，应该从整个画面行笔过程中间，以及行笔过程中阴阳生机的表达中去看他的作品，就像他的山水画，他要表现的整个的视觉，无非一片画境。

刚才看那幅八月荷花的时候，我想起的就是吴毅先生题的这四句诗：“一壶鸿濛墨，本自太虚生，洒向八月荷，缤纷彩满塘。”这四句诗，其实可以题到他的每一幅作品上面，因为他追求的就是这种东西，他理解的也是这样，在他的理解中间，墨也好，颜色也好，那不是一种简单的材料，一种物质，充满着宇宙的画迹，代表鸿濛的生机的，所以墨也好，颜料也好，都是太虚中间产生出来的，这是一种吴毅先生的哲学精神。所以一个中国画家，如果没有哲学思维，如果没有董其昌说的，“宇宙在其手”这样一种哲学胸怀，他的画要想有生机，要想有一种大气，其实是很难的。

这张大的水墨（右图），画的也是一个荷塘，创作的时间是1989年，这幅画的落款是2015年，吴毅先生的作品经常会画完放很长时间，可能一放就是十几年二十年，然后他再重新打开，打开之后可能有些地方会“收拾”一下，有些就觉得还可以，他就提个款，盖个章，这张画就算是他自己认可了。因此，吴毅先生的创作非常有意思，他整个的创作过程完全是感性的，非理性的，就是我们古人说的“白纸向青天”，他所有的作品是不起草稿的，直接铺开，纸大纸小对他来说无所谓，白纸向青天，一笔生万笔，最后完成一幅作品。这一幅作品同样也是这样，我觉得他给我最大的感觉，就是他的泼绘。前面讲到的几幅作品中间，我们看到的是他的点线交织成的那种狂野，但是却非常有趣的音乐的结构，但是在这幅作品中间给我们印象更

墨华 水墨设色纸本 144×365cm 1989/2015

深的，几块大墨的泼绘，而且在墨的泼绘上头又加进了这种白色的蛤蜊粉。这种白色的蛤蜊粉和墨的融合，因为蛤蜊粉有颗粒，在宣纸上就不容易像化学颜料把纸的气孔填死。化学原料填死后你老是觉得不舒服，像夏天的那种桑拿天，就是因为这些微小的气孔，虽然你的眼睛看不见，但他堵成一片的时候你的身体能感觉到。那么用这种有一定颗粒性的颜料他就不会把一个个小小的纤维小孔堵死，因此你看上去虽然总觉得他是一片，但他透气。就像我们穿衣服，穿一件香云纱，你就觉得他透气，你穿一件的确良，就不透气，就那种感觉是一样的。透气就有生机，所以中国画说到底和中医是一回事情，中医所倡导的关于身体平衡的理论，包括使用的术语，用到中国画上都是通的。因为他们都是从中国哲学来的，而中国哲学探讨的就是宇宙生机的问题，小宇宙和大宇宙，我们人是小宇宙，外面的宇宙是大宇宙，这两个宇宙是完全对称平衡的，而且他们是相通的。因此我们创造物，尤其是艺术品，就是充满生机的世界的再现，你把这种生机表达得特别好，这个艺术的水平境界就特别高，你把这样一种生机表达的不好，你这件艺术表达的思想境界就很低，而且整个作品会给人一个生机不活的感觉。吴毅先生所有的作品抽象地说都是在画生机，具体地说他在画荷花、在画山水、在画动物，因此看他的作品一定要从生机的角度进入，看对这种宇宙的神秘生机表达的怎么样。

这一幅荷花，是野荷花，就是他自己非常寂寞地生存在宇宙之间的一方水池，没有任何人知道他的存在，所以这里的荷花、荷叶包括污泥底下的藕，自生、自长、自灭，但是充满野性的力量。所有的这些花、莲蓬还有荷叶本身的生长，就在非常小的池塘里竞相绽放，彼此争夺生存空间，向天吸取阳光，能感觉到野性的生命的呼唤，表现出了生命在自然状态下的最强烈的自我释放，这样一种对自由的追求，对空间的、阳光的向往，有非常深刻的精神。

我觉得吴毅先生非常了不起，他是一个哲学家，他的绘画中间最打动我们的，最原始的意蕴，生命力，包括他到国外多年，他积极主动地想融入那个环境，运用它们的语言，它们的材料，但是他中国哲学的根底始终坚如磐石。这个根底，任何语言的东西，只能强化它不能改变它。有很多和他一样去国外的画家，就变得不伦不类了，因为他们的哲学根底没有吴毅先生这么深。所以吴毅先生绘画中间展现出的文化自信就是中国哲学的自信。

我前不久刚从日本回来，在日本有个非常小的家族收了一些印象派的作品，其中有一幅莫奈晚年画的画，那幅画完全像是个中国人画的，虽然是油画，但是全部是大写意的用线，而且尽油画笔的可能性把线条画的最长，长长短短的线条组成的画面，很多地方像吴毅先生这样留空留白，那个时候他们通过日本了解到中国绘画的时候就知道了虚实相生这个道理。

吴毅先生的作品，包括去年在金陵美术馆展出的山水画呈现出两种主要的面貌，一种是水墨为主，一种是丙烯为主。有些人在去年的山水画展览的时候就已经表达出喜欢他的水墨的，不认同他的丙烯的探索。有的人就特别欣赏他的丙烯的探索所取得的成就，而反过来认为他笔墨的东西不如他的丙烯的艺术成就高，这是两个完全极端的对立的评价。那今天看吴毅先生以荷塘为主要对象的一些绘画的时候，吴毅先生也呈现给我们两个面貌，一个是水墨为主的，一个是以丙烯为主的。那么又会有人出来争论，这个争论也不会有结论，一定也会有两个观点各说各的。但是在我和吴毅先生接触期间，吴毅先生也和我说了，他其实在某种意义上是在走一个圆圈，走圆圈是中国哲学对于宇宙一个基本运行规律的理解，中国人对宇宙认识是一个循环认识，就是我们提出一年有四季，四季循环，十二生肖循环，六十甲子再循环，不断地像八卦似的，然后回来，一个周而复始的过程。

其实吴毅先生自己认为他的创作在无意识或有意识之间循环，比如他在去美国之前，他是以水墨为主，但是由于他和刘海粟先生的这样一种关系，他必然又受到刘海粟先生这种色墨化的影响，用重彩泼绘，他又肯定在当时他们一代画家中相对而言是比较重视色彩的，所以吴毅先生其实出国之前在他个人来说就已经是色墨平衡的了。然后他出国以后，毫无疑问由墨开始向色偏过去了，因为他到了一个色彩缤纷的西方的这样一个语境。那样一个氛围中间举墨皆是色彩，而且都是那种油画，丙烯那种厚的色彩，这个不可能不对一个中国画家产生强烈的视觉刺激，视觉刺激多了以后会下意识地用在视觉表达上，所以我们可以看得出来他出国以后相当长一段时间开始向色彩偏移，而且偏移得非常厉害，在某种意义上，他走到了极端，恰恰是走到了极端，比起中国很多出国的画家，他完成了一个很好的循环。我们很多中国画家出去以后的话，在这些上面他很警惕，给自己筑一道篱笆，不让自己被西方文化吞没，所以在接受的时候，非常理性地选择。吴毅先生一头扎进去的，至少他一头扎进了欧洲的从印象派后期以后到野兽派一直到后来美国的行动画派，包括我们现在的涂鸦，这条文脉在吴毅的作品中间能够看得出来，但是呢，这对吴毅先生来说也只是个过程，这个过程虽然有二三十年，但是在这个过程当中，吴毅先生会非常自觉地把钟摆又往中国水墨方面摆回来，这个时候他就会画一些非常纯粹的水墨画。

一个是让自己不要忘本，再一个他也是一种对比，实现两种语言的不断对比，在对比中间会发现，两种语言都在升华，水墨会影响到色彩的表达，色彩会影响到他水墨的表达，两个之间会互相影响。最近我们发现，吴毅先生又开始向水墨回归，这个圆圈在走回来，那也是必然要回归的，毕竟吴毅是个八十六岁的老先生了，所有的人到最后一定要归根的。归根复命，这是老子的话，所以我想吴毅先生在晚年的绘画中间，他的色彩和水墨两极的钟表的摆荡可能更多地向水墨。

2019年4月

灿烂 水墨设色纸本 122×120cm 2012／局部

本文由魏曼曼、王曦、任飞兰根据王鲁湘先生现场导览录音整理

附：金陵美术馆吴毅花鸟画展众家贺词

展览时间：2019年4月21日

展览地点：金陵美术馆2号展厅

在本次展览开幕后众多评论家、学者微信留言：

刘曦林：老境璀璨，心底自由！

程大利：戊戌秋、己亥春，余两赴金陵美术馆观吴毅先生画展，感慨系之，作此短歌。

取象太虚中，悟道真源处。
圣贤千载下，乾坤出机杼。
铁画兼银钩，老笔金刚杵。
前朝巨手去，吴翁开新畴。
苍莽率天真，万象归我有。
绝圣去智时，破法大自由。
精微致广大，畅神而已矣。
旷世大手笔，知音有几许。

王鲁湘：吴毅先生花鸟画沉郁顿挫，用笔取会风骚之意，墨渖淋漓，色彩斑斓，与山水画同一机枢，盖一气之运耳，形诸笔墨色者，无非生机。春杰兄文章率性利落，直抒胸臆，不愧吴毅先生知己。

樊　波：吴老大家范，鲁湘妙解之，金陵春意浓，墨色交响时。

白　明：大多数艺术家是越老越画越差，吴毅则是越画越好。

魏长健：吴毅去美数十载，所幸躲开了国内书画追名逐利瞎扯淡之劫。先生重笔写，重墨融色，重意境。格调，此乃民国后期国画追求之境界。现今不易多见！

吴毅 论

轨迹应来自上古时代方圆的审美意识也是有充分根据的。

甲骨象文字大体上也是按照河图、洛书的方位，东、南、西、北，方中若圆的审美意识成象的。四维居中既是空间又是审美。道、儒两家都主张“中”，一守中、一守庸，散发一种中国文化最有特色的美学思想。透过象文字可以发掘属于中国文化原生态的特点，它在中国文化启蒙阶段便跨越视觉功能，广泛铺陈和传递社会的重要信息，预示了也注定了它的历史轨迹不受视觉审美规范，所以阐述中国水墨艺术是不能忽视这一历史渊源的。

20世纪中国传统水墨书坛的争议，涉及水墨艺术和视觉艺术的两种审美语言，其本质是两种审美体系。今天是跨世纪的第八个年头，世界文化广泛交流的格局已初步形成，在国际上建立这个论坛，讨论传统中国水墨书的审美意识，适逢其时。它不是单一的只局限中国文化的发展意识，希望是一个良好的开端，我们将秉承学术上展开自由讨论的宗旨，使东西方文化彼此受益。由于东西方文化的差异，特别是审美意识差异，西方艺术形成了重视质体结构演绎的艺术语言；中国水墨艺术则从超视觉的象思维意识演绎出适合自身发展的艺术语言。彼此在相互交流中，能否演绎新的艺术语言，吾将拭目以待。

二、中国文化源头象思维的审美价值

象思维涉及中国文化早期的思想史，时代又太久远，可借鉴的资料，一般说很难从西方哲学借用现成概念，或推理方式，只能从自身古文献中进行梳理，像《黄帝内经》这样一部奇书，揭示人体经络无形无质的超视觉的生命象，已成为现代医学科学研究的课题，在说明人类进化过程中，象思维形态是形神合一的高级发展阶段。

本文从上古造字而引申象思维审美这个概念，是从中国水墨艺术发展的思维脉络作为起点的，也可以说是基于现代人思维的某种记忆和承传作出的判断。

从艺术的角度看，象思维不属于心理哲学的审美意识范畴，西方的哲学源头古希腊哲学尽管也承认非感官所能感觉的事物是存在的，但在方法上仍不能脱离质体和视觉的关系，这是纯理性的思维形态，视觉审美这一特点，首先是从客体切入，其思维辐射面在视觉的基础上，演绎为造型美、色彩美、结构美和抽象美等等。象思维的特点是人、事定位主次分明，人在主位，对绘画而言也不例外。象是物我之间对话的传递方式，例如《易经》记载“象曰：天行健，君子以自强不息。”这是人天对话，极具中国文化的思想特征。如果用当代流行语汇，称之为载体的话，“象”是宏观的载体，一切事物均在相互转换中存在，也在转换中相互维系某种审美关联性，其存在的形式因转换的时空轨迹不同，而产生时空约定的存在方式，是变化的、活跃的，是时空的跨度。象思维能够离开质体表述超视觉的存在，是因为建立人为主体的思维方式，这样原创性思维形态不经过人工雕镌的、最自然的艺术方式，也最符合超视觉审美特点和规律。

秋艳 水墨丙烯纸本 122×244cm 1993

追溯象思维的脉络，初始于造字，成于象文字（甲骨卜辞），终于《易经》的象辞（象辞集大成），成就了中国早期文化的辉煌。象辞思维容量和思维跨度高深莫测，同样也需要经过多层次的思维跃动和解读，才能从象还原事物本质，这是象思维最具人性审美价值的地方。

南齐谢赫的《古画品录》，提出“穷理尽性，事绝言象”，这是承传了象思维审美经典之言。简短两句，涵盖了理、性、事、象四个人生要诀，在水墨艺术发展史，一直被奉为圭臬。如果按东、西、南、北，和天、地上下顺序排列，它将是一个极完美的象图形，也是一副绝妙的现代作品，大致可以体现象思维生成象辞的思维规律。正是因为象思维的内涵跨度大、容量深广而成为水墨绘画的优秀传统。

明、清时代的诗、书、画、印的结合归根结底不在其形式，而是维系着一个共同拥有的象思维审美意识的根源。先秦、两汉、魏晋南北朝的文、辞、诗、赋受象思维的影响很深，例如魏武帝的《观沧海》，其中“日月之行，若出其中；星汉灿烂，若出其里。”这些千古名句都属于象思维的经典承传。唐张璪论书云：“外师造化，中得心源”，一字一义，思维跨度笔势起、承、转、合，扣人心弦，书者如在眼前，以象喻于人，直追《易·象》辞古风。

自六朝骈文华丽之风兴起，古风渐失，到唐代韩愈诸君力主复兴简洁不雕琢之风，唐是中国文化发展的黄金时代，尚有古文复兴之举，可见文化根源也将是现代发展之命脉，非彼一时此一时的时尚所能取代。如果水墨艺术存在革新的论题，首先是提倡自然不雕琢之古风，才有可能在现代水墨艺术语言中找到新的定位。唐代的古文复兴和意大利文艺复兴，虽然时代不同，但其精神仍然是现代艺术发展的明镜。

三、水墨艺术传统三大审美基石

二千多年的中国绘画史，基本上沿着象思维的轨迹发展而逐步形成的水墨三大审美基石——色墨同源、形神和笔墨。三者构成中国水墨艺术的象思维审美体系。它们的共同特点是超越视觉而言象，确立人性审美的主导地位和物性的从属地位。

（一）色墨同源

解读中国水墨艺术的色和墨并非易事，难度

在于它不是视觉色彩系列，而是超视觉变化的色彩系列，传统上称为墨象或墨气，色和墨同根同源，故色即墨，墨即色。

战国时代的《考工记》记载：绘事杂五色，天玄、地黄。我们从象思维审美，可以把它看作象辞解读，究其出处，源于《易经》的五行物象，木、火、金、水、土，属五行方位东、西、南、北、中的色彩象。除此还可从《黄帝内经》的经络五行色彩象，进一步解读《易经》的五行色彩倾向，这样五行色彩便视为生命现象，它和视觉三元色彩学是两种不同的色彩审美体系。前者着重思维辐射面的宽广度，后者着重三维空间。

水墨给现代人最大的迷思，是它的玄、黄二色。玄、黄分别是天地的色彩象，玄是深远的意思，深广而黄为地，天地玄黄之色合则为墨，所以老子的“道”是玄之又玄。用墨能进入玄之又玄的深远和深广度，即可掌握变化万千的水墨艺术的语言，如唐代张璪所说“遗去机巧”，这是传统道德思想。

中国的水墨艺术持续发展达二千多年，走过了漫长的岁月，可谓代有人才，是因为执着于水墨和宇宙神秘本身所引起生命的共鸣，此种共鸣是永恒的。

（二）形神对应

形神最根本的问题是对人自身的解读，而非对物的解读。这里举两个古代文献经典的例子，可说明形神在绘画中的重要。

战国时代庄子论画记载“解衣般礴”的故事，庄子略去书的命题而论人的品格，意在确定人性在图画审美的核心地位。同样《庄子》一书记载孔子和弟子颜回一段对话，孔子问颜回：“何谓坐忘？”颜回答：“离形去知，同于大通。”这里有三层意思：“离形”“知”和“大通”。离形而知突显神的存在，心灵和智慧之间已经不存在界限，离形是人为主位而不是忽视形的存在，简短两句，思维跨度超越心理范畴。这里“大通”和“解衣般礴”的解读其内涵高度一致。以上两例是中国古代文化关于形神的论述，极清晰简明阐述审美的根本问题是人自身的论题。

如何解读人自身的形神认知度，这是人本身的难题，却又是艺术的本质。人以物性和灵性兼有而不可能再超越自身的这个极限，物性和灵性之间趋于平衡的某个阶梯，即人性品格的阶梯。所以传统水墨艺术的形神观有着深刻的人性内涵。古希腊哲人是假借于灵魂去解读人的性灵。水墨的形神观把人性本身作为象的转化过程解读，对人性和物性通过象思维化，便产生对“坐忘”解读经典之言，越过心理学的范畴去认知形神对应的本质，也越过知识的范畴去解读人性而产生时空的落差（大通）。从战国时代庄子的“坐忘”、六朝谢赫的“穷理尽性，事绝言象”，到唐代张璪“外师造化，中得心源”，当中经历一千多年的演变。唐以后历代水墨形神的审美是以心源为第一要素，近代水墨之意识同“心象”之说，其源流仍清晰可解，正式继承中国古代文化的极其光辉的审美思想。

（三）笔墨行气

笔墨是水墨艺术的一个特别专用名。传统水墨语言的核心是形神，而形神的重心在笔墨，笔墨的核心是象思维的方圆意识，点线的起承转落，方中带圆，其渊源都带有来自上古造字的“方阵”审美意识的烙印。河图、洛书和伏羲时代的先天八卦的方、圆、划三个原生态符号的方阵意识，是水墨承转点线变化的深层意识，这种深藏不露的天人观是传自上古原创精神，演绎了中国水墨文化波澜壮阔的水墨艺术史。

笔墨的另一种承转是行气，它源出自《黄帝内经》的经络学。南齐谢赫把它延伸至图画的气韵生动。气韵是经络的生命象，是形神的核心，所以笔墨行气，有神的内在语言特点，也有形质外表倾向，两者相兼，这是笔墨行气的自身规律和相对独立的审美方式。在这个意义上说，纯一的笔墨是“空中楼阁”，依附于视觉造型的笔墨将失去笔墨的独立性，也降低其独立的审美功能。

结束语

本文提出的象思维审美意识，发端于上古时代，但其辐射面及于中国文化发展的历史长河。过去对中国古代思想发展，基本上从先秦诸子百家和道、儒的意识形态着手研究，中国的绘画史当然不能脱开儒、道思想的关系，但对水墨绘画的审美意识和思维形态来说，更重要的还是它自身的审美规律。它不同于西方视觉造型建立在知识结构基础上的审美语言，水墨语言更接近《易》象辞的表述方式，思维跨度大。由于此故，水墨艺术历代传统已逐渐形成读画的文化生态，通过读而还原艺术本质。“心源”就是象思维范畴的艺术概念，非细读不能解。本文限于篇幅，只能简略加以说明，中国文化是一个象思维审美极深厚的国家，早就是一个成熟的审美体系，也是人类一份极丰厚的精神财富，可惜尚未获得现代开拓的定位，这是世界画坛的重大损失，为文自我关照，信自由来着。

逍遥游 水墨设色纸本 97×97cm 2015

曾载于《吴毅论水墨——承传与现代》 人民美术出版社 2008年5月第一版

中国文化原创性的象思维方式对当代水墨的导向

吴　毅

一、独特的象思维模式决定艺术创作的方式

“象”是中国原初文化最早表述人和天地关系的原生态，即《易经》每一卦所表述的每一组特定的人天关系称为“象辞”或“卦辞”象辞本身除了具有丰富的思想寓意外，其内在的思维方式不能忽略，例如“象曰:飞龙在天，利见大人”是《易经》的一个特定卦爻，龙不是真实的存在，但红山文化发掘的龙形玉佩是在方城中的夯土石中间隔的夹层中发现的，应具有护城吉祥的某种象意识。经过几千年的上古文化积淀的形意保存爻辞，推算在三四千年前文字产生的时代龙已完成一个完整的思维形态，中国灵动的内在方圆意识中的天象，以圆或半圆的“龙”的最早模式，在《易经》的卦辞中大量出现，它反映了意识形态中象概念飞龙代表变化中的物象，由龙的上升预示有利的时机已经到来。这个形象是心象，有了这个心象，便把握了认识的真理，它可以说明运动中的事物规律，这种思维方式是认识事物的超越视觉的载体，远比通过视觉透视物象的直观性更具生命力，也更具主观意识，这就是象思维的审美意义。

除了《易经》，还有更古的文献如《山海经》的阴阳分割、物以类聚均可追溯象思维的原创依据。“象”是意识形态也是思维方式，它的文化涵盖极深厚，简单一个“象”字涵盖了中国上下

五千年文明的发展规律。《道德经》第四章更尊之为万物之宗——“道”的另一个表述方式。

“象”不是哪一位圣人的独创，而是文化积淀的结果，它代表了上古时代中国文化的核心思想。

象意识和上古流传的河图、洛书出自同一渊源，也可以说和中国方圆形的造字文化有关，也是现今人们所乐道的“四维八极”“普天之下”等中国人的空间概念，也是上古原初的意识形态的原创性思维形态。所以中国文化的审美意识，追根溯源应起于上古时代的造字，以象造字，一象一字，亦象亦图，这是中国文化独特的原创审美思维。以象立言称象辞，图、文一体皆可成象。象意识是物我之间选择性的解读方式，是字产生的最基本的思维形态。古文献所记载的审美思想，基本上是从这个基点出发的，所以“象”是一个综合性的审美意识形态概念。总之，天地、社会、人生、器形、文辞、诗赋、图画，等等，无不涉及“象思维”。如果说西方文化的审美意识是心理学为基础的视觉审美方式，有明显的逻辑思维痕迹，那么象思维则是中国文化审美意识形态方法论的重要特征，通过这种方式去认识事物的内在关联性，善恶、美丑当在其中。下至春秋战国时代所形成的道家所言的“混混沌沌，其中有物”此一哲学的思维与象思维也一脉相承。

从审美的角度看，人与周边世界的关系，象思维符合水墨审美规律，如传说仓颉造字即上观天象、下察地理。“象”包括六气天地的变化，六气是《易经》所述的四时变化规律；天地是四维八极的总称是多维的空间概念。因此中国文化的审美意识始于“象”而非始于“形”。象思维审美建立在宏观的基础上。

美国术史学家柯珠恩邀请吴毅参加在她家举办的欢迎酒会。（左起）沈蓉儿、柯珠恩、教授Jerome A. Cohen、 吴毅 1984

中国文明在漫长的历史长河中，从文字书写到图画延续数千年形成的水墨意识深具历史感。早在19世纪水墨意识已引起欧洲人注意，从某些印象主义和野兽派作品中体现的现代主义东方渊源，以及二战后美国抽象主义作品所具有的某种内在的西方精神启示，可以印证东西方艺术交流形成的纽带是隐性的而非表象模仿，这一现象在东西方文化对应交流中有更深层次的意义，不是单一的元素论可以取代的，此一走过的历史虽然很短暂，但仍可以从中获得启迪。

传统水墨象思维和中国象文字（史家称为象形文字）的思维形态是同一轴心的审美论题。中国书法的书写性和图画的书写性一致，所以水墨的象意审美意识流和传统文化的元气论构成整个水墨根源。水墨审美象思维的行为模式贯穿了上古时代最直接的点线意识，有着丰富的上古精神内涵，它的思维模式一直延续到今天仍然是保持这一水墨审美特征，不但可解而且有可读性，历代书画大家毕生以求的正是此一纯真的意境。

吴毅于纽约德曼艺术学院演讲 1985

水墨象思维的立象过程，不是以视觉所见所闻为终极目的，而是以内观过程还原于视觉全方位辨识的“立象”过程。

画家“行万里路”搜尽草稿即是内观立象的厚积过程，当还原为视觉过程，必然也是一个内观过程再一次的升华，水墨象思维的艺术行为模式，是超视觉的思维概念，是整体内观象形成的全方位过程。例如水墨的用色用墨只有维系于“五行”全方位的内观过程才能充分体现水墨真谛的非材料、非技艺历史感的特点，以睿哲的思辨做出审美判断，此一行为模式是象思维最经典的定义，其思想内涵必深，其艺术语言必真。中国水墨行为模式的“象”，涵盖了诗的语言，象与意通，寓意高远，是语音、言文互不可分的完美系统。所以诗即画、画即书，书画的书写无论工整与否，不分文野，均源于“象”的内观过程，其内观“象”可还原于诗、文、书、画的格和律的全过程，这种中国绘画图式的诗、书、画三维格局是古代文明思维轨迹所具备的最经典的精神价值，对中国当代水墨的文思有着极其深远的现代的价值指向——“以古开今，另辟蹊径”。这并不是指书画中一定要题跋、题诗，而是就象思维的行为模式而言，即水墨意识的行为模式所形成的格和律。

传统水墨书画的象意识根源是通古开今的，称得上是一座中国文明艺术殿堂。

二、传统水墨象思维的三大“意象隐语”——气韵、形神和笔墨

水墨思维隐语和象思维的转承关系，成就了中国传统水墨的传统审美精神，这种转承是轮和辙的衍生关系。轮走过的地方，轮辙便成为一阴阳的互动。水墨审美的三大隐语:气韵、形神和笔墨都同样隐含了同一母系的象思维隐语，这是对水墨精神最重要的认知高度。气韵、形神和笔墨是中国传统水墨画审美核心价值，保留了原创性的象思维方式，在水墨审美语言中原初意识的隐语所代表的已不再是形式而是民族精神。

1. 气韵论：气韵生动——心灵的语境

在现代中西文化碰撞中，中国水墨画因气韵论而具有不可动摇的超视觉审美的独立性和经典意义，因此各种形式的元素论对当代中国水墨传统的发展都无法改变和取代其精神内涵和品格之首的地位。

中国人从古至今从未失去文化信仰。

中国书画的气韵生动即是一种艺术信仰。追述中国人原创性的意识形态，元气论是中国人生命观的核心素以元气的天人一体作为一生的做人行为准则：

“天将降大任于斯人也，必先苦其心智，劳其筋骨，饿其体肤。”这是中国人祖祖辈辈的正道之传、圣哲之言，也是警语。

吴越春秋“卧薪尝胆”的历史典故，对士大

夫阶层影响深远，寒窗十年若只图虚名，必为历史所不齿。

三国时代诸葛武侯《前出师表》“鞠躬尽瘁，死而后已”，赤子之心，生死无惧，是民族向心力的育化与人生责任。

文天祥的“天地有正气”，“留取丹心照汗青”更是对天地的期许、生命的约定。

以天人“归一为元”的天人立命思想，也是《易经》和《黄帝内经》的思想核心。《易经》思想由元气论引申为乾坤变易，《黄帝内经》则由元气引申为生命过程因时辰推移发生变化的关联性，谓之气韵，所以气韵不是单一指肉体、物象或是单一指精神，它本质上是超越肉体的。

无论东西方文明的发展，精神与肉体都是最核心的论题，由于中国文明的原创象思维涵盖天地象，由此衍生的“原与极变”的关联性“五行观”、六气的干湿浓淡，是春秋时代《易经》的解读基础。至汉转化为术数的概念，也常常被西方学界视为“神秘”不可解。这是纪实方式的转化，不足为奇。

南北朝时期南齐谢赫的《六法》，第一气韵生动，源头出自《周易》的乾元第一，气韵是天人对应、人法天象之始，此乃中华文化之精粹。以形体之外天地正气为坐标，人乃坐标之中心，故能超越视觉之局限，进入象外成其变。近人黄宾虹的山水跋“澄怀观化”坦荡澄明，启迪心灵回归天地。缺失了这一思想内涵就无法谈形神兼备的水墨特有的境界第一。

六法中“气韵第一”此一中国文化核心的“语境”涉及笔墨、形神等，以品第论书画的传统语境是中国书画意境最核心的思想，最高境界，也是书画最重要的行为模式，是心灵的语境。南北朝时期已开品第论画之先，《文心雕龙》之所以为历代史家所重，在于以雕龙为人化的境界，不仅是文学上的承传，而且是整个文、史、哲的承传。

一个书画家的行为模式决定其艺术品第。书画的大美的深层论题也必然是“归真”论题。书画之水墨形态本“色墨同源”，点、画、线融于五色之中，浑然天成。“恍兮惚兮”以内观、内省阐述人性大美，在“归真”的元气论中做出“真”的判断，智与知、物质与精神的辩证关联性更为清晰。

历史上形成的山水观并不限于山水画，山水观的形成反映了中国文化有容乃大的大智慧，它孕育了整个中华文明的博大精深所涉的方方面面。

2. 形神论：形神对应——深刻的人性内涵

形神论至晚在唐宋年间已形成画论的主流意识，其精神实质是从气韵论演绎而来的，明清两代画论之形神观的精神即在气韵，所以中国文明在五千年文史记录中对形神的认知始终是以元气论贯通整个中华文明史，唐、宋绘画的工整、典雅、浑朴举世无双，元明清三代的奔放水墨也是绝世佳品。元气论使传统水墨形式不论工整与否都走过自身历史的煤，直到20世纪实施西方教育审美，心理学为审美的造型观才逐步取代形神观，造型艺术是

飞雪迎春 水墨设色纸本 183×426cm 1998

视觉艺术最重要的依据，古希腊的雕塑是造型审美的经典，欧洲中世纪是艺术沉寂的时代，文艺复兴时期以后又经过古典派、浪漫派、印象派等等，走向现代主义的抽象和解体，反映了对形体认知理的变化，它的主体精神仍是以视觉感知为导向，这是西方艺术走向的历史框架。

形神观则以意象为导向，意象与抽象的界线是前者对物象的认知高度在事物变化过程中的选择性确立物形的主观意志，其精神主体是象思维，后者以视觉变化的心理导向为依据，为情而动是其心理特征，可见世界文艺的中四导向西方以理胜，中国以元气论胜，两者不在同一范畴内阐述审美，在新世纪的今天，世界瞩目中国，中国的现代艺术如何展现自身的文化智慧，这是20世纪未写完的史页。

形神最根本的问题是对人自身的解读，而非对物的解读。这里举两个古代文献经典的例子，可说明形神在绘画中的重要性。

战国时代庄子论画记载“解衣盘礴”的故事，庄子略去画的命题而论人的品格，意在确定人性在图画审美中的核心地位。同样《庄子》一书记载了孔子和弟子颜回的一段对话，孔子问颜回：“何谓坐忘？”颜回答：“离形去知，同于大通。”这里有三层意思：“离形”“知”和“大通”，离形而知突显神的存在，心灵和智慧之间已经不存在界限，离形是人为主位而不是忽视形的存在，简短两句，思维跨度超越心理范畴，这里“大通”和“解衣盘礴”的解读，其内涵高度一致。以上两例是中国古代文化关于形神的论述，极清晰简明地述了审美的根本题是人自身的论题。

如何解读人自身的形神认知度，这是人本身的难题，却又是艺术的本质，人以物性和灵性兼有而不可能再超越自身的这个极限，物性和灵性之间趋于平衡的某个阶梯，即人性品格的阶梯。所以传统水墨艺术的形神观有着深刻的人性内涵，古希腊哲人是假借于灵魂去解读人的性灵，去认知事物的本质。而中国文化早在两千多年前，对人性本质是以天人对应的认知度去解读的。水墨的形神观把人性本身作为象的转化过程去解读，对人性和物性通过象思维化，便产生对“坐忘”解读经典之言，越过心理学的范畴去认知形神对应的本质，也越过知识的范畴去解读人性而产生时空的落差（“大通”），从战国时代庄子的“坐忘”、六朝谢赫的“穷理尽性，事绝言象”，到唐代张璪的“外师造化，中得心源”，当中经历一千多年的演变，唐以后历代水墨形神的审美是以心源为第一要素，近代水墨之议认同“心象”之说，其源流仍清晰可解，正是继承中国古代文化的极其光辉的审美思想。

3. 笔墨论：笔墨行气——独立的审美意识

笔墨是水墨艺术的一个特别专用名。传统水墨语言的核心是形神，而形神的心在笔，笔墨的核心是象思维审美的方圆意识，点线的起承转合，方中带圆，其渊源都带有来自上古造字的“方阵”审美意识的河图、洛书和伏羲时代的先天八卦中的方、圈、画（划）三个原生态符号的方阵意识，是水墨承传点线变化的深层意识，这种深藏不露的天人观是传自上古原创精神，演绎了中国水墨文化波澜壮阔的水艺术史。

笔墨的另一种承传是行气，它源自《黄帝内经》的经络学。南齐谢赫把它延伸至图画的气的生动，气韵是经络的生命象，是形神的核心，所以笔墨行气，有神的内在语言特点，也有形质外表倾向两者相。这是笔墨行气的自身规律和相对独立的审美方式。在这个意义上说，纯的笔墨是“空中楼阁”，依附于视觉造型的笔属，将失去笔墨的独立性，也降低其独立的审美功能。

水墨传统的笔墨观在历史的流变过程中是一个文化积淀的历史，今天所说的笔墨时代性只是渐变的现象，而不是一朝创出来的形式，更不是视觉张力可解释，一个艺术家须尽一生之力对传统思维模式深度解读，方有可能承传其精华。

西方审美语言无法辨识水墨笔墨的根隙性原

因也在此，这里涉及象思维的天地根辨识论。中国人的天地根是“归元”的思维模式，即万有归一论。《石涛画语录》有一段专论笔的“千万笔启于一笔”，即归元思想。

从书法到画的笔法从来都不是单一看待的，起、承、转、合，启迪于“象文字”的体裁变化。从先秦至两汉和两晋南北朝是几百年一变，两汉隶篆，唐宋行草对元、明、清乃至近代的水墨意识做出了不可估量的贡献，历史的积淀非一人之功。所以笔墨在诗、书、画三维格局中，我用“隐语”来辨识中国人原初意识象思维的源远流长，其纵向的流仍有着承前启后的最终归元的规律。

以“象思维”对气韵、形神和笔墨的寻根是中国新历史时期对传统的再认识。“象思维”是中国人原创性的把握事物全面与局部认知过程所特有的思维模式，是中国原初文化最早表述人和天地关系的原生态的语言方式，是中国人骨子里的思维承传，是我们后人在水墨艺术上达到上乘境界的大道。

继承中国文明的“立象”的根本问题，是“立人”的问题，“象思维”的水墨精神所有的辨识，如果离开“立人”的辩证文明的大传统就不可能有水墨的承传可言。

中国人的“象”即形中有神，神中有形，不管有形还是无形，都是肉体和精神达到平衡，不为欲所累，就可达到自身和客观世界的平衡——最大的平衡。

水墨艺术历代传统已逐渐形成读画的文化生态，通过读而还原艺术本质。“心源”就是象思维范畴的艺术概念，非细读不能解。

水墨的论题本质上是文化论题，传统绘画在深层的历代书画论题中乃国之大器，因为它表述了中国文明启蒙的原创性象思维的经典性，从一横一点表述了中国人原初意识对文明启蒙的重要性。中国是一个象思维审美极深厚的国家，早就形成一个成熟的审美体系，它也是人类一份极丰厚的精神财富，对当代的水墨导向有极大的指导意义。

我们谁也无能力改变中国文化的内核。传统书画的历史导向主要是“归真反璞”，其魅力足以激励人一生的作为。中国人要了解世界，中国是世界的；同时也要让世界了解中国了解她的文明，了解她的历史，更需了解她的精神魅力——原创性的象思维。

2015年5月28日

此文为2015年5月29日吴毅在中国艺术研究院研究生院的演讲稿

梅竹之清 天地同功 水墨设色纸本 249×371cm 2003

传统水墨象思维学科论

——中国文明原创性思维模式

吴　毅

序

本文提出建立传统水墨象思维学科，主要是便于论述和研究。

“象思维”是中国文明原生态的独特思维和行为模式，建立以学科的概念解读传统中国文明独特的发展行为模式，在人类文明史上有特殊的意义，如果把它放在哲学的范畴，将广泛影响中国文化所有领域。

一般来说，在中西文化的比较中，西方文明强调可视性感知的心理机制，即现代概念所指的物理性；中国文明则自古以人和物质世界双向性的相互依存来认知世界，除了可视性，还存在另一层次的非单一物质关系，即人作为主观世界的主体证明了物质和精神的双向性。其现代概念是视觉和非（超）视觉自身的对应，包括人的本身，此文有关“象思维”的论述是立足发蒙中国文明的根源性——中国人上古时代就把人与大自然的关系通过象意识得到准确的定位，百年间有关中国文明虽然有过不少讨论，但世界对中国作为文明古国的文化，多蒙上一层神秘面纱，在思想史观的整体性、连贯性和根源性方面的现代解读尤显不足。

20世纪中国的传统书画艺术由于受西方潮流的影响，争议最多也最广泛，21世纪当我们重新审视中国传统文化的书法、绘画和中国文字语言结构行文模式时都会涉及“象思维”。也可以说，象思维和西方哲学的辩证逻辑一样，从最初的原生态发展的文字语音到新世纪，仍然各自保存着带根性的思维独立性，例如现代物理学提出的暗物质的概念，即是西方文明物质概念的延伸，或可称之为惯性的思维模式。惯性是人类的思维特点，生理学称之为记忆，这也是文史类学科的真理性特点，人类的历史就是一部去伪存真的历史见证。

一百多年中国人奋力向西方学习，有可能在中西双向对应的交流中，在视觉和非（超）视觉的带根性的，这一属于中国文明原创思维的“象思维”基础上，建立一个全新的现代学科体系。文艺复兴从来都是世界文化重要的精神资产，21世纪的世界文化的格局中，中国必将成为立足世界文化之林的一面鲜明的现代文化旗帜。

象思维导论

20世纪中西文化交汇，在某种意义上说，是人类最大两个文明体的碰撞，到了世纪末更是历史上从未发生过的物流和巨大信息流量，完全打破中国文明轴心式的发展规律，也超越了西方文明过去几个世纪单线发展、一方独大的思维模式。在新世纪新的文化格局中，中国文明的“象思维”作为世界文化发展的东方特点，逐渐显现它的特殊性。

中国文明启迪于“象思维”的上古根源，以意识形态论其启蒙应于文字之初，文字是中华民族智慧的母亲河，到老子时代提出的“天地根”的概念，是思维承传系统长河的“记忆点”，象思维实际上已经不是单纯的思想史论题，中国文明的上古精神始终没有确立它的现代定位和指向，是因为思维史存在史论的缺失。中国人如何解读物质世界的智慧，是中国文明精神的哲智领域最核心的论题，标志着中华文明的成熟，其思维模式有别于西方哲学根源的认识论。上古遗物《易》和《黄帝内经》的精神资产博大精深，非单一的预测学和医学的实用，也许纳入中国文明思维史的研究范畴更为确切。不仅在哲学领域要研究，象思维更是传统艺文领域的文思轴心。

《易经》和《黄帝内经》的思维模式可以找回中国人象思维的记忆。有关上古文明的文献尚有不少记载是涉及象思维史的。从实事求是的史观、立场来看，羲皇的八卦、《黄帝内经》等极可能是托名于黄帝之作，这些古文献虽成于春秋战国时代，但我相信，它们应当是上古时先人们通过口口相传、结绳图记而后代代相传的结晶。“河图”“洛书”可能是夏禹文字之初的遗物，以今人的解读，方圆意识以阴阳分割和图序表述是象意识的成熟。又如伏羲八卦，虽然原卦的图式不得而知，但就卦的名实本身来看，它不仅具有单纯卜吉凶的功用，还隐含了后来完整的八卦图式和理论阐释的全部最主要的思想核心。例如汉代术数的推演法所维系的天演与人之间的相关利害等，立卦最终是“立人”，这是中国文明人本精神向高级阶段发展的标志。

所谓卦，是源于方位的互动，本质是随方位转移而变化辨识事物、决定生活的观范，例如孔

缤纷烂漫鱼龙舞 水墨纸本 110×200cm 2012

子解易系辞是当时社会的需要，是人的行为规范的体现，人随地理生存，地理的自然形貌源于天时地变，从而可在其中知过去、现在而展现未来。卦辞是三者的变数（易数）而非成规。故以卦立文是超越事物外形进入本体的认识论思维形态，其文辞的模式隐喻性极深难解，普遍具有象意识而非实事的赘说，人对物质认知的局限性反映在边界概念的辨识局限，故往往反被物所约束，其思维导致的行为模式，便是单一的物质概念，影响着人的知行观取向（如仁义观等）。

八卦是无边界的“五行”木、火、土、金、水的象思维推理概念，也是物理认识论概念，是人在物质关系中宏观认知事物的精微和宏大关系的认识律，它超越现代人科学的物质概念，中国人对物质辨识自汉唐已进入精微的辨识高度，五行的物质概念道出了物质和精神的辩证性，是对物质更深入的辨识升华，所以五行观是物质观，又是意识形态的精神支柱。这些近代哲学最根本的论题，中华民族的祖先伏羲都以“立象”而“立人”的思维模式辨识，体现了精神和物质高度协调的辩证观，比哲学逻辑的辩证性更成熟。所以在某种意义上“象”意识是人的精神灵魂即“道源”，也可以说是“道体”，用现代的学科概念，即象思维辨识论，它不同于西方哲学唯心和唯物的对立辩证表述方式，而是涵盖了“以道论体”和“以体载道”两个哲学思辨最根本的智慧论题。使用现代科学的眼光看，只能用“博大精深”做出现代哲学的定位。

两千多年前春秋战国的文献《周易》《黄帝内经》乃至道、儒两大学派的经典，其立文、立育所指的立象，即为道源，所以《老子》第四章论道有“象帝之先”，所指却道源，因为“象”是超越“赘事”的具有普遍意义的辨识特点，而孔子解易系辞用“象曰”做断语和“象帝之先”是同义的，指道体也同时是指道源。道、儒的教化思想源于上古精神，道重象的道源辨识，儒重象的道体实证。道、儒思想的行为模式不同，但在象思维的辨识根是同源同宗的，构成中国文明史的以史为鉴的核心内容和载道思想。略晚于孔子的庄子，言文特点是言象而不赘事，在中国历史上对道、儒思想做了重要清晰的梳理。

就上古的象思维史而论，这些古遗物的版本均不能脱离天地根的思维影响。其影响延续到南称得上是一座中国文明艺术殿堂。

邀请中国学者访美考察交流。（左起） 郭全忠、刘骁纯、吴毅、程征于华盛顿 1994

水墨象思维的立象过程如同八卦所立的天地象一样，不是以视觉所见所闻为终极目的，而是以内观过程还原于视觉全方位辨识的“立象过程”。古人所说“行万里路”是内观立象的厚积过程，当还原为视觉过程，必然也是一个内观过程再一次的升华，才能配得上称之为“道源”和“道体”的一致性。此一行为模式是象思维最经典的定义，其思想内涵必深，其艺术语言必真。水墨象思维的艺术行为模式，如前文提出的超视觉的思维概念，是整体内观象形成的全方位过程。例如水墨的用色用墨只有维系于“五行”全方位的内观过程，才能充分体现水围真谛的非材料、非技艺历史感的特点，以睿哲的思辨做出审美判断，体现了道源、道体互生共存的文思萃要。

南北朝时期是佛教入中原的鼎盛期，有着许多历史的因素，但最根本的原因是对心源的解读与中国传统文化“立人”思想产生某种共鸣，仅古金陵一地便寺院林立。杜牧有诗“南朝四百八十寺，多少楼台烟雨中”，从中可见一斑。

佛教入于中原，以禅宗影响最深远，南北宗甚至影响了董其昌的图画南北宗之说。两晋南北朝清谈之风和禅宗不无关系，主因是中原战乱士大夫求安逸的社会背景，更重要的原因是对道、儒的“道体”辨识朝心源寻找精神归宿，开启了唐代水墨心源论的风气。且看陶渊明的种菊歌“悠然见南山”句和王维的“清泉石上流”句有着异曲同工之妙——不同时代但在特定的幽居生活中，心源的归宿却有着十分相似之处。

张璪论画“外师造化，中得心源”，涵盖了唐人水墨意识对道体辨识的思想深化，也开启了宋代大山大水元气论的理学基础。所以宋代水墨意识可以视之为超越唐人且具有明显的划时代的特点——格局高远笔笔有所交待且极为严谨，这是宋画受理学影响的特点，从谢赫六法品评上一品的要求“言象”，和易经的精神是一致的，反映了南北朝时期中国文化发展大融合的历史背景下对传统文思做了重要的梳理，宋画的严谨正是符合此一标准，千古绘事，对20世纪水仍有着不可忽视的影响力，所谓上追唐宋一格，那个远去的时代实际上已经不可复得，从谢赫的观点看，中国魏晋以后的水墨意识主要是沿着上古精神以“内观”“立象”为主体展现的。

近代中国传统水意识有关形神、笔墨的论题即是气韵论的辨识方法论——把对道体的认同感转化为笔墨、形神对元气论的辨识方式，用现代语表述即是内观的，最终还原于现实的，用黄宾虹的话说“澄怀观化”，本文仍须补上一句古语“中得心源”。“澄怀观化”“中得心源”，应是现代水墨思维最重要的中国人象思维的历史记忆（“澄怀观化”是中国养生学的核心思想，“心源”是元气论的道源和道体的归元论最经典的传统中国哲学论题，不在本篇论述之列）。

如果用中西方对应交流看待西方文化也包括它的哲学思辨式模式可以更清晰地看到西方文化建

立一个以心理学为框架的视觉审美学科，西方哲学的思辨方法论是有限性的寻求真实的过程，例如造型、结构、透视、光色，等等。但就艺术而言，涉及人的心灵建构，中国传统称之为心源。传统书画理论的元气论和心源论是同一轴心的论题，在“象思维”的中国人思维史的不同历史的表述方式，虽然存在某些差异，但作为象思维最原初的“立人”和“天地根”的现代（过去、现在、未来）辨识定位，是无边界的思维概念，也正是此一核心思想，给传统书画的水墨辨识作了“立人”自身的现代理论解读的连续性，人本身存在庞大的内观世界，他与外部世界的关联同样是无边界的，是永恒的一个真实世界。

五千年远去的时代，中国人所建立的现代文明的水墨意识的观念是“有容乃大”的新的辨识观，只有深刻辨识自身的文明根源，才辨识西方文明的真谛，20世纪初发生批判儒家的思想运动，这是历史的局限，今天对传统水墨的辨识也有重复着20世纪初的倾向。百年水墨论争不应流失传统水墨的象思维的行为模式，导致水墨思维的视觉纯造型倾向，知已而知彼以避免盲目性。新世纪的文化格局将是中国现代文明的水墨艺术进入又一个“文心雕龙”的世纪最重要的历史机遇，任重道远。

诗、书、画三维格局辨识

诗、书、画三维格局在现代传统水墨的文思走向，不是纯传统的论题，而是水墨象思维的文明指向，以现代的眼光看中国水墨的此一传统格局，

南岳观日图 水墨设色纸本 96×183cm 2016

几乎是一个“史诗”的现代理论概念，无疑是具有世界文化意义的论题。

诗、书、画三维格局在中国文明的文化长河中，过去极少对学术专题进行辨识，但近代史有诗、书、画三绝的提法，“三绝”是指标志性的艺术成就。本文所论是思维模式的法埋根源。中国是一个重文思的传统民族，历朝史书必有艺文志梳理中国文明的文思脉络，因而熟读简史大致可以清晰解读中国文明象思维的水墨意识，中国文明的“象思维”在长达五千年文明中从未失落，只是有时因为历史的因素出现断层和弱化现象。

百年中西之论，如果以西方哲学的心理学概念辨识中国文明的特点，可能会无意识纳入有限性的辨识学范畴——用心理、情理的有限性解读方式去辨识中国文明的文思系统。

实际情况也是如此，百年中西之论已形成某种思潮，以心理学的艺术审美理论解读传统书画的水墨意识都可能在审美学中是有限的科学范畴，以诗为例，近百年的现代诗风格，就格和律两个方面看，基本上是从中国象思维轨迹向现代心理学范畴的思维行为模式靠拢，强化情理的感知性。西方诗律语音是其重要特征，语音本身即形成诗律，汉语白话诗仿其格实难及于音律，故得其格失之律，中国言文的语音具有格和律两方面的简约特点，和象文字历史积淀所汇聚成深厚的精神底蕴有千丝万缕的联系和极丰富的内容，其精神内涵往往一字千金，原因是古言文的字是一字一象，得其格便同时得之律，格和律都源自“象”意识的一致性，不论古诗、律诗、词、曲，都源于言文之音韵的象意。传统书画历史积淀起来的三维格局是内观象的核心，也是格律的核心。

“象”必先藏于“内观”而后薄发成象，往往锤炼一个字要经过反复推敲，例如“一石击破水中天”的诗句是北宋时代的一个文学典故。不知象的思维便进入不了诗的领域。此故，中国水墨行为模式的“象”，涵盖了诗的语言，象与意通，寓意高远，是语音、言文互不可分的完美系统。所以诗即画、画即书，书画的书写无论工整与否，不分文野，均源于“象”的内观过程，其内观“象”可还原于诗、文、书，画的格和律的全过程，“文以载道”，其象必清，亦不易为程序所限。这就产生了中国历史上“和诗”“对歌”的文化，是文言格律生命力的特殊现象。现代能辨识其象意的言文，如

《易经》的易象用辞方式都可归入上古辞的格律研究范畴，与《诗经》《楚辞》是同一语文系统。

中国当代水墨意识诗、书、画三维格局的渐次流失，也有诸多历史因素，但其中最重要的落差仍然是视觉艺术的现代理论注释的问题成为读画的误区，所以本文提出的三维格局的指向是“以古开今，另辟蹊径”，并不是指书画中一定要题跋、题诗，而是就象思维的行为模式面言，即水墨意识的行为模式所形成的格和律。例如李白题《当涂赵炎少府粉图山水歌》七言古诗:“……名公绎思挥彩笔，驱山走海置眼前。……”全诗句句精彩，象意森森；又如杜甫题《韦讽录事宅观曹将军画马图》，内观性象意语如“……腾骧磊落三万匹，皆与此图筋骨同。”如果不是图画的象意，焉能观图得其画中之诗意。至少在南北朝时期已初步形成水墨的三维格局的文思系统的传承。从两晋画像砖《竹林七贤》的图式，我们能从某种内观的视觉还原，确切感到那个远去的时代又回到眼前。这种中国绘画图式的三维格局是古代文明思维轨迹所具备的最高的精神价值，对中国当代水墨的文思有着极其深远的现代的价值指向。

三维格局中前面约略谈了诗的格律，这里略论书画的笔墨、形神气韵，书画的审美最终在成象的内观过程体现，即形神的完美过程实现审美。“气韵生动”在六朝时代已是水墨最高的精神审美标准，书画成象不是造型过程，是行知的过程，这是传统水墨最重要的形神辨识观，这里“象”的意义赋予了精神和物象的双重性，是通过主观认知还原于现实的，象本身不是纯客体，面是具备双向性的客体关系，既是主观又是客观的，所以常言笔墨审美的法理是指成象的双向性。传统称为笔墨，最重要的是对笔墨隐语的辨识，如点画纵横的历史承传在内观的过程，古人有“屋漏痕”“锥画沙”等笔墨审美，均属此一范畴。故笔墨隐语又是个性的重要特征，隐语的特点是古法的历史感而非古人某家法——历史的传统笔墨观各家偏重不同，有重墨法亦有重笔法的，但都有一个内在的隐语，即来自象文字的“天地根”，隐语意识流由此得到最充分的体现。

水墨诗、书、画三维格局的主轴在历史长河中并未全然流失，仍然有其现代性的价值。如长江、黄河的水永远如此——过去、现代、未来。

结束语

传统水墨书画的象思维学科是针对中西差别而言的。百年中国教育基本是西方学科教育，即科学的分科教育。辨识中国原创性的思维和思想史最困惑的是现代语学科概念和中国言文的现代解读产生的思想落差现象，例如哲学、文学等思想方法的逻辑学、心理学，心理学又涉及物与精神和有、无对应，所以研究中国人原创性的思想史，解读中国人思想史最容易产生的误区是以西方数理学料概念解读中国文明的最核心的归元思维模式。

中国文明本质上和西方的差异在对待物质和精神的解读不同，百年水墨之论是艺术观念、艺术行为模式之论，艺术行为是思维的产物，对“象思维”应作为一门新的艺术学科进行深入的论述，“象思维”学科即是在对传统书水墨意识重新辨识的基础上提出的学术论题，但其深远意义绝不仅止于此，亦可弥补分科教育带来的某种局限。

对象思维的学术论题，本文只能做出最粗略的现代文思的梳理，如文中所论继承中国文明的“立象”的根本问题，是“立人”的问题，“象思维”的水墨精神所有的辨识，如果离开“立人”的辩证文明的大传统，就不可能有水墨的承传可言。中国人要了解世界，中国是世界的，因为她爱仁；同时也要让世界了解中国，了解她的文明，了解她的历史，更需了解她的精神魅力——象思维。

2012年12月30日

伦敦纪 水墨设色纸本 45×48cm 2009

素练风霜起 水墨设色纸本 69×46cm 1985

中国画“象思维”再认识

吴 毅

作为特定的文化属性系，书和画是彼此不能分割的一个完整的艺术体系，其普及性已经在历史长河中成为极具中国气派和经典性的艺术。殷、周、先秦、两汉、魏晋和南北朝时期的文字书体的变革，带动了书画艺术走向多姿多彩的局面，这种千古承载的文化内涵，只能说是经典，到唐宋时已进入最辉煌的时代。元、明、清三代则以精微见长，不管时代风如何变化，论思维形态仍是一脉相承的。

中国文明和西方文明的发展方式不同主要缘于思维形态，也导致审美方式不同。中国文明的图像意识演绎了中国艺术的审美，具有不同于西方现代艺术的当代导向。艺术本身的审美就代表了包容性，所以具有广泛性和共同性，但又有着文化源流的特殊性。

我对中国书画水墨审美最重要的突破性认识，是从追溯中国文明的启蒙意识，也就是文化根源开始。

中国一部几千年以前的《山海经》用“象”的模式记载了上古时代曾发生的巨变。例如开天辟地、西北高东南倾……都有一定的地貌巨变的现实依据。《山海经》还记载上古时代的黄帝与炎帝的一场非比寻常的战争，其中有一个叫“刑天”的人物，古时天和人的关联性是以头顶天脚踏地来表述人天定位，“刑天”是一个很威武的被断头的人物，故名“刑天”，这是记载蚩尤与黄帝一战，蚩尤战败被杀的故事。这场大战影响了中国民族的分布，到现在中国南方许多民族仍在衣纹饰中记载其民族大迁移的“烙印”。从中可知中国上古时代的图像意识是记事的手段，相当于后来的象形文字，有一定的象意识的结构组合。中国上古时代的图像和文字在历史的漫长发展中，由字演绎为系统的、综合性的以文叙事的叫“文言文”，即以象的形态组合成文字，中国从殷商到春秋战国一千多年的“文言文”，实质的体裁是以文字言文字的象思维形态的文体，文体的体裁核心是以象言象，即以象言事而不被具体的事所乱。如《山海经》中言事的方式多见类此。又如《易经》的象辞和楚辞的文体结构，这是一种象的思维形态，和书画思维模式一脉相承。所以中国的文字发展到书法，诗、辞、文、赋和水墨书画艺术的审美体系，是在图像、文字和言文的文化长河中发展起来的，体现具经典性的文化价值观，在世界艺术文学领域自成一体。

一、中国书画的原创精神

古今中外，人类的思维特点有两大系统，一是“象意识”的思维方式，二是逻辑程序。现代文明社会后一种在当代艺术具有普遍性。例如，视觉和心理是一个完美的现代审美体系。但从审美的角度，人类和大自然的定位，象意识更有历史穿透性（记忆的象形倾向），这又是具有中国文明原创精神的审美体系。

什么是“象”？“象”在中古时代是一个很重要的思维概念，这是中国从上古和中古时代承传过来的“原”和“变”的意识形态多重性的复合概念。早在晋郭璞为《山海经》写序已提出“原”和“极变”的这一对事物变化的认识论，以多重性复合概念阐述自己的观点。所谓多重性“复合概念”在中国古诗辞的语境具有遍性。比如《易经》有“飞龙在天，利见大人”，这种思维模式都大异于逻辑语言的模式，且相去甚远。以两个象的主语境表述天人定位。而天和人的定位又具有更为宏观的主语支擦点。又如唐代诗人张继的《枫桥夜泊》：“月落乌啼霜满天，江枫渔火对愁眠。姑苏城外寒山寺，夜半钟声到客船。”我以画作《枫桥旧事》的题跋：“枫桥旧事随月映，望月新半水中明。舟中远客今安在，依旧钟声绕客梦。”通过寒山寺的钟声、枫桥明月、舟中远客与名垂千古的大诗人张继的智慧，以“象”的时空落差而直指人的心灵魅力，人和大自然的定位永远都处在变化中，不是一成不变的实相，故象的思维特点和写实形成时空落差的“原”和“变”的相对复合性。

早在《易经》中已指明“象”不是物象也不是形体的概念，《易经》中的“象曰：‘天行健，君子以自强不息’”，这里的“象”指人天定位，解读人天定位不是守成规，而是从变化中解读，人的变化在大自然变化中产生心灵的包容性。中国两大学派道家和儒家都是以“守中”和“中庸”给人类指出在永恒的人生探索旅程中，最能体现人的本体的宽容性的品格、气度，心灵的魅力都应是书画水墨进入经典的最重要的论题。只有心灵才能终结于无形中的“有”，宋代陆九渊先生一语道破“吾心即宇宙，宇宙即吾心”。和老子《道德经》的“大象无形”在传统文化脉络的承传是一脉相承，异曲同工的，“大象无形”是人类探索永恒的动力。所以“象”是对事物认识深化而产生内省性和心灵依托的精神现象。

水墨经典的核心是“心灵”语境，这是因为中国文化源流是从天人定位的意识形态中衍生的审美，从表象的视觉进入更深层的“内省”的转化至心灵世界。人类的心灵是与生共存的，或者说与生俱来的。“心灵”无形无象，人类的心灵依托是对未知世界的探索精神。2500年前《庄子》这一著作记载了孔子和他的门人颜回的一段对话：孔子问颜回谓“坐忘”，颜回答曰：“离形去知，同于大通。”说的就是心灵的依托。所以“心灵”从古至今讲的是同一论题——精神的依托。物质世界是一个完整的表象世界，但它不足以揭示心灵的无象无形的更深层次的精神世界，有形迹的东西表面比较容易被关注到，比较容易被感官所知。这只能说是表象，老子《道德经》中“大象无形”说的是“大象”而不是具象的有形的精神依托，就是解读了此一人生最重要的论题。

古往今来不论其知识背景、学派，等等，杰出的中国书画家把握物象不在表象形式，而是在自身表里一致性，物我同一性。因为内省的深层必须是“物我同一性”，否则都只能是表象而没有艺术的生命力。这是传统中审美学最核心的论题，只有如此，水墨书画艺术方有可能进入心灵的范畴。

书画水墨的心灵语境如何完成审美思维多层次的复合性转换，这种转换是非直观的，甚至有时空落差。有这种时空落差必然产生水墨审美的穿透性魅力，是离开特定的历史空间追寻和表述超视觉的存在，表述和完成新的艺术时空载体，这是水墨艺术的特殊形式，传统水墨语境常常通俗地称之为“意境”。心灵的特点是从外而内省。这点和视觉语言成反向式不同，视觉审美是我看世界，心灵深层的语境是“我包容世界”，使艺术载体进入有序的更深的层次而不是纯一的形式。这是传统书画的水墨经典。实际上这是中国书画、文学艺术很普遍的一种象思维的行为模式。如三国时期曹操的《观沧海》，有“日月之行，若出其中；星汉灿烂，若出其里。”这些千古名句都属于象思维的经典承传，我们学习中国古籍文献就要把握那个逝去的远古时代，承接现代是一个中国文明的现代论，这是中国文明所拥有的独特的精神财富，也是传统书画原创性的“母体”，有了她，才真正拥有书画的传统当代性和未来的导向。

二、水墨的五色论

五色论是中国文明启蒙意识一个非常重要的原创精神，由天人定位影响到人体生命的自然发展观。中国人对色彩的论述在几千年前战国（公元前475年——公元前221年）的《考工记》中有记载：“画之事杂五色，东方谓之青，南方谓之赤，西方谓之白，北方谓之黑，天谓之玄，地谓之黄。……”中国文明对色彩审美另辟了独立的系统——“五行色彩”，这是目前美学要研究的范畴。其实有关色彩是各人一个样，既和生理有关也和心理有关。“偏好”这就涉及传统观。例如，黑白对思维逻辑而言，不是色彩关系，是律动和节奏，而于中国文化中天地之色称为玄黄，即天玄地黄，这才是色彩关系——玄黄之色即墨色，以天地来定位色彩关系便是色即墨、墨即色、色墨同源。历史上很多书画家都把墨的运用称“墨分五色”。屈原《天问》中之女娲“五色石补天”，这是天地本色。中国因为独特的原创思维——象意识的传承，逐渐建立起另一套独立的色彩体系。五色即从“玄黄”中展现，东、南、西、北、中五方设五色，即青、赤、白、黑、黄。每一种色象代表天地间不同的方向区间。而与五色相对应的东——木、南——火、西——金，北——水、中——土，即为相对应的物象基础。不同的区间物质性是会不断变化的，五色合而为墨，分则为万紫千红。这都是心象中的语言，不必显露于视觉之中。书画家常称墨分五色就不能简单地理解为墨色从浓到浅的五个色阶的差别而已。对于生命来说，万紫千红是内象，不是外在之象，而“墨”就是分和合的“脊梁”中枢。

在此一意义上论色彩，就把思想层次深化和有序化，通常说的是“心灵语境”，即由外向性的心理语境转化为内省性的心灵语境。心灵语境也是丰富多彩的，但不是视觉色彩，墨色也不等于色彩单调，而是更富生命的内省开拓。生命本体也有五

亭廊委回 水墨丙烯纸本 96×102cm 2006

色论，这和人天定位有直接关联性，这是水墨升华必经之路。

三、书画的形神与点线

中国书画的形神论不是单指造型的客观物象的形神，而是自身内省性和物象两方面的内外象，“象”和真实不是复制的关系，所以形神论包括物象和自身的内象的一致性，为“物我同一性”，同一性对水墨而言就是艺术的包容性，也是心灵的内省性。书画的形神和点线的内在联系是不可分割的。如果书画线条软弱，传统的说法就叫“有肉无骨”——被附以人格骨气的意义，这是出自天人定位的“象意识”根源。因此对传统书画点线的渊源指向人本更完美的高度。甲骨文较少点的出现，但转折刚健。金文时代点线是从一画为天开始，这是中国点圆最原生态的立人品格的符号，这种传承符号在图像和文字中一直承传下来，叫“天圆地方”，或称“一画开天”（南宋诗人陆游诗“一画开天”引用伏羲八卦一画的乾卦）。中国文字既不方又不圆，即方中带圆、圆中带方，有万方包容之义，反映了天地意识。在中国书画的整个文艺发展史，要树立天地方圆意识不是容易的一件事，要从不同领域的文艺遗产中寻找渊源。金文的殷周时代也是《易经》行于世的时代，文字的方中带圆、圆中而方，正是天人意识最有时代精神的时代，传统上中国文字与书法、绘画的历史导向是“道”的载体。所以点线不但要刚柔相济体现五色的生命活力，还必须形神兼备。

中国书画的水墨点线属于心语的一部分，一个极重要的原因是象文字的点画后来发展到笔墨的出现（运笔和运墨之势），笔墨的内省性和思维的互动是连贯的，真、草、隶、篆的点线笔画保存了大量原初意识的隐语，也就是说字体的变化导致思维的深化，由一个时代转向另一个时代，字的原意在思维的深化过程被简化，点线或点画最终成为思维的隐语，这就是中国传统水墨高深莫测的地方，因为它代表了中国人原创性的思维方式，而点线之间已成为起、承、顿、挫的象思维隐语。所以传统上所谓理法，必须有一个前提，即对品格要求特别敏感。如古人讲求含蓄不露的“锥画沙”“屋漏痕”“力扛鼎”飘逸流畅的“吴带当风”等等，都是以载道为支撑点才能成器，首先是承载自身人格追求。每个书画家都会通过他们自身的人生经历，反映在笔画点线中，通称为心语，表述自身的品格和追求。历史大浪淘沙之后和大时代的综合性的社会精神面貌得到充分显现。水墨的点线，就如诗的律，有了律还要整个作品的动律，就像诗的品格一样。这里说到大时代至少有三个面：一个是自身的人本意识，第二个层面是大时代的长远趋势，第三个是传统纵向的各时代的经典作品。除了有名有迹的经典，更重要的是历史时代风骨的把握，例如汉风，刘邦用了一句诗“安得勇士兮守四方”，这就是汉风骨。魏晋、唐、宋、元、明、清等都有不同的历史风骨，高昂、低迷等等，只有这三个条件具备了才能建立较全面的基本传统观。形神和点线的一致，便是自身的审美品格。

上述所提出的传统审美意识的大历史趋势，做一个大时代的跨越是当代中国书画家不可推卸的重任。两千五百年前庄子论画确立了“品格论”，讲了一个故事：宋国国王宋元君召集全国画家作画，大家都恭敬站立着作画，只有田子方不在这个场合，王叫人去看看他，田子方则解衣盘礴、神闲气定、物我两忘，王称他为真画者。唐代符载提出“物在灵府”的本质是“物我同一性”（《观张员外画松石图》云：“观夫张公之艺非画也，真道也。当其有事（作画时），已知夫遗去机巧，意冥玄化，而物在灵府，不在耳目，故得于心，应于手，孤姿绝状，触毫而出，气交冲，与神为徒。”）

唐代画家张璪的“外师造化，中得心源”的

不朽名言强调心灵的语境是由外转向内象的一条必由之路。近人黄宾虹提出“澄怀观化”是指造化、大自然、画家入神的状态都是忘去自身的存在，身与物化。这种无我的状态即《道德经》上说的无形之意。“无”是最难解读的语境，也是最高品格的心灵语境，等同于“大象无形”，与禅宗六主惠能的“心无明镜台，何处尘埃”是异曲同工，语境相通。

四、书画与诗、辞、文、赋

中国的诗、辞、文、赋是中国书画的审美体系很重要的部分，不是单纯的修养问题。

中国的诗、辞、文、赋，是以单字的象意识为基础的，古代称为文字，文指象，以象言象是中国古文学的基础，也是诗、辞、文，赋的基础，通过历史积淀而形成。有时一个单字涵盖大块文章，例如前面所述的“五色论”不单是物质的，而且是涵盖物象表里“木、火、金、水、土”和天地不同方位区间的东、南、西、北、中。每一个字都涵盖更深层象意识。如果使用得当则具有真实的存在感。如公元208年三国著名的赤壁之战，诸葛亮、周瑜各自在手心只写了一个“火”字，即心领神会用火攻破了曹操号称的十万大军，“火”涵盖了南方的动势，此时刮东南风也意味着天时、地利和人的因素。中国的象文字是由心语锤炼出来的，所以往往一个字涵盖量很深很广，可以涵盖天地，天时、地利、人和，这个概念的建立没有象意识作为基础便无法解读它的内涵。书画要从以往历史长河的传统中解脱获得大时代导向，不仅要从图像意识着眼深层的发掘，更要从文字、诗、辞、文、赋，更宽阔的领域广收博取彼此之间的变化关联性，必有大益，也是建立品格必备的根底。例如通过诗文的点题和题跋，使书画的心灵语境更具时代穿透力，《山海经》中有一个叫“夔”的动物，只有一足，鲁君问孔子为什么要只画一足，孔子说“得一而足”，非指夔只有一足，这里的“一”代表天，足立于地，顶天立地足矣。上古时代教化启蒙，许多古文献均有记载，孔子解读此一古图也是符合上古精神的。这也可进一步说明上古的图和字与后来的文是同源同根的。现代书画题跋如果和作品没有象意识上的相互关联，便是画蛇添足了。

五、结束语：中国书画与西方艺术汇通之途

中国文明的启蒙意识涉及许多中国近代文化的现代导向，例如传统的现代性、时代性。中国书画的现代导向也涉及传统的原创精神。而原创精神是最重要的，它标志了民族文化的价值观，应是中国水墨艺术现代发展方向的主轴。20世纪初有人提出“中西合璧论”，这是一个虚拟的艺术论题。一百多年的历史证明应该是对应相向，如轮如辙的相互关联性，这是当代一个世界性的艺术课题，就作为今后预设的论题吧。

2015年2月20日

此文为2015年3月28日在圣地亚哥美术馆的演讲稿。原演讲题目为《中国书画的水墨经典——水墨象思维与心灵的语境》

2016年6月发表于《中国文艺讲论》第6期总第9期“一家之言”专栏，题为《吴毅：中国画“象思维”再认识》

竹林山瀑图 水墨设色纸本 249×371cm 2002

重开中国画以“象”论画之门

吴　毅

新世纪之开我把注意力从中西方两个文化源的思考，集中至中国文明原创性象思维原点展开论述。

“象”是中国上古时代最富原创精神的思维形态，五千年文明有了象思维，度过了人类文化融合，族裔相处的风风雨雨，竖立了持续发展的典范。我们这一代所受的艺术教育始于20世纪初的对西方文明的解读阶段，19世纪末，世界形势风云突变，西方的强势文化与中国文明直接碰接的结果，使中国一时间几千年一以贯之的象思维形态失去重心。在20世纪初所建立的教育体系，文史方面没有深刻表述中国五千年文明持续发展的原创象思维，使中国画传统精神处于难以明言的尴尬地位。

新世纪重启象思维论坛，经百年沧桑，对中国画家而言，象思维似曾相识并不陌生。象思维在中国画水墨领域是围绕道源为轴心展现的，我说的道源，也并不只单一指老子的道论。在历史的长河中，历经上古原创象思维的启蒙，中古时代的殷、周两代近千年岁月的磨砺，产生《黄帝内经》《周易》。《山海经》虽然时代久远，但许多遗篇都指向禹及八荒时代，已经有阴阳系日月的山阴山阳物类的认识。春秋至先秦时代百家之学并起，以道儒两大学派为代表的近古发展阶段，思维体系的轴心是以象论道，中国文明的思维主旋律不在视觉范畴，人作为“域中四大”：道大、天大、地大、人亦大（老子语），内观的心源自律，对事和象有明确的界定范畴。心源自律是先天带来的内省自觉，因而与道同出而异名，老子“天地根”、梁·刘勰“天地心”的原道论一脉相承，归元于道。如汉初董仲舒语“造文者三画……天地人参通者王也。”伏羲立卦天地人参通，使八卦成为“立人”最经典的“象”。历代思想家都以道作为心源的最终极依托的依据。

（左起） 刘云、彭慧、沈揆一、程大利、邵大箴、陈士富、杨力舟、朱道平、王璜生、吴毅于画展开幕礼

中国画无论山水、人物、花鸟、虫鱼、犬马、龙虎走兽品类繁多。两晋时代以墨为国朝正色，王羲之等大家相继辈出，有“墨池”“笔塚”文史佳话传世，足见水墨思维在两晋时代已趋成熟。以象论书画是中国文化之本体论不可分的部分，其普及达于山僻小村。何故？文字起源于图、纹。《说文》注释：“上古仓颉观象，纹文同解，先纹后图，先图后字，点线生图，图、文并用而生画。”这是几千年积淀的文化底蕴。气韵之说由此原出。老子论道以象为启蒙，“有”和“无”均为象，在恍惚中。渊深、寂寥充而不盈，万物为宗，象与道同宗异名。

一、以象论画

中国自古地缘广阔，族群遍布东南西北中，西北高，东南倾。八荒之世水漫中国，禹通山治水，定九州以九为大，后世承夏规以九为制。《山海经》十三篇为禹时代史官纪世之作，图文并用有“河图”“洛书”传世。图和书，按许慎《说文》

解，图与文有关，书与字有关。上古典籍语音殊异不详，传至两汉，谐音、误读、旁注十存九异，后世又旁杂不同古籍，汇编为《山海经》十八篇有误解亦属正常。但以象类形自古有之，失图而文字有所增减，亦不失上古原貌。晋郭璞作叙文以“原化与极变”论象，以正其事。对上古史之解读，以象论事得其正源。究其源流，《周易》之卦辞、《黄帝内经》之“行气”皆象类形，乃至屈原楚辞之辞风，九歌、九章、九辩……亦与禹之名制有某种上古契合承传之意。《天问》“应龙何画？河海何历？”应龙乃有翼之龙，能上天潜渊，引用“应龙曳尾”喻治水。中国几千年传统，身后正名谥号自来已久，“应龙”喻黄帝功业亦未不可。以象喻人，一字千金。按《说文》解字以象记事，从“一”而述耑方（天地方圆之意）强其象而拘其事（细则）。成点画之理法图画之经纬。

我关注中国上古史中以象名制和象数的关联性，在于探索中国画的现代水墨画导向有直接的关联。20世纪中国画水墨的现代论题并不一帆风顺。不管如何革新，中国文明的象思维核心价值的弱化将导致数千年积淀的水墨经典有被视觉心理规范所取代的可能。然“天圆地方”是中国文明启蒙最具象意识的价值信念。自古有族群的存在便有天地心源象与终极依托的话题，千古遗篇永远没有句号。

中国画传统水墨与文字同根。上古时代象即画，以象论画这是中国从文字起到画象，不论山水、人物、花鸟、虫鱼及犬马禽兽，整体而言象思维即水墨正源。历代宗师代有传人，一贯以通古今。

老子在《道德经》第四章有专门论象的描述："道冲，而用之或不盈。渊兮，似万物之宗；湛兮，似或存。吾不知谁之子，象帝之先。"这里"道冲"言道之虚象，超越视觉。虚便是灵动之象。是道的动态象而生象外象，永无止境。"渊"是万物演化的根源。这是几千年承传的水墨论道精神。

中国文明的启蒙象意识影响随历史而深化。古圣王重在以天地象"立人"，天、地、人各据耑方。这是春秋时代产生道论的思想根源。道、儒两家在这个主题同源同根，老子重道本源的本体论。孔子重"载道"的仁德在用的价值信念。人作为"载体"的大器，性命便是道的精神体用。中国画的水墨精神更是随时代脉络而变化。春秋时代的道论到了北宋的理学实际上是本体论与载体论合而论之的中国文明精神的承传。朱熹重理气，以太极为初始象，格物致知、穷理尽性，以理为用超越古人。陆九渊一语惊人，石破天惊，"吾心即宇宙，宇宙即吾心。"以心悟道，明王阳明继之。实际上中国画从唐人重心源传自宋、明以后，气韵已成为心源的重要论题。

一千多年前南齐谢赫《古画品录序》对中国今天的水墨现代来说可谓千古一律，艺无古今，对时代判断、人心升沉、寂寥，按图可鉴，这是谢赫对画的主体思想，已明言气韵生动没有时代区隔，具有可感可知的可授性。在附录的品评更明确"穷

巨壑参天 水墨设色纸本 125×215cm 1996

理尽性，事绝言象。”中国画的水墨象思维只有在心源的本体论——归元，才能充分发出光芒。

二、气韵与归元第一

自南齐谢赫提出气韵第一，已成为中国画水墨的千古话题。董其昌《画禅室随笔》“气韵不可学，此生而知之，自有天授。”其实气韵也有可学亦不可学处，如道之于人有可言之道，亦有尽在不言中。儒家以“载体”树仁德即是可学之道。如此看来“象”便是可学之气韵，但在象思维的内观象之象外象仍在不言之中。

有关“气”的认识，这是中国文明独特的思维行态，属于生命原化尚未解谜的现代论题，可追溯到五千年前“天圆地方”最原生态的原化象。是由元气支配的主宰原化力。《黄帝内经》有关生命和《易经》有关事物，社会现象，因为天、地、人关系的相互对应主因发生变化而变化。中国在中古的殷、周时代对元气已经有了初步认识。例如战国时代《玉佩铭》的“行气论”，东汉许慎《说文解字》，“一”字列入部首第一，阐述“元一”的基本概念“惟初太始，道立于一，造分天地化成万物……”均指向元气、归元第一的论题。气韵与归元是万物的原化力量。这虽然是大自然永恒性的话题，但又是难以解开的谜底。中国文明却在几千年以前已被提到万物的原化，不能不说中国古文明是在各种危难中均能化解度过，成为现代文明的伟岸的根本原因。

归元是更深一层的心源的终极依托，由于中西方文化源流不同，西方文明重宗教的心灵归属，中国文明重内观觉醒，由表及里渊深而致远解读归元与气韵的同一性。可言之道一定是以知行合一内省觉悟完成的动态象。这是可言之道不一一列举。

在水墨的行为模式中如何建立内观的动态象，老子称之为道冲，用之不盈，其渊似万物之宗，几乎是象思维气韵之独白。气韵第一，一千多年来最优秀的画家从此出。唐代大诗人白居易有诗《花非花》，我常比之《画非画》。唐人已开水墨风气，王维以水墨为上，色因墨而生辉。有诗留世“水流天地外，山色有无中。”象外之象淋漓尽致。可谓穷理尽性，尽得阳刚之气；心源深藏不露，氤氲之韵又尽在其中。得气韵者咫尺千里，山水画此意最深，归元第一与气韵同功。读书五车尤重顿悟。这就是内观象的永恒。

水墨传统经历了不同历史轨迹，即使今天的现代诉求“抽象水墨”这是20世纪末80年代兴起的水墨浪潮，它源于西方现代主义，传之中国，也一定会被化解为内观象心源的一部分。视觉符号求一时之异化，心源之象寂寥致远其象恢宏。历史上成大器者，绝不会忽视其中奥秘。

满纸墨淋漓 水墨设色纸本 95×104cm 2005

月禅 水墨丙烯纸本 96×103cm 2006

吴毅谈艺

吴 毅

如果要追溯我的艺术源头，就要从被我翻烂的《山海经》说起。千百年来，不同种类的动植物分化在山之两面，或南或阴，而我们人类是怎样分化开的呢？中国文人画以及整个近代绘画，都存在类似的疑惑。

探寻无果，回到本源，问天地从何来——这是为了解决我的自身创作问题，而非争论文人画于唐代始否。人类路途上留下的每个脚印，不可能完全一样，所以我们要溯源——上溯到五千年以前，甚至更早，当然，考古学家们认为中华文化何止五千年。对于上古文化，我们需要进行拼图式的研究，不可能像研究现代史般的系统化。比如，文人画的研究从董其昌切入是可以的，但要搞清楚文人（画）的系统、根源，对于未来的走向会有很大启发。

我不会浪费毕生精力重复古人，也不会给自己封王加冠，妄自尊大会让我失去发现他人优点的能力。在西方世界生活多年，我看到了西方的优点。近百年来，世界形势风起云涌，文化被动成为一种常态。

我特别强调“象思维”的原创性，为什么？它代表的是中国文明启蒙的原创精神。立足于此，再与西方学术进行比较，方能展开近代文化和未来了文风与视觉反差，视觉艺术强化心理与感情内在一致性，文人画最大的特点是视觉外的大文章即象外画。文人习读经史，参与图画启于战国是可信的，有帛画为证。《庄子》所论“解衣般礴”田子方的故事，以今人视之，田子方应是大文士，动静之间逍遥自立。历史上画中国画的人无数，以质胜华的人只属少数。东汉王充论画重文而抑画之说应从另一角度去深解其论，“人好观图画……夫所画者古之死人也……孰与观其言行？古昔之遗文，竹帛之所灿然，岂图墙壁之画哉？”意指雕虫小技。不能得言行之灿。百年后由南齐谢赫气韵说，一反王充的评语，品第之分已开文人画之正源。

20世纪论中国画最大的缺失是文人体系的弱化。文人画的核心是象外论画，而非图解，文图共生便是品评，中国画只有品评，没有标准界限，山外还有山外山，如何设定标准？所谓象外更是千百年来文人画系统最具生命力的精神依托。叙述着自身的传统，而不必循西方60年代的超写实尝试过的路。

以神论品是正源，以社会风气论品是随大流，这是中国画现代导向重要分水线。有史可鉴。顾恺之是晋名重一时的大画家，建康瓦官寺壁画一举得大名，少年得志。百年之后谢赫以品论，虽入三甲之内，仍有微言。谢与顾相去百年，已脱开时代局限，描述顾画“体精微，笔无妄下”应算公允，这里指造形与线条切合，接下一句“迹不逮意”则令读者有稀嘘之感。

谢赫作为六法之倡导者，对意的要求极高，

除“笔无妄下”，更有意象的更高层次可言，即心源意象。如此看六朝时代风，便知文人画体系的建立不是画派的论题而是师承中的文脉根源。“意”是决定气韵生动，“大象无形”是最具时代意义的心源动能。二者不可偏废，谢赫批评“迹不逮意”强调笔以意行，非随体行，可以说是一语道破万重山，点石成金之句。正是这份丰厚的文脉遗产，在唐、宋间被文人画体系承传了下来，是对历史最大的贡献。

百年中国画之争本质上是中西文化对冲，在形、质问题的临界点产生分歧。笔墨不是塑造形体的素描附加品，笔墨有自身文脉的大承传。文人画既成一体系，则必有历史根源。以谢赫《古画品录》品评为例，陆探微为一品上，陆师承顾，青出于蓝而胜于蓝，这也是一种与时代同行的史观精神。心源需要坚守，品评便是人心所向，以人为品才是最重要的时代特征。

南北朝时期各自为政，文风华丽，尚存著书立品以正来者。晋经八王之乱，生灵涂炭，时人多重现实，顾恺之也不例外。晋以后南北分治，从现实中寻求精神寄托，品评之举应是谢赫的历史贡献。王羲之有兰亭之序，自由抒发之文体与书法并重，又反衬了历史的另一面，成就了千古书圣之名。

现实与艺术之间往往又在现实价值观上产生分歧，三千年以前中国人把这一历史现象归结为《易经》象、彖的易理，将天地正气、功、利、得、失化为爻辞的卦位，得失都不是永恒不变的，解易也随之获得主客之间的判断，是非曲直各有定位。图画即启于此一文思领域的根源论题。时代不同，解读也越来越丰富，现代文明虽然有社会学、自然科学诸多领域知识取代，但作为中国画形神的心源论，“象传”精神的乾坤论与元气论仍然是无可取代。宋人陆九渊先生这方面有独到的见解，心源的终极依托，仍无法为现代艺术新理论所取代。

2016年到2018年，从衡山、永嘉、金陵到天目湖、彭城，我们历经四次论道，是在中西文化对冲的大历史流变中进行的，是契合了中国现代史百年之变的历史现象。突显文人画体系的历史性升华的现实要求任重道远。

20世纪中国人寻求革新之路，现实中给了我们许多深刻的教训，如何取舍绝不是单方面的，一百多年前中国的社会现实，激励年青一代又一代负笈西洋，在茫然、自信、得失多重矛盾中学习科学和现代社会文明，却流失了自身文化所特有的象思维文化所乐于“吉祥”“长治久安”的画语，历史上极罕见直抒邪恶的画面，即便避邪的画面、刻石，均以正面的形态超越现实中的存在感。这是天地正气，关于人本身价值观最重要的象传精神。庄子更进一步把人分别列为真人、至人、圣人、贤人和君子、小人，董仲舒更把能参通天、地、人者为圣王。

秦亡后，典籍散失，汉初儒生中仅存五家解易传人（应是战国时代掌文史大吏之后人）。据古文献考，易传思想在夏、商、周都有不同名称，如

随意点染 水墨丙烯纸本 96×96cm 2003/2004

夏有《连山》、殷有《归藏》《洪范》，周有文王演六十四卦而称《周易》，所以《易经》是中国在三千年前最为重要的社会“蓝图”，是继禹铸九鼎通过“象物”使民知神奸的象思维正传最重要的社会学科文献。长期以来把《易经》定格在神秘色彩的奇书并不公允。易传思想源于天地正气、长治久安，象、彖之爻辞用句极简，喻义的象传思想多具辩证说理。这种源于天地正气的社会意识本质上是源自上古育民、安民，自由思想的启蒙。

中国画的历史流变正顺应了极变而不离其宗、得一而足的大历史规律的历史承传，也是“中国特色”所特有的最通俗的象思维语境。20世纪中国画走上“多元”概念，失去“易传”的文人画本体论混元一体的正源，“多元”则是纯心理逻辑观念，不可相混。

四次中国画论道重温古史，是现代中国画继承文人画精神——气韵生动最基本的品识（品格与品评）。所以南齐谢赫时代《古画品录》是说古通今的文献，提出“六法”以气韵第一，即天地正气的乾坤论以元气论人。也是以人论品“事绝言象”以象外象为最高品格。这些中国文明的艺术象思维正是人类艺术史高峰上的明珠。

以中国文史论象，本质上是精神世界以象诉说着自身历史，其象必清。刘勰《文心雕龙》说透了先秦以来的乾坤大象——天地心。佛教东传与吸纳道的天地根不无关系，其影响及于唐、宋。唐人“外师造化，中得心源”在三百年后宋理学始成体系，再一次系统解读了心源论题。

在心源论题方面，文人画体系实已先行一步，究其原委，图画之正源出自纹、结，启蒙于象而诞生文字，图画之初与天地方圆思维是致亲同源的关系。文字之篆与象、彖，在殷、周时代应是同一母体的时代特征，其象的解读根源亦同，我常以“文心雕龙”叙述近古时代雕、篆之间的文字亲缘关系本是同解，不篆不成书，不雕不成象。“洛书”之精义，“河图”之传奇千古迷思。中国画之重笔墨、重气韵、重五色、重刚柔，取自启蒙的天地象而成方圆象，阳刚之象亦可易象于东西方两极阴柔与阳刚并存。

中国画的象传大美精神深层论题，在20世纪是在错位中被边缘化，几乎可以做出历史结论。像宾虹先生在清初四家（四王）正统承传中，以其智慧在晚年独僻一格，突破前人藩篱。特别强调行笔作“蚕食桑”晰晰作响，力透纸背，启笔如蚕首之阳刚，收笔如蚕尾之阴柔。古人书画以折钗股、屋漏痕、高古游丝乃至金刚杵等等，及汉画像石刀篆之风，都折射出大历史背后文人画笔墨痕的继承性，源自远古的结、纹、象传精神。

天目湖、彭城论道以回顾文人画、汉画像石为契机，温“古”而知新。

2019年3月

荷塘深处 水墨丙烯纸本 123.5×123cm 2010

论 | 象思维

林　木：吴毅先生的山水画在当代中国画坛的确独树一帜。或许因为在海外，他少受中国画坛流行风——如黄宾虹积墨风、江南笔墨风、“新文人画”玩票风、肌理制作风等影响。他的画重气象，重境界，凭空凌虚，天然浑茫。他的山水，既非平远、深远，亦非高远，多是凌空俯瞰，有一种宇宙的意识，苍茫宏大。这种对宏大气象的追求源于他的“象思维审美”的观念，从象而来，大象无形。这个象是中国传统里面对意的一种承载。“象”非型，“象”非物，但是我们又必须通过象去象征和表达。山水画的本质是什么？最早的山水画概念来讲，山水以形论道。就是山水不是风景，不是用来看的，是用来象征道的。吴毅对中国传统哲学情有独钟。他到昆仑，画昆仑——昆仑是我们中国传统文化里面的旗帜。吴毅在其中去寻找那些具有苍茫的、宇宙感的、历史感的境界。这个境界不是凭空来的，而是从现实里面领悟、感受的。这是他给我们的又一个重要启发。

尚　辉：在展厅里看吴毅的作品，我觉得他的气象来自于他的古法。这是在当下山水画中很少可以看到的。他用线条解决了很多山水中的结构问题、意境问题、面的转换问题。我们今天很多山水画有很多用的是渲染，一定程度上弱化了中国画用笔的方法。但是吴毅先生的皴用线表示，他用笔解决了水墨的渲染问题。但是吴毅在异域文化中，他的中国画里面是一定要有变化的。他把中国画的用笔和当代一些色彩的特质紧密结合在一起。在他的山水画里面不仅仅看到传统山水画的精神、对道的理解，他还加入了很多西方人对生命的理解，甚至有一些表现主义的色彩，有呐喊的精神，还有像梵高一样有生命的挣扎。

周积寅：（详见本书《吴毅的承传与现代》）

王宁宇：吴毅有深厚的传统画功底，他的骨子里面是一个真正的江南文人。但他的成功不是一个画家的成功，而是整个中国的水墨画系统探讨现代化过程中的一个杰出的反映，一个无与伦比的典型代表。他是一个非常文雅的人，但是部队生活给了他刚毅和侠义精神，这种矛盾在他的画里可以找到答案。他是多种中国文化元素结合的一位了不起的人物。

王春立：吴毅的笔墨很好，很流畅，很有气势——这是由画家的气质决定的，这个作品的高下是可以比的。他的作品很有静气，不媚俗、不浮躁——这是由画家的心态所决定的。我过去在一篇文章写过——画家心态的静与躁是艺术家进天堂或者是下地狱的分水岭。

王璜生：丰富的经历，对他的艺术创造、人生追求是非常重要的。他的作品有很大的宇宙气象，他的笔墨也很丰厚。

孙　克：吴毅先生是一个大隐隐在纽约市的文人，他真正把“诗中有画，画中有诗”联系在一起。他的画里面不再是宋元以后形成的形式，他在艺术当中把自己的心情、意境全部勾画到上去，很自由，很奔放。

水天中：吴毅的绘画风格，强劲、大气，还有江南文士的细腻。在许多成功的画家身上，如果剔除了绘画作品之外，一无所有。而对于吴毅来说，绘画作品不是他的全部。他对于中国水墨画的推广和弘扬，在当今中国文化环境里面是少有的。吴毅的艺术活动是生命性的活动。他把它作为一个生命现象研究，而不是仅仅看作是画画。

王志纯：吴毅先生是少有的学者型画家。他作品的精神内核是来自更久远的传统，是基于中华文化源头进行思考。吴毅先生的意义还在于对西方文化的吸收丰富了中国画的面貌，但是又模糊了现代化的标准，给我们非常深刻的启示。

赵立忠：我从他的作品里面既看到了年轻人的朝气，也找到中年人的坚毅，还有老者饱经风霜的深沉。作为一个画家，他做了大量的中外艺术方面的沟通，大量的中外文化方面的沟通，正是这种自觉的沟通，才使他的承传与现代取得了今日的成就。

夏硕奇：看吴毅画，我想起了苏轼的一句话，“观士人画如阅天下马，取其意气所到。”吴先生展出的主题非常好——“承传与现代”实际上也就是我们当今时代一个非常重要的课题——民族文化和现代文化的问题，即中国画如何发展的问题。

梅墨生：他的画气象和境界很大，有一种超越在物象之外的意识，在中国画的精神理念上更本质，更重要。我不认为吴毅在笔墨方面一定超越了黄、刘，他有着不同。吴毅是一个很包容又是很纯粹的艺术家，这是我对他的第一印象，也是我对他到现在的最深认识。

郑晓华：吴毅是一个很有独立探索精神的中国画家。中国画的基础是书法。吴毅有很深厚的书法功底，他在欧风美雨的冲刷下，坚守中国艺术的底线，而未迷失创作探索的方向。

匆匆一日瘦西湖 水墨设色纸本 97×76cm 2013

本文由夏夕根据载于《江苏省社会主义学院学报》2009年第5期的《承传与现代·吴毅中国水墨画展》研讨会原文删减整理

雨夜秋荷 水墨设色纸本 83×75cm 2013

水墨象思维与心灵的语境

梅墨生　吴毅

吴　毅：我在国外已生活28年，这28年感触良多，最主要的是对中、西方文化的一些具体认识。从20世纪90年代初开始，我提出中西方“两个文化源”的论述，期望通过中国传统水墨原创性的思维模式形成中西方的对应交流。

年轻一辈特别是80后，不太明白我的“象思维”，但是在几次沟通后，他们就说明白了——直接解读为中国人的做事方式。

梅墨生：我给绘画班的学生讲的主题是“书法对中国画的影响”，这里面不自觉地就涉及到了中国人的思维方式、文化理念、哲学思想，同时也包括我们的价值判断和行为方式。我偶尔到国外走走看看，中西文化的不同还是很明显的。无论现在中国怎么和国际接轨，即使在物质、科技和在其他领域都同一化了，我觉得这些文化深层的心理差异还是存在的。

这是时代演变形成的一个思潮。许多民族传统的知识，用一个“科学不能证实”“封建迷信”就否定掉了。当年徐悲鸿先生否定中国画的时候，就是一句话：“不科学，中国画造型不准确、不科学。”我在想艺术和科学是怎样的关系，如何理解“艺术不科学”，不是简单的一句话，虽然徐先生在1953年就去世了，但是他的文化理念和教育体系在中国的艺术院校影响深远。

中国画的遭遇亦如此，你所主张的象数思维、象思维或是意象思维，有些朋友不能很快理解，并不奇怪。现在的年轻人说的、做的、想的、用的，全是西方的。西方有很多好东西，但并不都适合中国，也不都是好的。很难想象将来几代人之后，包括艺术在内的中国传统将会怎样，所以你说绘画要用“气韵”，要用“气”来考量，人们会问怎么去考量。“气”是没法把握的，这很经验化。这个思维方式是我们中国从古至今传承下来的，我在国内对此感受很深。

吴　毅：最近几年我看到了国内许多在文化上的起起伏伏，尤其是看到这几十年间中国传统水墨这一块，原来传统的思维模式，就像水分在流失，剩下来的分量越来越轻，所以2008年我在纽约亚洲协会艺术博物馆召开的“中国水墨画美学体系国际研讨会”上发表论文《中国传统水墨画的审美意识》，提出中国传统水墨原创性思维模式——“象思维”的论述。

梅墨生：刚才你提到这个“象思维”，实际上有学者提出中国的文字不是“象形”是“象文字”，还有学者提出中国的文字叫“意象文字”。还有思想界提出中国的思维叫“意象思维”。

当年孔子注《易经》的时候有句名言 “圣人立象以尽意”，就是我立一个“象”要尽我的“意”，他说这个“象”是好多角度的，这个“象”比如说形象、图像、卦象，象的概念要比形大。

他说的天地象，实际被老子叫作大象，老子在《道德经》第三十五章里说“执大象，天下往”。大象无形，无形有象，所以意象的意思就是：为什么起卦？为什么看卦象？古人要追问一个问题，有事要问。古人每事占卜，任何生活中的场景或形象，一定要问其吉凶、知其善恶，该进还是退，该行还是藏，该出还是入，该显还是隐。古人立象以尽意必在此，所以象的内核、象的灵魂一定有一个意在，所以宋人论画叫“意高则画高”——立意多高画就多高，没有立意的画就没有灵魂。李可染先生曾在画论里说：“意境是山水画的灵魂。”当然他借用的这个意境应该是来自王国维谈诗词，但不管怎样，他从艺术家的角度，从视觉的角度认识到这个问题，所以你看李可染先生画画，他的每张画都有立意，比如画《爱晚亭》，他就画爱晚亭的晚霞，他就用这个来立意，连色调也如此。

象思维也好，象的艺术也好，其实都是可见的部分，更主要的是其中象征不可见的东西，这个不可见的东西，宋人叫立意，孔子时代叫“道”——“朝闻道，夕死可矣。”所以中国人是把一个可见世界和一个不可见世界，把外象和内在联系起来，外象可以是很具体的小形象，也可以是很大的自然天象。

吴　毅：谈到水墨问题，笔落到宣纸上一点，这个点可以大到一个宇宙，我身体力行能够尽量按照中国传统文化的思维模式走。黄宾虹有一句话“澄怀观化”，就是把生命放回宇宙元点，把生命作为一个起点，解释所有的人生问题。那么反过来，中国人认为生命以这样的状态来发展它的文化，用元气来对待客观的某种物体，有没有可能人的元气会影响物质，这是很尖端的课题，也牵扯到中国的五行，比如在解剖学上就是解剖不了经络。

梅墨生：我觉得画中国画，如果对中国文化不了解，没有寻根探源，没有一个究竟，就会很茫然，下笔都不知何处。基本的造型状物能力，谁都会有，不足以说明什么。你画猴我也画猴，注入的内涵不同，你画朵花我也画朵花，你画的就是朵花，我画的花里还有个世界，花里还有别的意蕴，差别就在这里。所以您说象思维，我觉得那肯定是没问题，但我更倾向用意象思维，我觉得中国的文化离开意象思维，就没有中国文化的最本质的根。

西方文化一定要了解旧约新约，中国文化一定要了解《易经》。如果不想做学者，不一定非要读那么多书，但最重要的几本书一定要看，最重要的几本书里就有《易经》，当然还有《老子》《论语》《六祖坛经》《庄子》，没有读过这些书就没有谈论中国画的资格。但是中国现在有很多这样的画家，受了西方思潮的影响，或者说所谓现代思潮的影响，不少人认为画画无须看书，画画不就是玩、不就是游戏，很轻松，做什么学问？持有这种观念的人为数不少，不读可以，但不能误导别人。

文化的不同，形成的文化心理就不同，您提到象思维，怎么提并不重要，最关键的是希望我们的艺术界、中国画界、水墨画界的人，知道如何尊重自己的传统，如何回到自己看世界的方式，这是本质的东西，我十分赞同。唐代张彦远说过，“以气韵求其画，则形似在其间也。”这句话道理特别深，以气韵求其画，则生动不得不至，如果不是以气韵求画，而是以造型求画，那就是另一种情况了。中国的哲学源头讲“气”是万物的本源，万物都是“气”的演化和运动，从气韵出发，执大象天下往。从造型出发，则是西方人的理念，西方人文化也有很多优点，但我们就所谓视觉造型的绘画艺术来说，它的优点在于肯定，在于具体，但是它不一定最艺术。

雨荷 水墨设色纸本 122×119.5cm 1988

曾载于《美术报》2012年10月6日第008版

秋原 水墨设色纸本 69×69cm 2004

恭王府易象思维展座谈会

会议时间：2012年4月25日下午

会议地点：恭王府办公楼二层会议室

会议提要：座谈会上，大家积极发表了对吴毅艺术与当代中国画发展的看法，并对沈蓉儿的绘画给予一定评价，同时对于他和沈蓉儿几十年形影不离的伉俪情深表示了崇敬。

参会人员：
（排名不分先后）

吴　毅 / 旅美中国画家，美术史论家

沈蓉儿 / 旅美中国画家，原江苏省国画院画家

邵大箴 / 中国美术家协会理论委员会主任，著名美术史论家

郎绍君 / 中国艺术研究院研究员，著名美术史论家

程　征 / 西安美术学院教授

马鸿增 / 著名美术史论家

杨力舟 / 前中国美术馆馆长、著名画家

王志纯 / 北京画院研究部主任

王迎春 / 中国国家画院画家

李　岗 / 中国艺术研究院一级美术师

徐　改 / 北京师范大学教授

柯文辉 / 中国艺术研究院研究员

邵大箴：吴毅具有感人的人格力量。他对祖国的感情很深，到各地去写生。他的画对中国当代山水画有一定影响。他对中国画美学的思考，写了很多文章。他待人接物，包括夫人沈蓉儿，都是那么耐心、那么细致。

郎绍君：吴毅我觉得是难得的非常沉静的画家。中国文人画，特别是山水画，是一个修身养性的方式，讲究内省。他是一个现代的古人——对古艺的热爱，同时又在纽约感受现代艺术。他一直奔走于中国和美国之间，希望利用他在美国华侨地位的影响，使中国的一些美术史研究的、中国画家和美国的一些研究者，喜爱中国文化的人进行交流。

程　征：吴毅的画一直在不断变化，气象是苍茫的，笔墨是深沉老辣。他的画里有艰苦的过程，有他的思考、他的实验，他的思考是宏观的，而实验是微观的。所以关于中国画的创作面对当代性的问题，他有特殊的途径、特殊的方式来完成。

马鸿增：吴毅、沈蓉儿几十年患难与共、同甘共苦，几乎几十年形影不离，共同奋斗。我比较赞成他的易象思维，这是中国文化的延伸。吴毅不仅是学者型的画家，也是天才型的画家。他忠实于传统的文化源流，他是在黄宾虹的基础上，不断往前推进。吴毅作品面貌的重大变革，可能还是始于大西北之行。大西北之行对他发挥了非常大的作用，使他对于易象思维的认识更加深化。吴毅的作品都表现一种苍茫、细致生动的追求，表现得非常充分。

杨力舟：吴毅把传统的笔墨解构，整个画面有一种气韵在流动。他把习惯性的山水画章法组合破解，能够看出时代感——抽象画的影响。沈蓉儿的画很生动，没有造作的感觉，画藏族、画观音，很亲切的感觉，很天真。

王志纯：吴毅的心里就是特别静，想的都是学术问题，包括和国内画家的交往，谈的都是中国画的发展、东方文化的发展。吴毅看到东方文化从源头上和西方文化的差异，在演变过程中的不同。

王迎春：吴毅对于中国画的理解、对于笔墨的理解，完全是中国人的理解。相反我们在国内，从学院里学出来的反而成为西方的路子了。吴毅的画气韵生动，有一种气流、有一种气息。

李　岗：吴毅的画非常有诗意，画就是一首诗，无论是花鸟还是山水，画面很多结构，荷花，是平面的，但是意向是立体的，这种气韵、意向、生命感，非常清楚、非常蓬勃。沈老师的画面和吴毅老师结合得特别好，沈老师的画面白描，线条画得非常执着，一点不修饰，也很感人。

徐　改：吴毅的画有一种视觉冲击力，来源于他的笔线和墨韵，很有视觉感染力，我曾经给吴先生写过几句话，叫“山苍苍，川茫茫，心象俱化，笔落神扬。”

柯文辉：吴毅是一位老干部，1949年前参加人民解放军，扛过枪，把他的枪变成这样绕指柔的画，我也很欣赏。真正强者的毅力是柔韧的，好像深山的一个古藤，在地震当中大石滚下来、快要压下来的时候它并不坚强，马上就弯腰，但是石头滚到山底下变成碎片，老藤的脊梁又慢慢地在太阳下挺直起来。

沈蓉儿：用《易经》的精神解构，用自己的思维推动了这种解构，其实他画的是具象的，但是这种具象有一种抽象之美。这和八大是接近的，他不是抽象派。吴毅有一种史学思维，加上易学理性，他很冷静，画又非常热情，都在他身上得到统一。他有一种自豪，因为他无求于外国的大人物，他身上有一种清气。他不愿意中国的绘画、中国的诗文、中国的哲学完全西化。

本文由夏夕根据《恭王府易象思维展座谈会纪要》整理

衡山论道：中国画“象思维”五人谈

会议时间：2016年5月23日至31日

会议地点：南岳衡山

参会人员：
（排名不分先后）

吴　毅 / 旅美中国画家，美术史论家

柯文辉 / 当代著名书画评论家。鉴赏家、美术理论家，刘海粟先生原助手

刘曦林 / 著名美术史论家，中国美术馆研究员，中国美术家协会理论委员会副主任

程大利 / 原中国美术出版总社总编辑、美术理论家、中央文史研究馆馆员、中国画学会副会长

王鲁湘 / 凤凰卫视高级策划、主持人，著名文化学者

王鲁湘：吴毅先生，我比较早地关注到了您有关“象思维”的思考及相关论述。我也注意到您的“象思维”理论的提出是基于对中华文明的坚守和对中国文化本源的思考。我想知道吴毅先生是从什么时候开始有了“象思维”这一概念？最初思考的动因又是什么？

吴　毅：我是“文革”前南京艺术学院中国画专业的毕业生，大学四年除了必修的课程以外，很多时间都是在图书馆度过的，当时看的东西主要集中在

唐、宋、元、明、清历代笔墨画论体系上。1979年我在北京藻鉴堂认识了刘海粟先生，他认为我坚持对中国画传统的继承这一学习方向是正确的，但又劝勉我不要局限在一家或几家上，要全面去理解中国画的精神。20世纪80年代初我到了美国，本来抱着满腔热情希望能够在西方交流、传播中国文化、中国画艺术，但结果是交流发生了很大的困扰，这迫使我冷静下来去思考两个不同文化源的问题。中、西两个文化源，本身既复杂又抽象，不是简单几句话的问题，是一个庞大的体系，西方文化走过了几千年，有它的思维体系与走向，而中国文化也走过了几千年，本身也是一个庞大的体系。80年代初的世界艺坛正逐步掀起文化多元论的思潮，西方后现代艺术的多元性固然给年轻一代的创新带来了新思路，然而艺术多元化的纯形式如何回归艺术本体的人性品格，仍是最根本的问题。在与西方同道的实际接触和艺术交流中，我深刻感受到了中、西方审美存在的区别，即在于思维形态的根源性。

中华文明启迪于"象思维"的上古根源、中国文化审美意识的追根溯源，应起始于上古时代的造字，以象造字，一象一字，亦象亦图，这是中国文化独特的原创审美思维。以象立言称之象辞，文、图一体皆可成象。象意识是物我之间选择性的解读方式，古代文献所记载的审美理念基本上是从这个基点出发的，所以"象"是一个综合体的审美意识形态概念。可以说，天 地、社会、人生、物形、文辞、诗赋、书画等等，无不涉及

衡山论道研讨会现场 2016

“象思维”。东晋郭璞为《山海经》写序，提到了“原化”和“极变”这两个概念，他是中国风水学鼻祖。过去读书时并没有细细思考过这两个概念的含义，后来通过读《易经》，研究卦象的变化，这样就上溯到八卦了。中国最早原朴的八卦究竟是什么样的虽不得而知，但有一点是可以肯定的，即八卦是立人的，天地人，有一个立人的观念。从审美角度看，“象思维”更符合水墨审美规律，如传说的仓颉造字，即上观天象、下察地理。“象”包括“六气天地”的变化，六气是《易经》所述的四时变化规律，天地是四维八极的总称，是多维的空间概念。古人用太极来解读元气，因为元气是没有边界的，而心理也是没有边界的，理是随着元气运动的。因此，中国文化的审美意识是始于“象”而非始于“形”，而“象思维”又建立在宏观的基础之上。

衡山论道研讨会现场 2016

有关“象思维”审美论说，历史上有关专论虽然不多，但在散见于古代文献如《易经》《黄帝内经》和其他道、儒经典及许慎《说文解字》等古籍中，仍能清晰梳理出“象思维”的审美脉络。

我并不擅长逻辑思维，但我认为“象思维”是中国文明原生态的独特思维和行为模式，它也是涵盖了逻辑思维的，中国不是没有逻辑学，而是与西方思维模式不一样的逻辑学。可以说，“象思维”与西方哲学的辩证逻辑从最初的原生态发展的文字语言，到新世纪的今天仍然各自保存着带根性的思维独立性。从当下的实际情形看，中国书画在国际文化交流语境中存在的最大落差，应

衡山论道吴毅、沈蓉儿、程大利等友人合影 2016

石岸是家门——西塘古镇图 水墨设色纸本 90×97cm 2010

是传统的核心思维形态的现代行为模式的诠释。

一百多年来，中国人都在奋力向西方学习，在学习科学、技术的同时，却往往把中国自己文化的经典也丢掉了，西方人也认为他们的东西已经取代了我们。西方文明也是好的，我不否定，但我们不能在学别人的同时丢掉了自己的好东西，问题的关键在这里。中国文明走过了几千年，我们现在不是谈当代性的问题，而是面对未来走向的问题。在21世纪的世界文化格局中，我们要思考中华文明的原创性的精神，寻找原创性的思维模式，这样才能够与西方对话；而在中西文化双向对应的交流中，在视觉和非（超）视觉的带根性的、属于中华文明原创思维——“象思维”

基础上，建立一个全新的现代学科体系，中国必能成为立足世界文化之林的一面鲜亮的现代文化旗帜。

程大利：我在江苏美术出版社工作时曾给吴毅先生出过一本画集，其实在出这个画集前，《江苏画刊》就发表过吴先生的作品，我还为他写过一个短序，写了我的直观感受。我到北京工作后，人民美术出版社又为他出了一本书，应吴先生的要求我又写了一篇文章作为序言，文章的题目叫《吴毅的高度》，许多刊物都转载过。我写此文

燕子矶头漫云天 水墨设色纸本 97×95cm 2010

的初衷是什么呢？是吴毅的艺术实践和他的思考使我联想到了整个20世纪中国画的发展历程。20世纪是一个波澜壮阔、色彩纷呈的时代，也是一个泥沙俱下、大浪淘沙的时代。从睁眼看世界到西学东渐，西方观念汹涌而入，随之西方的文艺批评方法乃至苏联的社会主义的现实主义理论的推进、主导，较长时间内我们都是拿这一套思想方法来指导艺术实践，并以此回过头来解读、思考中国古代画论。可以说，在很长时间里是庸俗社会学的思想占据了我们的头脑，甚至荒谬地用阶级分析的方法来评价中国画和中国古代画论，比如把董其昌提出的“南北宗论”也简单说成是不符合现实主义的方法。长期以来，我们的教育环境、教学方法乃至教材，大多是非此即彼的“二元论”，我们在中国古代画论里是看不到这样的极端化的。《吴毅的高度》这篇文章就是基于我这些感慨的思考。我认为吴毅在画论上不是一个发明创造者，但他是“象思维”这一概念的提出者、强调者，就这点贡献已是非常了不起的。“象思维”是中国历史、文化的客观存在，是我们中华文化的根系所在。吴毅先生将这个概念强调出来，这就需要我们认识它、论证它、扩充它、延续它，然后发扬光大。“象思维”理论的构建与完善是一个工程，是一个大课题，甚至是一套丛书，这个工程非常有意义。对于“象思维”的思考，吴毅先生已经写了多篇论文，读后很受启发。有关“象思维”的内涵和外延，我们还可以深入探讨、研究，不断加以充实和完善。

衡山论道研讨会现场 2016

衡山论道研讨会现场 2016

衡山论道现场吴毅先生题字 2016

柯文辉：说实话，80年代初吴毅先生去美国时我是充满了担心的。一是怕虚假的舆论阻碍了他的脚步，二是很担心他的吃饭问题。但是出乎我意料的是，在吴毅先生在国内做不成隐士的年代，他在美国却几乎80%是个隐士，除了绘画和吃饭之外，他的时间都花在了思考上，正因为如此，我内心对他的“象思维”这个思考非常尊重。在我看来，画家的行列中一般缺少思想者，更多夸夸其谈的是技术，更多关心的是画能卖多少钱。钱正在异化这个世界，异化的结果正在毁灭这个世界，对此我们不能不感到忧虑。古印度文明几乎灭绝了，泰戈尔到今天后继无人；伊拉克的巴比伦文明结束了；西班牙的马队烧完羊皮书之后，玛雅文明也没有了。从历史来看，似乎没有一个古老的国家文明在丧失若干年之后又 重新复兴的先例，所以我也时常为方块字的文明感到忧虑。现在传统文化的断层与人才的断代是一个严峻而紧迫的问题。所以，我觉得迫切需要大家拿出修养和智慧来帮助吴毅先生， 共同把这个“象思维”理论尽力尽快地成型。“象思维”很高深，但很缺少现成文献，却又无所不在，在这么一个矛盾状况下，至少我们自己要认识到“象思维”的真正价值。

刘曦林：吴毅先生提出的“象思维”不是砖，而是陨石，是敲开中国画思维方式的一块陨石。长期以来，我们美术界的思维方式通常还是停留在“形象思维”这个阶段，是和艺术概念有关，而不是“象思维”。“形象思维”和“象思维”虽一字之

“象”。我们发现在先秦文献中，“象”既是名词又是动词，还是形容词，不同的语性，其意义是不一样的。它可以是中国哲学学术体论的古代思维的概念，也可以是古人在艺术创造、美学思维上使用的一个词，同时也是知行合一、实践性的一种能力。对先贤的经典我大致作了一个归纳，叫作“成象理论”。从认识论的角度来看，它有一个逐渐清晰的过程，当思维达到一定的清晰时，其结果便是一个“象”，而这个“象”已经包含了最原始的全部意义的混沌。如果按照欧洲哲学关于思维层次的理论视之，这还没有达到最高层次，要达到最高层次，一定要把这个“象”再抽象，即要把附着在“象”概念上的具象的东西，诸如形体、颜色、重量等统统去掉，达到黑格尔所说的哲学意义上的那种抽象程度，这个概念才是可以拿来思维的哲学工具。哲学家之间互相交流，其实就是用这些概念在交流，这些概念代表着我们对事物本质的最后的抽象表述，也只有这种思维层次才能进入哲学的思维层次。

可是，中国先秦的经典好像一直在追求不突破“象”的层次，有意识地在否定黑格尔所说的更高层次的思维的价值。比如“立象的尽意”，这个命题言不尽意。中国美学或文艺学的这两个命题是贯穿始终的，这也是“象”存在的价值。否则，按照黑格尔的说法，艺术是要消亡的，最后剩下的只有哲学。从最原生混沌的原始艺术进入到比较高级形态的以金字塔为代表的所谓建筑，巨大的物质形体产生出一种精神震慑的力量，表达着说不清楚的朦胧含混的观念；然后发展到古希腊的有抽象精神的、包含几何学原理在中间的神庙建筑；再到发现人的形体之美，出现了雕塑；再往前发展，物质性的东西越来越小，即由雕塑发展到绘画，再发展为史诗、戏剧，再发展到出现小说、诗歌，最后越来越抽象就只剩下哲学。这就是黑格尔绝对理念自身的辩证——否定之否定的过程，也就是欧洲人关于思维的看法。柏拉图也认为艺术家和哲学家相比是比较低级的，因为艺术家雕刻出来的、画出来的只是理念的影子。

卦象，是中国古人认为的最高智慧表达的层次，它是抽象的，但是有“象”在其中。六十四卦代表了我们所知的“格物致知”的全部世界的一切，它包括了自然的、社会的、物质的和精神的。六十四卦又可以推演到更基础的八个卦，六十四卦是八个卦的叠加，八卦是比六十四卦更抽象的对世界的概括，而抽象到最后便是阴阳。中国古代的哲学思维是打通“真、善、美”的，是打通本体论、实践论和美学的。在八卦中，卦象中两爻之间的关系叫“原化”，两爻的互动产生的非常丰富的、几乎无休止的变化叫作“极变”。两爻为什么能动呢？因为两爻之间都是气，气是哲学意义上的一种物质。六十四卦其实就是六十四种黑白组合，是黑与白不同位置、不同大小的组合，是六十四种阴阳的组合。古代最智慧的哲人在面对卦象之“象”的时候，认为

长城内外 水墨设色纸本 84×128cm 2011/2012

思维就应到此为止，因为这个“象”已经具有极高的抽象性。所谓“太极生两仪，两仪生四象，四象生八卦”，八卦叠加为六十四卦，这些范畴在先秦哲人看来已是足够强大的、系统完整的工具:思维工具和认识工具。中国古代哲学不用“抽象”这个概念，而是用“观”，“观”就是中国古代最高的关于认识的一个词。所以，在“观”中提炼出来的东西就叫作某某观，如世界观、人生观等。“观”和“认识”的不同就在于“观”保留了形象性，我们不能在认识事物的过程中把“象”这个东西全部丢掉。“观”的对象可以从最具体的东西到最抽象的东西，八卦是可以“观”的，“观”中间阴阳的位置互动，可以看到其中的运动性，甚至可以看出其中的质感和重量。因此，“观物取象”成了中国古代绘画、建筑、造园等领域的一个命题。

在先秦文献中《周易》基本上是“立象以尽意”的著作。老子的思想和《周易》的思想也是相通的，老子提出了

“象”和“形”这两个词，“大象无形”这四个字即包含了这两个概念，老子的思维方式是否定式的，“大象无形”当是老子提出的一个判断。在一般人看来，这个判断无疑是荒谬的。因为凡有“象”必有“形”，没有“形”怎么能称之为“象”呢？但是，我们又认为老子比我们聪明，他之所以这么说一定有我们不能理解的东西在其中，这也是两千多年来不断有人在解读这四个字的原因。但不论怎样解读，老子的这个思想对中国绘画、艺术产生的作用和影响都是十分深远的，而且体现在后来一系列的画论之中。

程大利：“象思维”是近年来我在教学实践中时常思考的问题，因一时找不到更恰当的名词来谈这个现象，就用“笔墨文化”这个概念来作思考。“笔墨文化”实际上是中国文化中一个很核心的内容，而“象思维”是“笔墨文化”的根系，是文脉的源头，也体现了中国画艺术的规律，这个艺术规律与西方的造型艺术规律不一样。我们不谈中西孰高孰低的问题，说它的不同是因为“象思维”是从中国的文字源头，也就是伴随着文字的出现而产生的，是象形文字最初发端的一个思维形态，也就是后人所说的“书画同源”，而且它产生的过程印证了中国古典哲学的辩证思维观。我提出的“笔墨文化”这个概念当然不是材料工具的概念，也不是方法技巧的概念，而是一整套完整的认证体系，它的源头就是“象思维”。

先从“象思维”的源头——“文字”来考察一下。文字是文明的重要标志，世界各文明古国大致都经过了相类似的文字摇篮阶段，在以后文明成长的过程中逐渐形成了差异性发展。西方是拼音文化、字母文化，中国的方块汉字是图像文化、象形文化、会意文化。“五四”时钱玄同等激进派提出要废除汉字，走文字拼音化道路，认为这样中国才能进步。今天我们很难设想，如果汉字全部拼音化后会是怎样？如果汉字被取消后的结果又会是什么样？我想，如果汉字真被废除了那就麻烦了，那样的话中国就会分裂成几百个小国家了。为何这样说呢？ 请看，我们的“我”上海话叫“阿拉”，陕西话叫“额”，苏州话叫“妮”……在没有汉字字形的时候光靠拼音就没法交流了，每个省、每个县之间的语言就是“外语”了，所以如果没有了汉字那中华民族可能早就分裂了，就是这个汉字成了中华民族的文化、精神纽带。我们再深刻地想一想，这个汉字也是中华民族思维的渊源所在呢。思维从这来，古代哲学的根也从这来，一字一象，一个字是一个王国，一个字是一首诗。这就说到了本质，中华民族的文化渊源正在于此。所以说“象思维”不是方法技巧问题，而是一整套的认知体系、思维体系。

吴　毅：“象思维”是中国文化的结晶，是五千年文明凝结的文化精髓。它不只是我一个人在思考，只是我大半生对中国文化思考的关注点，是我寻找的中国人的根。中国文化和西方文化确实是不一样的，中国文化是宏观的，是一揽之的。中国文化的任何一个领域，包括诗文、书法、绘画、医学、武术等等，到最后都归于“元气论”，这个“元气论”就是思维形态的高级阶段。我们谈“象思维”的这个“象”，其实就是几千年前老祖宗所说的方圆意识，到殷、周、春秋时出现了“象”这个概念，以后历代的提法不尽相同，秦汉以后就变成了“心学”，实则仍属于“象”的范畴。我们过去谈老子，把老子当作一个玄学，这样就把玄学这种虚无的东西讲死了。

刘曦林：我常想：“象思维”这个自身体系和对“象”的解释以及中国艺术、中国美学里面所有与“象”有关的概念，都是一个概念和一个概念、一个纲的一系列问题的深入和不断具体化的思索。如果说“象思维”是个大象思维，那就必须把它的纲和目逐条逐点地思索清楚，否则就可能成为“瞎子摸象”式的思维。老子的《道德经》不过五千多个字，却是那样高深的学问。《易经》有多少字我没数过，但同样那样高深。今天我们考察“象思维”这个概念、这个美学意识，需要做进一步的细化工作，不仅要把它丰富起来，还要把它和艺术实践、艺术规律联系起来，而且要和历代画论联系起来。比如我们常说的“外师造化，中得心源”“迁想妙得”，一个中国画家对这12个字的理解与否是十分重要的，要是一辈子能学好这12个字就是艺术家了，如果能深刻理解了这12个字那就是大艺术家。我认为这12个字恰恰和“象”是有联系的，造化何尝不是“象”？我们一般将造化理解为大自然，是小象； 而造化的理想是事物运行的规律，所以它是混沌的，是其中有混、其中有象。有形化无形，无形幻有形，“大象无形”是宏观的一种辩证关系。另外“象”是有阶段性顺序的，而且也不可能完全到达抽象，所以中国文化中有了“意象”这个中间词。“外师造化，中得心源”，就是用我们的“心源”去说“心画”，是一种内心观照，和“迁想妙得”是连在一块的，也就是吴毅先生所说的“内观立象”，其实在中国的诗歌、书法、绘画中都是这样的一种思维方式。

王鲁湘：“象思维”在老子的《道德经》中其实已有很好的阐述。老子说“恍兮惚兮，其中有象；惚兮恍兮，其中有物”，只有这种恍恍惚惚、朦朦胧胧、抓得住又抓不住的状态，才有“真”和“精 ”。这其实就是最早的“似与不似”的哲学表达。“象思维”不仅决定了中国画的思维方式，还决定了中国美术史上的一个评价标准和评价体系，即丹青和水墨的差别、匠人画和文人画的差别、北宗和南宗的差别。宗炳的“畅神”说，明确反对按图索骥式的、像画地图那样的山水画；王维的“水墨最为上”，明确了以水墨替代丹青的立场，因此被董其昌列为“南宗”之祖。王维的《山水诀》和董其昌的“南北宗论”，其实是在告诉我们，用水墨画出来的东西本身就是一种晕晕乎乎、若隐若显的“象”，它不十分清晰，尤其是没有太清楚肯定的轮廓线。若“大小李将军”的丹青勾勒，必先勾线再填色，有着清晰的轮廓，非恍恍惚惚之“象”，而水墨却能够表现出老子所言的恍惚之“象”，故符合“象思维”。水墨虽然只有“黑、白、灰”，但能让人感觉到其中具有其他的丰富色彩。梁元帝萧绎的《山水松石格》中有两句话:“高墨犹绿，下墨犹赭”，道出了墨色中具有的冷暖色相之别。后世为何对董源的画有那么高的评价？就是因为他的画里有朦胧的恍惚之“象”，有一种半具体、半抽象的“形象”在其中。如果按照“丹青”的标准和规律来发展，我认为中国绘画与欧洲绘画不会有太大的差别，那将是在一个相对低思维、低审美层次上的，具备人类普遍视觉经验和规律的东西而已。而中国的“文人画”恰恰超越了这个普遍性，形成了高级的特殊性，正是在这一点上，我们和西方对起话来了，而“对话”全部的困难也就在这里。

柯文辉：我曾见过一个英国人，他从五岁开始学习中文、学

峰高有源兮水潺潺——天柱山石壁流泉图 水墨设色纸本 86×87cm 2009

说汉语，还努力学习书法，直到老年才到中国来办了一次展览，我才知道西方人要了解中国是多么的困难。中西方的这种文化差异确实太大太深了。这又让我不得不佩服过去来中国的传教士，他们生活在农村或僻壤之地，有的活到了97岁，这是多么的不可思议。那些传教士不远万里来到中国是为了为上帝工作，所以能够在中国农村扎根。几十年下来他们会说不太流利的中国话，也会写中国字，可能还会书法，但是他们无法写出一首像样的中国古诗。

100年前，当蔡元培先生提出“美育代宗教”，主张把西画引入美术课堂的时候，国人并不是没有反应的。只不过，当时的社会信息的开放度还不足以引起针对不同声音的争论，所以很少见人明确反对。但是没想到几十年之后，来自西方的审美方式如潮水一样涌入了中国。我们当然不能简单地否定前贤的初衷，学习引进西方的东西是为了救国、强国，但至少我们在学习的过程中是缺少想法和批判能力的，正如五四运动对传统的批判超过了自身的能力。本来五四运动是批判那些封建糟粕的，后来却变成了否定一切文化传统的“革命”。当下我们的城市里，看懂英文的人比懂文言文的人要多得多，懂文言文的人占人口总数的万分之一、十万分之一恐怕都不到，难道这个比例是正常的吗？再拿美术教育来说，由于对素描概念的误读，以致拿“素描是一切造型艺术的基础”这句话当作圣经，像拜图腾一样崇拜，造成了今天素描教育的畸形发展，造成了中国现在“有形无神”“有画无诗”的绘画泛滥。我并没有否定素描的作用和成就，文艺复兴以来，素描在西方造就了那么多的大师，确实令人敬佩。但是，中西方绘画是两条不同源流的大河，他们是朋友，可以平等对话，而不是老爷和仆人的关系；他们可以相望，是一种精神上互相理解之后的默契，是一种尊重，也是一种心灵的呼唤和回应，是那种极其令人神往的凝视和切磋的关系。然而，百年来中国的美术教育、中国画教学发生了一个质变，那就是绘画剥离了中国的传统文化，变成了近似西方科学基础的技术训练。由于功利的副作用，现在搞创作的都在一味地求大，可是并没有画大画的能力，只是把小画放大。如果说茅台酒是好酒，但如果一瓶酒兑上两斤水那就不是茅台酒了。其实盲目求大本身就是一种不自信，是强迫要别人承认他，所有华丽的形式都是为了掩盖贫乏的内容。尤其让人忧虑的是，把那些用毛笔在宣纸上画的素描、速写再加点颜色的画当成中国画，这是一个误会。我们的前人用足够智慧的思维，包括“象思维”，并经过长期的积累，好不容易才把我们中国人的眼睛训练成了一个诗人的眼睛，并让我们以一个哲学家的眼光来看待这个世界，这是多么可贵的贡献。

“象思维”是我们中国人特有的思维方式，它伴随着中国原始文字的出现而产生，是我们的祖先如何去观察世界、如何去创造文字时放飞的想象翅膀。面对无穷的大自然，取什么东西，舍弃什么东西，在仰观俯察中如何把大千物象记录成可忆的客观存在，同时又把自己的情感撒在“内象”的世界上，让它打上“我的感觉”的造诣，这样一来客观物象在我们的心里就逐渐变成了“形象”，这个“形象”的记录就是原始的文字、原始的绘画，它比之原来没有人观察过的客观物象在本相上产生了距离，而再经过筛选、内观之后表现出来的更为抽象、深刻的东西就是文字。可以说每个文字都是一个独立的“象”，一字即一“象”，而“象”的地位应该是高于“形”的。有关“象”本身的释义与应用在历代典籍中多有体现，诸位专家也谈了很多，当然还需不断去深挖并完善它，而如果要把“象思维”作为一个思想体系来完成的话，那还是任重道远。因为古人并没有留下“象思维”的有关概念和论述，但它又无所不在，比如大家说到的“大象无形”“似与不似”等等；包括不画画的人也离不开它，比如有人讲过这么一段话:屈原学《诗经》，陶渊明学汉诗，李白学陶诗，都做到了“无似无不似”。我觉得这是对“象思维”很好的注释。因为完全像了，那这个诗人和画家就不存在了，因为他是在重复；而完全不像，那就偏离了传统的轨道，那就不是高级、有深度的作品。好作品好在何处？那就是要能让人“一见钟情”又“百读不厌”。这两者是矛盾的，又必须是统一的。谁能将其出色地统一起来，就是一位大诗人、大画家。所以我衷心希望“象思维”能够引起艺术家们的关注，并慢慢地被大众接受，成为一个思维和审美的武器，这样既承续了民族文化之根，又能让我们的绘画艺术保持中国文化的鲜明特征，在世界艺术之林放出特有的光彩。

程大利：前面各位先生都谈到了中国画的认知问题，西方人来看中国画固然会因思维方式、文化根源的差异而存在障碍，即便是中国人也会因为知识的储备和认识的不足而存在赏读的门槛。这就是因为中国画的“象思维”它是一整套的认知体系，而不仅仅是表面的技巧、方法问题，它受中国古典哲学，受道、儒、释三家学说的熏陶，然后不断发展、充实、完善，最后形成的不仅是艺术创作的规律，还是修身、修为的规律，是一套世界观和方法论。从谢赫的“穷理尽性，事绝言象”，到张璪的“外师造化，中得心源”，到石涛的“一画论”，再到黄宾虹的“内美说”，这一整套“笔墨文化”的哲学都体现了“象思维”发展的脉络。黄宾虹提出的“内美”，内在哪里？内美又是个什么美？在心里，在虚处，美在骨子里，美在精神里。所以，如果没有“象思维”这个理论作奠基，就无从去理解这个“内”，就没法去表现这个“内美”。

“象思维”下的中国画有其认识论和方法论的独特规律，最后落实在它的“气韵观”“形神观”“笔墨观”乃至“功能观”。西方中世纪的绘画的功能是为教会服务的，文艺复兴的绘画、雕塑是体现人性的，当代艺术是发泄心灵的。中国画“功能观”中有一个功能叫作“去病增寿的良药”，这个功能就很特殊，董其昌、黄宾虹都有过专门论述。它来自哪里？也来自“象思维”这个文化的根源。可见，中国画与西方艺术的造

梦江南 水墨设色纸本 70×87cm 2010

型观是拉开着很大距离的，甚至是泾渭分明的。但是，为什么这两个泾渭分明的观念在今天反而被弄混淆了呢？那就是柯文辉先生、王鲁湘先生说到的近代以来、一百多年以来在西方文化的强势冲击下，西方美学框架、西方艺术观念逐步取代中国文化根基的结果。今天，我们的传统文化变成了边缘，变成了民间，而西方文化则进入了主流，进入了体制，而且成了强势话语，我们民族优秀的文化、“笔墨文化”的文脉被中断了。所以在这样的背景下，“象思维”理论的提出对于认识中国画的深度精神、强调对中国画的传承和开拓，其意义是非同寻常的。

有关“笔墨文化”中的“气韵观”“形神观”“虚实观”“笔墨观”等，中国历代画论皆有论述，且比比皆是、浩如烟海，我们从中可以看到每一个观点都与“象思维”有着密不可分的联系。就拿谢赫的“气韵论”来说，他的“纵得形似，而气韵不生”是何等深刻。1600年前的古人在思想上就已经很先进了。古人没有照相机，但“传移模写”的本领并不差，而“传神写照，正在阿堵中”，画得再像，若不能传神、不能得气韵，照样也是徒劳的，故而反过来用“以气韵求其画 ，形似在其间”为训。这个“气韵论”就是“象思维”理论的本质。张彦远《历代名画记》中说道:“若气韵不周，空陈形似，笔力未遒，空善赋彩，谓非妙也。粗善写貌，得其形似则无其气韵，具其彩色则失其笔法，岂曰画也？”郭若虚说“气韵非师”，董其昌则更强调地说：“气韵不可学，此生而知之，自有天授。”不过他又调和了一下，说也有可学得处，那就是“读万卷书，行万里路”。董其昌实则说了一个很深刻的道理，即通过读书行路“胸中脱去尘浊，自然丘壑内营，立成鄄鄂，随手写出，皆为山水传神矣”。这就是“象思维”很好的注解。清代黄钺在《二十四画品》里也将“气韵”列为第一品，为何？因为“六法之难，气韵为最。意居笔先，妙在画外。”后面是越说越抽象，“气韵”都不在画中了，而在画外头了——“如音栖弦，如烟成霭，天风泠泠，水波濊濊。体物周流，无小无大。”一般人没法明白了，除了“读万卷书，庶几心会”外，实难捕捉“气韵”之形影。然而，这就是“象思维”。“象”

在哪里？没见具体的东西，它是你对整个大自然亲历感受过后、发酵过了的生命体验和心得体会，最后落实在笔下的“随手写出”，这是“象思维”最终的体验、落实。同是清代的张庚在他的《国朝画征录》中有句话也说得特别好:“气韵有发于墨者，有发于笔者，有发于意者，有发于无意者。发于无意者最为上，发于意者次之，发于笔者又次之，发于墨者下也。”由此可见，虽同属“气韵”，却还有高下的不同。清人方薰在《山静居画论》里又说:“气韵生动为第一要义，然必以气为主。气盛则纵横挥洒，机无滞碍，其间韵自生动矣。”他把“气”和“韵”分开了，说你必先得了“气”笔下才能生“韵”，没有“气”就没有“韵”，所以杜甫诗中有一名句叫“元气淋漓障犹湿”，这又回到了吴毅先生提出的“元气论”这个“象思维”的根子上来了。“象思维”在黄宾虹那里其实有一个简明的提法，即“实处易，虚处难”六字诀，这就是“笔墨文化”的“虚实观”，实际也是“象思维”最深处的道理。实处见画法，虚处见画意；画法能后学，画意靠感觉。画法可学，画意何学？感觉何来？它是靠悟出来的，是靠读书、行路和阅历的积累自然生长出来的。中国画的微妙处正在这里。

黄宾虹先生说，“中国画的一切奥妙都在太极图中”。太极图是天地阴阳虚实的注解，理解了太极图也就理解了虚实，理解了虚实也就明白了“象思维”原理。所以我认为，画中国画的人如果一辈子读懂了“太极图”，那他就真正懂得了“笔墨文化”，也就达到了中国画的高境界。

刘曦林：我是基本同意“气韵生知”这个说法的，它实际是“天才”与根生的关系、“天才”和文脉的关系。一个国家、一个民族的文化之根系如果只在表面上生延，是长不出参天大树的，也是出不来“天才”的。“天才”不是一代能培养出来的，是要靠世世代代的文脉积累起来的，他是老祖宗这根上的DNA，是世代遗传的基因，没有文脉就没有天才。所以，我觉得“象思维”就是中国画的正传基因，也是中国文化的根生所在，应当成为我们民族世代传承的课题。

王鲁湘：刘曦林先生、程大利先生分别从中国绘画史和中国历代画论的角度对“象思维”进行了深度的探究与阐述。正如柯文辉先生和吴毅先生自己所说的那样，“象思维”在中国古代文献中无所不在，但又没有现成的明确的“实在”，许许多多的、耳熟能详的诸多概念，如笔墨、气韵、虚实等等，以前在我们的日常使用中往往是离散的、孤立的，我们的讨论通过“象思维”正逐步地将过去这些离散的概念统领起来，并逐渐得到整体的一个清晰呈现，这是卓有成效的。关于“象思维”的讨论，还有几个核心问题需要进一步深入的探讨，比如吴毅先生提出的“一揽之”问题。“象思维”作为一个思维系统，它必是“一揽之”的，而欲“一揽之”就一定要有一个“纲”，有了“纲”才能“纲举目张”。那这个“纲”是什么？“象思维”本身当然就是一个“纲”，而按照吴毅先生所思考的思路，在“象思维”之上还有一个更高层次、更高形态的“纲”，那就是“元气论”。中国哲学的“元气论”就是解决这个“一揽之”的思维武器，它不仅是关于中国画的“一揽之”思维，也是解决我们中国人大、小宇宙观以及所有文化现象的“纲”。程大利先生在前面已就“笔墨文化”并结合古代画论对“气”和“元气”作了生动阐述，期待各位先生在后面的讨论中就“元气论”这个“纲”作进一步的深入探讨。

晓雾 水墨设色纸本 34.5×46cm 2005

本文由蒋和鸣根据“衡山论道——中国画自由谈”学术研讨会录音和现场笔记整理而成

探寻山水画“象思维”之源流

——“永嘉论道”综述

会议时间：2017年10月8日至15日

会议地点：浙江永嘉楠溪江畔箬溪精舍

参会人员：

（排名不分先后）

吴　毅 / 旅美中国画家，美术史论家

邵大箴 / 中国美术家协会理论委员会主任，著名美术史论家

柯文辉 / 当代著名书画评论家，鉴赏家、美术理论家，刘海粟先生原助手

刘曦林 / 著名美术史论家，中国美术馆研究员，中国美术家协会理论委员会副主任

程大利 / 原中国美术出版总社总编辑、美术理论家、中央文史研究馆馆员、中国画学会副会长

龙　瑞 / 中国国家画院名誉院长、中国美协中国画艺委会主任

王鲁湘 / 凤凰卫视高级策划、主持人，著名文化学者

张继刚 / 中国人民大学文献书画保护与鉴定研究中心副主任、教授

海蔚蓝 / 美国华美协进社中国美术馆馆长、博士

刘春杰 / 金陵美术馆馆长、南京市艺术研究院院长

内容摘要：继“衡山论道”之后“永嘉论道——象思维与中国山水画”在浙江永嘉楠溪江畔箬溪精舍举行。此次论道由中央文史研究馆馆员、中国画学会副会长程大利先生

组织召集，专家学者邵大箴、吴毅、柯文辉、刘曦林、龙瑞、王鲁湘、张继刚、沈蓉儿、海蔚蓝、刘春杰等共同参与。此次论道形式上仍延续“衡山论道”的方式，以沙龙式和漫谈式为主。各位学者以谢灵运山水诗、永嘉山水为背景，在“衡山论道”基础上围绕旅美画家吴毅提出的“象思维”问题深入探讨其与笔墨文化的关系。对“象思维与中国山水画”“中国古代画论的象形论”“象的本源”、宗炳“澄怀味象与象思维”等话题进行了论析。探寻“象思维”的文化来源；尝试厘清“象思维”的外延与内涵，探讨“象思维”与山水画创作的关系和“象思维”对认识和理解中国山水画的独特作用。

永嘉论道研讨会现场 2017

一、正本清源：中华文化“象思维”之根

对文化源头的追问，不是在孤立的文化语境中产生的，而是在异质文化语境中进行文化碰撞的时候才产生的问题，所以这个问题是具有国际意义的。关于中国文化艺术的跨文化跨语境国际性学术讨论还无法深入开展，一个很重要的原因是中国文化源流的表述在学术上还不够系统和完整。而“象思维”可以说是中国文化艺术中的元问题。中国学者尝试在一系列对立统一的矛盾辩证关系中摸索和寻找中国文化艺术的根基和立足点。

1. “象思维”问题的生发

吴毅先生1984年到美国，在海外生活三十多年，在文化语境冲突的压力下，仍感觉到语言表达上的不通透，他敏锐地意识到这不仅仅是语言技能

永嘉论道 2017

的问题，而是更深层次的思维和文化的相异，吴毅说："我到了美国，脱开在中国整个母语的文化，侃侃而谈就变成我不大会说话。我思考是本源的东西，很难用口语讲。比方这个'象'字，《说文解字》是'天垂宪象'，有法的意识。象是中国文化核心的东西，牵涉到人性，又牵涉到生命，又牵涉到整个大宇宙。这个本源性的东西是世代遗传的，西方文化跟中国文化源是两个体系。现代语言结构基本上是西方的逻辑结构，而白话文跟中国的文言文是完全不一样的体系。如果不用文言文、象思维来谈五千言的《道德经》，没办法表示这么深刻。韩愈《原道论》也是这样。刘勰的《原道》也很短。"

龙瑞以其创作实践与学术视野，也感受到中西文化深层的相隔给当前美术学界对西方研究及艺术创作的现状带来的问题，他认为："整个所里（中国艺术研究院美研所）学者们一半从事外来的东西，在学术研究里不是说西方外来的东西好与不好，而是要真正想吃透西方的文化不是轻而易举的，我们对西方文化的了解是很有限的、皮毛的。到英国、法国现在上层社会还是很讲究的，动作、做派、说话的腔调，哪怕抽雪茄的姿态也都不是能学来的。这些东西是世代的，就如中国的八旗子弟是长期渲染出来的，学不来。"而在艺术实践方面"我们完全去把西方的拿过来，也都试验过，20年来国内用西方理念来做当代的艺术创作，也感觉到有很大的难度。因为确实不太了解，永远只能跟着人家屁股后头跑。"就此张如元也提出中西方文化如何交流的问题："中国的思维和美国的思维完全是两码事。美国人把中国画的线条仅仅认为是表现结构的。中国画一切的美在这句话里就全部消失了。中国画线条不是仅仅表现结构、轮廓的，有很多的名堂在这里面。"张如元对目前中国画跟随西方的创作现状也有独到看法："几十年中国画的导向出现了严重的偏差，对文人画的强烈批评到现在可能还没恢复过来。我们1997年的时候写了一篇美术志，把董其昌批得一塌糊涂。不看芥子园，那些成熟的东西你们不搞的话，搞那些不三不四的东西，中国画好不起来了。虽然观点保守了一点，但是我个人是很重视的。老老实实把前人的画临摹好，之后才有资格谈创新。我看还是通过临摹把握道，写生的意义值得思考，因为中国画不像西方，都是寥寥几笔的意会。"

海蔚蓝在长期的海外生活和工作中也有中西文化交流困境的体悟："在美国的时候，我也常常困惑，为什么我是宣传中国艺术和文化的，和美国学者之间总是有些隔阂，差不多就是你说你的，他说他的。那这就引起我思考，为什么会造成这种状况？中西文化的不同实际上是思维方式的不同，那么思维方式的不同就引起了种种的不同，这不仅仅是对艺术而言，是对整个西方人的行为举止，他的艺术和文化习俗的影响。中国式的思维方式是跟西方不太一样的，是一种感悟性的，是一种生发性的，变化性的，所以有这么多的灵活性，跟西方人很刻板地按照逻辑一步一步推理是不一样的。中国形成的整体的习俗和习惯是不是也与此相关。"

漫步坎布拉 水墨设色纸本 96.5×79cm 2015年

邵大箴在中外美术比较的专业视域下剖析了世界艺术所受到的中国文化深刻影响以及东西方两大文化艺术体系高峰之间的相与关系，并提出中国文化应该固己之本："西方的现代派从印象派开始，实际上是受了东方哲学、东方艺术、东方文化的影响。陈师曾在《文人画之价值》中评中国的文人画，认识到西方现代主义的革新运动，和中国的文人画有相似之处，而中国的文人画比印象派早几百年。俄罗斯的艺术从现实主义一直到19世纪末期，前卫派艺术家中的马列维奇、康定斯基、夏加尔等也是受中国艺术理念的影响，艺术语言革新早于西方。西画有它的体系，中国美术有它的体系，两个体系，两大高峰。这两大高峰是相互对峙的，也相互影响，相互可以交融的。从春秋战国到宋元明清，中国艺术形成自己的体系，当然也受外来的影响，但是有其稳定、恒定的东西。西方也是。西方艺术吸收东方艺术，20、21世纪一些有思考、有成就的前卫艺术家几乎没有一个不讲‘道’的，没有一个不讲老子的，没有一个不讲中国《易经》的。他们吸收了中国文化中的营养，但不完全是中国文化的真谛。很多西方学者模糊地意识到，中国文化、中国艺术其实博大精深，但是认识并不透彻。讲两大艺术体系固本，就是找到各自的本源，并不影响两大体系文化的相互交流和促进。”

永嘉论道吴毅作画现场 2017

针对中西文化交流中遇到的中国文化表达失语、在艺术创作中失去主动的困境，龙瑞进行了深入的思考，他说：“逐渐感觉到中国的美术需要有一个中国美术观，中国近一二百年完全是西方的艺术观念充斥在从教育到艺术实践。我们的生活环境是我们自己的、东方的，就等于自己把自己逼到一个两难境地。中国画画学本来是次序很好、排列得很整齐的一个队伍。所谓学问，除了经学、诗学，还有画学等等，在中国它是属于学问范畴，是安身立命的，是修身的。后来把这个次序打乱了，就是基因排列错了，对不上号了。”但我们应该看到自身文化里本有的优秀文化基因，龙瑞说：“一直到现在中国的文化里也还有很多先进的因素。比如说文化的社会功能，中国画要求‘修身、齐家、治国、平天下’，做人是中国文化最根本的意义，是最大的价值取向。我们的文化是普适的，是整个中

永嘉论道王鲁湘、刘春杰合影 2017

国人做人的问题。所以从这个角度，派生出中国画很多方面的特征，像符号化、象思维、简约，要真正把中华文化作为一个根本。故而提出来要‘正本清源、贴近文脉’以及‘关注时代’，文化原点的探索无非最后都要归到把握文脉上来。”

要回复到中国文化自身的逻辑和根脉上来，增强中华文化自信，王鲁湘也认为首要问题是对元问题进行讨论和厘清，他说：“现在很多问题之所以一谈到复兴这个词就轻飘飘的，就是因为没有想到复兴前面是毁灭。谈中国画复兴里一定有个理论问题就是正本清源。不正本清源，复什么兴？复谁家的兴？从理论的讨论上，我们只能说是复兴到中华文明的根上去，因为没有那个根中华文明不能成立。要的是全面复兴而不是一般复兴，那就一定是从根上复兴。要讨论到那个本、那个源、那个根。不讨论这个问题，一切复兴就是没头苍蝇乱飞，是没有方向的。所谓的元问题、本的问题一定要讨论。”

中国文化的世界形象、中西文化交流、中国艺术的发展新动力等问题都指向深入发掘和探讨中国文化的根本，梳理其发展文脉，也就是深入对“象思维”的认识，吴毅说：“中国的文化只要我们自己系统整理出来，西方人能接受。西方是将心灵交给上帝，中国的心灵的问题从孔子是把生命作为一个载体，按照道家道大、天大、地大、人亦大，这只有用‘象思维’才能解读。道家是谈人的本源，而儒家是谈人的载体，生命是一个载体，所以这个生命载体让人的本性能够接受‘仁’的教育，生命就可以到达和‘道’一样大。我把中国上古文化、中国中古文化一直到先秦文化，及下面的两汉唐宋元明清这条线，用‘象’字把整个文化‘大活儿’全部都连起来。所以我希望我回来以后让这么多学者，包括年轻人都能够领会到。因为它是中国本源问题，将来一个一个接班，一定会形成中国文化主轴线的一个思维形态，把它搬到世界上。让中国文化的‘精深博大’，不再只是一个抽象的概念，留在我们脑子里面。把中国文化核心的东西整理出一套，是跟逻辑思维相对应，那么中国文化在国际上被承认的程度就跟当代完全不一样。以前人们知道中国文化，但是不能理解，所以就会随便讲中国文化，将其放在神秘主义那个概念去了解，那就没办法切入。”

2. “象思维”的文化内涵与外延

“象思维”是中国文化的根基所在，这在历史长河诸多的文化现象中皆有呈现，从器物、形式直至于无垠之思维与精神，只是少于着重关注与总结，与会学者则尝试梳理“象思维”的脉络。

王鲁湘梳理了哲学与思想史，阐述了“象思维”在中国文化中的理论旅行，他说：“‘象’字，其实是专指卦象，那么卦象是由两个最基本的爻象组成，一个阳爻、一个阴爻。然后这阴阳两爻通过错节再成为八卦，八卦再通过错节形成六十四卦，形成了一个个的卦象。吴毅先生创造出‘象思维’这个词真的是一词道破我们数千年的思维习惯——我们中华民族是爻象、卦象的唯一创造国。

在其他文明语境里没有这样的象，没有这样一套符号体系。然后我们居然在这上面发展出一套极为复杂的思维体系。这里面确实有思维的东西，但它又不是西方逻辑学、哲学里的‘思维’概念。‘象思维’这个词用西方的标准来看不成立，在象上不能建立思维。在概念的基础上，用逻辑作为工具通过推理得出一个结论，这才叫作思维。”

“但是我们先秦到朱熹以后一直有‘象思维’。这样的符号体系是怎样创造出来的？‘仰观天文，俯察地理，近取诸身，远取诸物。’这些简单的卦象就已经囊括了当时人们对已知世界的一切认识。所以观象的时候首先就要观到这些，这是最基础的。然后要观的是，每一个卦象哲人用文字在旁边所做的批注，就是段辞和爻辞。六十四卦之间有一种内在的、爻变的规律，不能把它看成一个孤立的象，要结合其他象的爻辞来看，要用一种变动不居的、动态的观念来看象。然后由这里又引发出鼓动爻变的动力，‘气’概念就出现了。一种超越一切事物、一切人的主观、一切之外的变动的但是本身又有规律的动力存在，把万象连成一个整体，而且其中又有变化。这是本体的概念，看不见摸不着只能用思维接近它，本体决定了世界的本质和变化。而其呈现出来的，我们能够接触到的那个轨迹，就叫作道。道下面一定有个象，象下面才是形，形下面才是器。”

“所以象思维就是介乎西方那种建立在语言、逻辑之上的思维，是建立在直觉、想象、联想之间的具有思维形态但又不脱离情感、直觉、想象的一种思维状态。这种思维状态在西方的哲学里没有出现，在佛教里没有出现，我们中国人就认为这是最高的思维状态。中国人就是这样思维，用它去指导一切。所以吴毅老师提出‘象思维’的问题，我觉得就不只是回到中国画或者回到中国艺术，它是回到中国文明的一种特殊的思维习惯。”

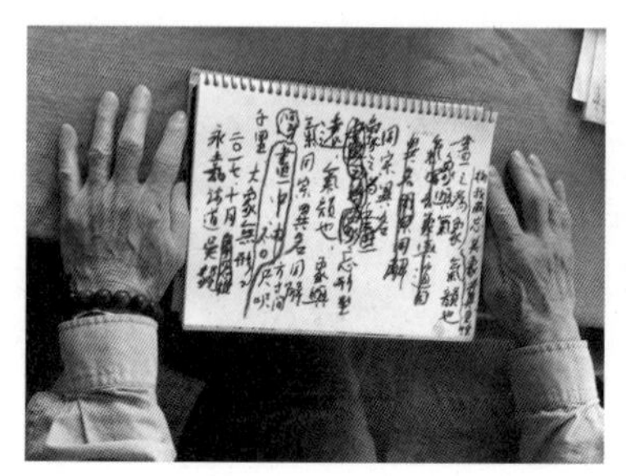
永嘉论道吴毅手稿 2017

对于“象思维”，书画家同时也是理论家的程大利在创作实践和理论言说双向多层观照下有独到的体悟，他认为：“象是一种意识，它不是一种概念，这种意识是中国人独有的。黄宾虹有一句话说：‘中国画的一切奥妙都在太极图中’，是一个很好的注脚。因为太极图图示了一个关系，就是中国人的思维是二元辩证的关系，而不是决然的二元对立关系，因为那个白里面有个黑点，黑里面有个白点。而且那个线是曲线，那个曲线就意味着太极图是运动的、辩证的。这样一来，我们对形而下的绘画技法理解起来就轻松得多，为什么有浓就得有淡，为什么有虚就得有实，有直线就得有曲线，有干笔就得有湿笔，因为‘一切奥妙都在太极图中’。如果说‘象思维’是对中国画形而上的一种认定，那么宾老说的‘一切奥妙尽在太极图中’就是对绘画的形而下的方法论指导。”

关于“象思维”在中国文化中所处的位置及其丰富的内涵，龙瑞认为：“象思维一个是要往上追，体悟道；同时又要往下追，体悟形而下。上是源，源很重要，但是下面要有流，没有流不成，有源才有流。‘象’往上说是中国人的世界观、中国人的人生观、宇宙观、自然观。我觉得我们可以把

吴毅艺术大展期间柯文辉、刘春杰交流 2017

‘道’往下降一降，和我们的绘画实践结合起来。时空观、空间观、有无观，动与静、虚与实、常与变，在这些领域里，是‘象思维’思考会涉及到的方方面面。”

龙瑞总结出“混能环周、含蓄旁通、折中兼取、平衡统一、以曲求生、保全守身，从这几点来说，是中国象思维中审美的追求”。并认为中国传统文化中的“尚简思维”“折中思维”“气象连用”等思想精髓亦是“象思维”的题中之意。龙瑞还阐述道：“中国文化传统中尚简的思维，对‘象思维’也起了一些作用，要把假的变成真的，虚的变成实的，没有的变成有的，并且它要超越真实的物象。如中国戏剧表演，能在舞台上让人感觉烟波浩渺或者在明亮中感觉伸手不见五指，这就是中国文化很高妙的地方，这也是‘象思维’的一种生发，这种象能够映照出，将看戏人的脑海中原有的象重叠起来。从这点上说，做戏的种种手段，都是象思维，是有实用价值的，要吸取。中国画重群道，群道就是众多人的共同之道，重群道，才能做到易天人、和内外，一己之地乃能够符合天地。所以中国画强调符号化、简易化，让大家都能入门。芥子园是非常重要的，因为它把最复杂的东西给最简化了，但是在道理上、在规律上一点不简化。”

“折中思维”就是儒家思想里的执两用中。中庸、中道、有度，在艺术上才能做到老的陈而不腐，新的巧而不奸。但现在是强调无所不用其极，和中庸之道正好是相反的。过去老强调一分为二、非此即彼，但合二而一在“象思维”中是非常重要

江畔日冉红—永嘉论道 水墨设色纸本 131×123cm 2017

的，所以才能做到浑厚而不俗，宏大而不狂，飘逸而不轻，不工者即工。

在中国文化中还有“气”“象”连用。人生百态，画也百态。人生有多少种境界，画就有多少种境界。所以说，“气”“象”连用，在“象思维”中也是非常重要的。我们画画到最后无非画心象而已。澄怀味象、澄怀观道，山水画最能代表中国人“象思维”中的规律，山水观在中国主要是有一个家园观，中国人有两个家园，一个是现实中的家园，一个是理想中的精神家园。中国山水画以家园为精神基础，以游于艺为手段，建构在道德人脉的基础上。把艺术转化成生活，同时把生活转化成艺术，这是交汇点，所以它是一体的。

海蔚蓝尝试总结“象思维”的特征，她认

为："'象思维'是形象思维和抽象思维的一种结合，是一个形而下和形而上的结合。"

将"象"的内涵进行更细致的分解，邵大箴认为其有内象、外象之别，他说："象有外在的外象，就是它总要表现出来。外象、相貌也很重要，这个相貌不是光有形的问题，有意味、气氛的整体感觉。外象影响内象，影响精神文化内容。注意精神内涵，注意本源性的文化，也要注重外貌、貌相。中西绘画都有象的问题，'象思维'是概念、抽象的东西。在概念的统筹之下，还有实际的问题，各种对立统一的关系，虚实、浓淡、轻重各方面辩证的关系。'象'这个问题既是内在又是外在，既是形而上又是形而下，不能轻视技艺、技巧、手段、功夫，功夫里面有修养。'象'是中国文化的本源，但是本源里面不排斥外国的东西，但又回到中国的本源，回到中国的'象'，这是不矛盾的。所以只要有中国深厚的文化底蕴，就不怕吸收外国的东西，最后要变成中国的东西，这是个很辩证的关系。"

中国文化中的"象"之思维根基又会发散开去，影响中国文化发展中的各要素，在这种思维习惯之下，建立起很多的文化样态，王鲁湘对"象思维"概念的外延进行了阐释："我们中国的书法和绘画，包括我们中国的建筑其实也都是象思维的体现。这里面有几个要点：第一，我们中国的文字、绘画、书法从一开始就具有一定的抽象性。在象思维的框架下，就不会对绘画提出对于三维追求、人体解剖、颜色和光的追求这样的任务。另外一点就是我们对笔画本身的要求，对笔画中有气和韵的要求就不仅仅是出于我们的工具。在象思维的影响下，我们才设计出这样一种毛笔。在中国，所有的人，所有的有机物、无机物，所有的灵长根源都是元气，是元气变化形成了一切。我们是把命运放在自己手里的，所谓人人皆可成圣贤、放下屠刀立地成佛，都是讲人对自己生命的决定权。中国的哲学里面始终认为朴拙是更高级的。因为它元气未开，一团元气包在里面。所以我们在评价书画作品的时候，并不是一个简单的笔墨形态，而是笔墨形态背后体现在人格层面的修养道德评价。这样和元气论结合起来，进而和境界论结合起来，一路下来才是一个非常系统的体系。如果按照西方的美术评价体系，完全不可能讲清楚中国艺术的妙处。得把这个根本性的东西讲清楚，这个根本性的、本源性的东西，是一种文明之前的自我设计，我们的文化就是按照这个设计一路过来的。这个设计和其他文明的设计要完成的任务是不一样的。”

吴毅在中国文化史中定位“象思维”，并在天地人的恢宏格局中总结“象”所涵盖的文化意味：“儒和道，一个讲的是本源、本体论，一个讲的是载体。到了宋代理学派的时候，朱熹的最大功劳是把本体和载体合起来论，理和气合起来论，就产生了宋代的朱熹学派。其中陆九渊提出‘我心即宇宙，宇宙即我心’的论断石破天惊；《黄帝内经》最核心的东西是在经络行气，他的‘行气论’，也是中国文明原创性的东西，和画是有关系的；总结了整个《山海经》的郭璞以其思维提出了

‘原化’与‘极变’，‘原化’就包括中国的‘元气’和‘象’，‘象’一定是原化的、变化的，它不会是固定的。西方文化认为宇宙最后是要毁灭的，所以人越思考越会产生恐慌感，而中国人跟宇宙之间是和谐的，不是毁灭性的关系，所以‘归元’代表中国人的一种承传，所以现在我们要解读中国人原创性的‘象思维’一定要加上‘归元’。归元以后整个人的心情就完全安静下来了。”

“近代很多哲学老是套中国哲学属于唯心主义、唯物主义、主观唯心主义……我认为这一套东西总切不到中国文化的深层，老是在表面上。我将其作为资料来看，不轻易接受这种把西方人的思考方式拉过来切入中国文化、上古文化的方式。”

“‘象’是一个综合性的、审美意识的形态概念，总而言之，天地、社会、人生、诗赋、图画等等无不涉及到象、象思维。这个‘象思维’就是中国人的思维，就是中国人的思维方式。”

“象之为画，忘形致远，气韵也。方寸之间咫尺千里，大象无形，画中神。”

二、天地怀抱：诗情画意和鸣

中国的山水诗与山水画这两种艺术形态在本质上并不满足于停留在对自然山水的客观摹写层面，而是通过山山水水及其中氤氲的气象来实现文人的自我修习和成长，在自然陶冶下获得沛然自由之心性，陶咏乎自然，烟云供养以得天地浩然之气，完成一个文人的自我人格完善。这就是中国文化中独特的自然山水观，它是主客观的相与往来，是“形”与“象”的交融；山水诗与山水画，二者在发展的过程中交互影响，“诗与画”也是中国文人画所涉及的经典话题，双方虽在表达媒介、表现手法上有区别，但在“象思维”的层面上更有相通共契之处。

1. 山水之“形”与山水之“象”

自然山水的陶冶是中国文人完善人格的必经之路，在这个过程中重要的不仅是山水之形，更有超越于形的“象”，以至于山水间的心灵自由之追求。程大利阐释：“陶渊明、谢灵运，比欧洲的湖畔诗人早一千年，山水诗是一种对心灵、对自由的渴望。一切艺术解决的最终问题是让人的心灵回归自由的问题。高尔泰写过一本书《美是自由的象征》，认为没有自由就无所谓美，所以，中国山水诗的出现，是对自由的渴望，不仅仅是见山是山，见水是水。”就山水诗的形成，程大利说：“山水诗的形成还有一个重要的原因，就是社会生活的窒息，包括常年的战争以及汉代极端的儒学给人的束缚，所以人在骨子里总是渴望自然山川，表达反映这种渴望，山水画的形式产生了。山水画也是在一种渴望自由的状态下产生的。实际上艺术最本真的、最宝贵的价值就是自由。从六朝开始的山水画家，是‘内修心而外益世，抒胸臆以振斯文’，是把对自由的渴望和人格的塑造联系起来，形成了山水画观。”

王鲁湘对山水诗这种艺术形态的出现及山水画的繁盛，与人们对自然的心理渴求的关系进行了梳理和阐发：“山水诗脱胎于游仙诗，神仙追求

纽约皇后区大道 水墨设色纸本 69×69cm 1986

蕴含着哲学和宗教中对永恒的追求。游仙诗里有大量对于仙人生活的自然环境的描写，就成了后来山水诗的滥觞，只不过把游仙诗里的碰到仙人、描写仙人这一部分拿掉了。自然山水不属于神仙，而属于我这个诗人了，诗人是美好山水的主人，而不再是客人，使得山水回到了人间，这就是山水诗和游仙诗的一个主要的区别。人们逐渐意识到神仙可能不存在，只要人有一种与自然为友的生活态度，餐烟霞、伴麋鹿，抛弃一切人间功名利禄缰索对心灵的羁绊，心境得到解放，回归自然，这样的一种态度其实就是一种神仙态度。而山水画的出现是来解决一个矛盾——一方面从乡下出来到城里来做官尽忠，为君王服务，履行一个知识分子的基本义务和责任；另一方面通过画山水，包括在城市里营造城市园林，来寄托田园之志，寄托山水之情，来满足思亲的愿望、尽孝。所以在这样一个背景之下，郭熙认为北宋的山水画开始繁荣起来。”

不仅如此，王鲁湘认为在山水画中还出现了不同主观诉求的分野：“北宋的山水画还有一个特点，郭熙用‘大象’和‘小象’这两个概念。比如范宽的山水画，比如《早春图》，这都是‘大象’的画，这种画我们把它叫作全景山水，在郭熙那个时代叫‘大象山水’。在‘大象山水’中一定要表达一种社会关系，是对当时的社会结构的反映，同时也暗示了画家作为儒家知识分子对于礼的维护。而丘园山水，就是一部分逃离社会礼制的文化人回到自己的家乡，或者留在了城里建立城市的园林，这个园林完全仿照自然中的山水，只是在一个非常有限的空间里虚拟和复制一个看似山重水复无尽的空间——‘丘园养素’，在小山小水之中追求大山大水的意境。”

山水之形态与其给人的精神感受之间有着一种同构的关系，造型本身带有美学品格，将观者裹挟其中，刘曦林就这个问题以及与“象”的关系进行了阐释：“太行山，远远的像大钟、大鼓一样，为什么画家喜欢画这个地方，这个造型真是伟大。仁者爱山，为什么？仁和山连在一块。厚重感为什么和泰山连在一块，泰山的美学意识一直延伸到这里，是因为它的造型给人的仁厚感。它这个是有形的，所以人们说泰山如坐，华山如立，嵩山如卧，这都是从造型的角度来说的。各个治学流派对山水画美学有不同的赏识，但是都是把山当人来画的，把山水当精神来表现的，把山水当形而上来表现的，作为一种无形之象来表现，就是大象，小象都是从属于大象的。”

中国人眼中的自然山水都有人格化的魅力，对此海蔚蓝说道：“山从远古开始，从神性变成一个皇权的代表，到后来六朝的时候演变为对人性的觉醒，对自然的认识演变成山水诗、山水画，所以山在中华文明和文化中的作用非常重大。看美国的山就是山，看中国的山就不一样了，中国的山都是文化山，这些大山名山里，都是和民族的形成是有关的内容。”

中国的山水画并不停留在对自然物象的客观描摹上，更多的是借天地抒怀抱，藉笔墨写心怀，对山水画的功用，王鲁湘总结到：“其实在不同的阶段，山水画里有不同的人的不同主观目标。最早是游仙，接下来是观道、观象，然后是怡神、怡情，然后畅神，最后养志。一步一步不同的阶段有不同的主观目标，虽然对象都是在描写山水，都是在图画山水，但是主观目标在不同的阶段，在不同的画家群体，又有不同，这就变成了整个山水文化非常丰富的一个系统。在这个意义上，山水就成为了中国文人的宗教。”

邵大箴从“外师造化，中得心源”的角度阐释中国画创作中的主客关系，也即山水之“形”与“象”在作品中的关系处理。他说：“宗白华先生说中国画是最客观的，这个涉及到象的问题。中国画的基础还是‘外师造化’，观察体验客观世界，‘中得心源’是用心体会自然，心领神会。所以宗方为道恒，否亦亡之。心生发于思，性生发于情，此二者亦为思想情致之源头，人亦丰之亦寡之，得者乐，失者亦乐。生活如此，从艺亦然，哲学为书画创作之根本。作品内涵外象，笔墨情趣，诗情画意，深邃境界，无不源于画家‘心性’之始发，往之舒之。故书画鉴定之学理亦从画家‘心性’中得以开示，在前人目鉴比较分析考证等基础上加以研究察之，获益定论。”

柯文辉着重以“象思维”的视角更深入地解读了王羲之《兰亭序》所包孕的生命价值：“王羲之的字当然有他自己的象思维，他的行书为什么会写成这个样子，他肯定见过大量的碑帖和前人的作品。王羲之创作《兰亭序》也是因为他的生活有过突变，有过很深刻的家庭打击，衰老来临、疾病不断，而且越吃药身体越差、身体越差越吃药，掉入到一个恶性循环的怪圈中。《兰亭序》其宝贵的内容不完全是书法，因为他是从一个人畏惧死亡到自觉的迎接规律获得的一种无可奈何的不得不解脱的超脱，给人启示就是对生命的认识。”

在讨论艺术中“心象”问题时，柯文辉特别指出要注意辨别心象之真假：“心象是真心象，还是重复了老师、重复了前辈画家、重复了古人的假怀胎。所以我说艺术家的假怀孕现象是不自觉的，如果是自觉的就变成抄袭了。一个人博览群书不可能都记得，在看中国的画、外国的画也不可能每一张都记得，但是在遇到类似题材的时候，如果没有觉悟和变化能力，很容易把前人的东西不自觉地重复。所以，我讲的象有真有假，这是随着鉴赏能力提高才能有所辨别。”

“‘象’给人只有启示，他不强迫你去重复自然，我想这正是我们祖宗思维的精妙和高明之处。象还有新旧，当然也有高低。低级的象并不一定不能产生好作品，但是因为你战胜了象，又得到了象的原始启发，这个画家就是高明的。也有的象并不怎么好，但是突然在里头看到闪光的东西，终于把这个不完善的东西衍生发展找到了出路，在出路中间体现了自己的才华，纠正了原来给予启示的象的不足，这也是由原创能力来决定的。象本身不能归类，也不能归纳一二三四，因人因时因地变化，变化本身就是象的特征。象无所不在，又无影无踪，一找到被解释出来就落到第二意了，就像禅

荷韵 水墨设色纸本 122.5×120.5cm 1998

一样。”

四、结语

“象思维”在中国传统文化中的根脉源远流长，有不同文化艺术形态的演绎与体现，如柯文辉所说：“艺术不在于叫什么主义，主义发明快，死亡得也快。而里面有潜在的河流，和东方、西方人的血液有可沟通的东西才能称为艺术。”所以欲使真正的中华文化发扬光大而生生不息，就需要从根本上探寻“象思维”的元问题。

吴毅总结到：“东西方的沟通，从人性上我觉得是相通的。但是，从文化源流上面来讲，是不一样的。西方人心理学上说人对这个世界的了解有一个好奇之心，总想把这个世界看得明明白白；中国文化一开始就把人定位在天地人这个格局当中，儒家对于人的要求是作为一个大器来承载天地。”

“我们现代人接受西方的东西，很多语汇已经形成了，那怎么样能够让我们这一代人和中生代人都能理解这个‘象’。后来我就想，在中国古语中‘象’就是一个字，一字一象。‘象’谈的就是整个人的思维体系，衍生了整个中国文明的思维体系，它绝对是思维形态的东西，是意识形态的东西，是最高层的东西。所以我就战战兢兢写了‘象思维’这个词。这个心源它一定有最终极的归属感，有了这个一生当中就平坦多了，再坎坷都会承受下来。”

程大利回顾了几天的论道脉络，并谈到系列论道会将“象思维”继续探索推进、不断深化，为建立中国画学体系作一份基础工作。他说：“‘象思维’概念的提出是吴毅在自己的绘画艺术创作中思考的结果，‘象思维’从艺术学本身来谈意义重大，它有非常独特的中国性和汉民族性。其渊源久远，从甲骨文尤其是妇好墓甲骨的出现更证明了‘象思维’的久远，体现中国人独特的艺术观。‘象思维’的讨论会逐年举行下去，而且我们渐渐能理出‘象思维’这个大概念的原理、运用以及传承，建立起完善的中国画学体系。”

柯文辉也指出：“‘象’陪伴着热爱艺术的人和普通读书的人，是同等对待，与之携手走完自己的生命。它离人这么近，伴随一生，但是无法画象，有可以言说的部分，有无法言说的部分。我希望象这种思维方式成为一种宝库的钥匙还要几代人的努力，将是区别18世纪启蒙开始的实证主义的写实艺术的新的思维体系。”

此次“永嘉论道”是在“衡山论道”基础上对“象思维”这个中国文化元问题的继续深入。对中华文化之根基的探寻是在新的时代文化语境下遭遇的深刻议题，在时代文化使命感的涌动中直面问题，求索道之所存。“象思维”之道的探讨前无古人，无巨人的肩膀可资立足，亦无现成的理论模型或研究路径可供遵从，可想其艰难万般。与会参与讨论的还有青年学者以及更年轻一代的学生，他们与先生一道摸索前进、深入思考，必能浚数千年传统文化之泉源，而使中国文脉流之长远。

天地玄黄 水墨设色纸本 122.5×246cm 2006/2012

尤　灿／光朗堂尤无曲艺术馆馆长

吴超慧／厦门中华儿女美术馆策展人

刘春杰／金陵美术馆馆长、南京市艺术研究院院长

朱道平／原南京书画院院长、南京市美协主席

赵　秦／南京大学副教授，国画家

王　昊／更斯艺术馆馆长

萧　平／著名美术鉴定家、艺术评论家、国画家

吴超慧／厦门中华儿女美术馆策展人

樊　波／南京艺术学院教授、博士生导师

低调的奢华开幕式现场 2018

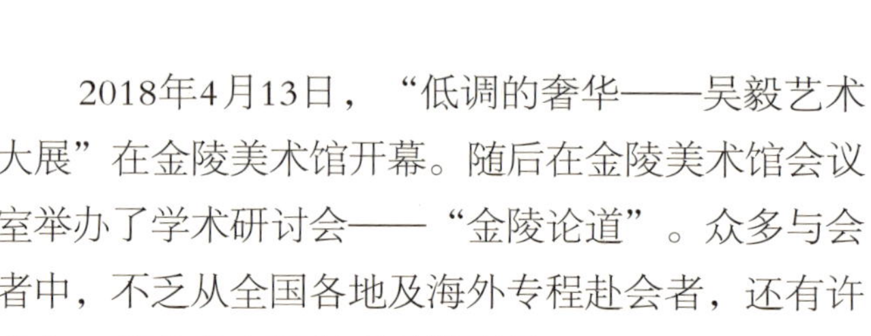

2018年4月13日，“低调的奢华——吴毅艺术大展”在金陵美术馆开幕。随后在金陵美术馆会议室举办了学术研讨会——“金陵论道”。众多与会者中，不乏从全国各地及海外专程赴会者，还有许多老一辈艺术家及学者悉数到场。

会上，大家围绕“象思维”引经据典、各抒己见，倾听吴老将“象思维”的寻源之路娓娓道来。在场艺术家们高度评价吴毅先生的画作、积极谈论观展感受，著名书画评论家柯文辉先生还专门题诗一首以表胸臆：

造像昆仑第一人，虽非完善勇传神。

狂飚浩淼乾坤气，墨灌碑高待后昆。

低调的奢华开幕式现场 2018

低调的奢华开幕式现场 2018

江南灵秀半生牵，百代文章织彩烟。
河网春光浓似酒，巷如长笛忆歌仙。

梅韵荷清四季花，纵横拙辣笔飞霞。
折枝请插心深处，游子乡愁万里家。

高蹈淡定归浑厚，人画蒸馏忘发皤。
回眸沧桑无语笑，根深树茂谢霜磨。

象思维谷疑新路，熔入风流半几年。
父爱关情多淬砺，一番欢笑几番缘。

以下节选自参会人员的书面发言稿：

萧　平：与吴毅兄相识半世纪了。1978年我在南京博物院举办《现代书画展》选用过吴毅的泼墨山水画《黄洋界》，后来他对我说，这是他山水作品的第一次公开展出。1979年《未名画展》首展在南京引起轰动，我与吴兄皆是创始者。前数日，小聚时忽然想到说起，《未名》国画五人中，仅存他与我了，不禁慨然。“低调奢华——吴毅作品展”，让我看到了他四十年来的艺术践行，他的思考、他的探索是一次胜揽，一次大观。一种郁勃

低调的奢华研讨会现场 2018

浑沉的气象浮荡于展厅，也浮荡读者的心胸。吴毅的画，是传统、造化与心源的和谐结合。对于传统，他远悟张璪“破墨”，王洽“泼墨”之创；近接宾老的宽厚、海翁的恣意。造化则拓其襟抱，养其真气。黄山之奇峭、昆仑之混莽，熔铸了他的胸怀。山河任其吞吐，任其变幻挥洒。他笔下波动的长线，既是物态律动的抽象，又是经络气脉的呈现。在他的画前，铺天盖地而来的笔墨，令人顿生太白“黄河之水天上来”的豪迈之思。他画荷花，或墨或色，或拙或巧，斑斓满纸，自出一格。他的画正如他的诗：“一壶鸿濛墨，本自太虚生，洒向八月荷，缤纷彩满塘。”他画梅、画竹，以三张八尺纸拼接，长枝挺拔，凌寒傲雪，呼应天地，古人今人皆未有也！这又何尝不是他的自我写照，是他志向、襟怀的表白。他还有一种纯用丙烯的画，同样使长锋柔毫，艰涩中透出痛快，沉厚的笔与绚烂的色，辉映着勃勃生机。这又让人想起欧洲后期印象派，想起塞尚与马蒂斯。我一向以为，西方印象派与中国写意画有着相似的理念，吴毅的丙烯作品，让人们看到了他们之间的相溶与沟通。以上所述，无不反映着天人合一的中国理念与中国精神。海粟先生赞其画“浑涵汪茫，与古为新”诚然。八十五岁吴毅的艺术践行之路，启示人们：由挚诚之爱生发出的不懈韧性，必是成功的保证。

赵　秦：吴毅对乃师刘海粟的艺术语言有较大的突破，他进一步“遗貌取神”，使他那已具独特生命力

花叶正浓 水墨丙烯纸本 123×242cm 1991／局部

的笔墨承担了传递绝大多数精神信息的使命。他的笔墨再次展示了中国画线条的伟力，他之所以敢于用墨恣肆、泼色汪洋，正是因为有高品质的线条为支撑。总体上，吴毅是一个很难复制的艺术案例，可以说是文化全球化背景下的奇特产物。他以“他者的眼光”链接和反观中国文化传统的前世今生，隔岸观火却明察秋毫。他使自己避开了三十年的潮起潮落,却顽强固化着自身的艺术理念和实践。这案例至少说明一点：在艺术风格多元化的时代，艺术家个体怎样察觉、抓住、强化属于自己的那一抹艺术圣光，“咬定青山不放松”，也许真是唯一重要的事情。刘春杰通过在金陵美术馆的这个策展，既为吴毅做了一个跨越大洋的艺术回归，也为美术界完成了一次遥望三十多年的、意味深长的历史对接。

吴超慧：吴毅先生的画是有“心”的，在他画的大山大水当中，时常会有一轮并不抢眼的红日若隐若现地穿行在云气浩瀚的天空，“日月之行若出其中”，我觉得那就是他的心。想起封神榜里的段子：比干剖心之后一言不发赶路，遇见卖空心菜的农妇，忍不住问一句“菜无心可活，人无心可不可活？”结果说到“人无心不可活”，就死了。其实画跟人一样，有心的画才能活。遗憾的是，现在艺术市场上菜色品种很多，却少有画里带心的。无心，则徒有其形，形的描摹和生造易，却没有生命力。没有生命力的艺术品还能叫艺术吗，一张画皮而已。这些年，中国所经历的时代变迁可谓大风大浪、风起云涌，一下子看到了很多前所未有的东西，一下子被推进各种欲念的潮流，艺术家们在托身洪流之际，定力在冲撞和诱惑中退却弥散，好像选择特别多，但方向感并不怎么好，牵扯来牵扯去，反而把跟以往的联系性扯断了，尤其是中国画的传统，正如柯老所说，把祖宗请到阁楼上睡觉，梯子又抽掉了，断了延续。我自己就是学国画的，但有段时间对国画很悲观，就因为觉得种种形式、模式都被古人用尽了，也就这样了，还有什么可精进的？但吴先生的画一下子又把我重新激活——原来只要时间还在流逝，历史还在发展，中国水墨就有继续往好的方向、新的方向演变的可能性。关键还是要有人用心去钻研。吴先生的“象思维”理论，我还没去细品和领悟，但光是他的画就够直指人心了，他的“象”不拘于形却有一种灵动的凝聚感，我想就是因为他有一颗沉潜的心放进了画里，以心御象，以象养心。他的画活得很好，而且给我们后辈指出了活法。

曾载于《低调的奢华——吴毅艺术大展》画册　金陵美术馆出品
2018年5月第一版

天目湖论道

会议时间：2018年10月9日至14日

会议地点：江苏常州溧阳天目湖

《天目湖》一画极佳。功力、才情、修为、岁月尽在笔下，立象尽意，画夺造化，见通会之功。境界高迈，一尘不染，得大千玄机。堪为当下最佳品。

——程大利

天目朝阳图 水墨设色纸本 68×136cm 2018

参会人员：
（排名不分先后）

邵大箴／中国美术家协会理论委员会主任，著名美术史论家

奚静之／清华大学美术学院教授，著名美术史论家

吴　毅／旅美中国画家，美术史论家

程大利／原中国美术出版总社总编辑、美术理论家、中央文史研究馆馆员、中国画学会副会长

王鲁湘／凤凰卫视高级策划、主持人，著名文化学者

沈蓉儿／旅美中国画家、原江苏省国画院画家

夏惠林／三联书店编辑室主任

樊　波／南京艺术学院教授，著名美术史论家

张继刚／中国人民大学文献书画保护与鉴定研究中心副主任、教授

毛建波／中国美术学院教授

周　俊／著名旅欧画家

陈笪维／美国亚洲美术家协会秘书长

刘　墨／中国美术史硕士、文学博士、历史学博士后

刘春杰／金陵美术馆馆长、南京市艺术研究院院长

刘文涛／南京博物院副院长

郭　不／国家画院助理导师，书画家

在10月10日上午举行的开幕式上溧阳市副市长陆慧琦对与会嘉宾的到来表示热烈的欢迎，指出：能够承办本次学术论坛，我们深感荣幸。今年的论坛，将在前两届有关中国画“象思维”观念的源流及发展的基础上，继续探索中国文化源头，为当下的中国画艺术创作进行把脉、问症。这对于传承中国画艺术传统、弘扬民族文化精神、坚定中华文化自信，尤其是在全球文化语境中争取中国文化话语权，具有十分重大的意义。

天目湖论道现场 2018

程大利说：“非常高兴能够如期举行这次论道，这个论道意义是非常宏大的，这也是一个修身养性的好地方，中国文化对修身养性是密切相关的，中华文明源远流长，孕育着十分丰富的文化资源、文化积淀，而且还留下了充满智慧的文化成果，创造出一批在人类史上具有独特价值的精神财富。同时，非常感谢溧阳市给我们提供这么好的条件，希望在前两次的基础上发挥更大的影响力。”

本次“天目湖论道”学术论坛，是继2016年“衡山论道”、2017年“永嘉论道”、2018年“金陵论道”基础上的深入研究，在总结前三届有关中国画“象思维”观念的源流与发展、“象思维”与中国山水诗等基础上，延伸到了“象思维”与文人画这一学术主题。

论坛围绕“象思维与文人画的关系”“文人画与江南”“董其昌与南北宗画论”“从倪云林到恽南田文人画之逸格美学理想”“以溧阳山水为特征的环太湖自然生态与江南山水画风的勃兴”五

天目湖论道现场 2018

天目湖论道吴毅与王鲁湘交流 2018

个议题，就宋元以来文人画的兴起、发展与“象思维”的内在关系，以及山水地理与文人画审美趣味和特质、意象美学、中西绘画比较等相关学术问题进行了广泛交流和深度探讨。

中华文明源远流长，孕育了博大精深的文化积淀和艺术智慧。探清中华优秀文化的历史渊源与发展脉络，对增强文化自信、实现中华民族伟大复兴具有切实的现实意义。文人画作为中国传统绘画中最具鲜明文化特点和深远文化影响的部分，不仅传达出中国文化的智慧和核心价值，也代表着中国乃至东方的审美方式、价值取向和文化身份。

“象思维”与中国古典哲学紧密相连，是中华文化的思维原点和根基所在。探究“象思维”对探源中国画的原点思维方式，对梳理文人画的理论体系及中国画自身发展规律，对推动中国画在当代的发展，均具有重要价值与当下意义。

论道期间，与会专家学者参观考察了溧阳市博物馆。并对以溧阳山水为典型特征的江南自然生态与文人山水画的关系作了深度思考，对以恽南田为代表的“常州画派”和明清之际环太湖流域画派纷呈这一独特文化现象进行了探研。

刘春杰在天目湖论道 2018

彭城论道

会议时间：2018年10月15日至19日

会议地点：江苏徐州

参会人员：
（排名不分先后）

彭城论道现场 2018

吴　毅 / 旅美中国画家，美术史论家

程大利 / 原中国美术出版总社总编辑、美术理论家、中央文史研究馆馆员、中国画学会副会长

刘曦林 / 著名美术史论家，中国美术馆研究员，中国美术家协会理论委员会副主任

王鲁湘 / 凤凰卫视高级策划、主持人，著名文化学者

朱青生 / 北京大学教授

舒士俊 / 著名美术史论家

毛剑波 / 中国美术学院教授、博导

刘　墨 / 中国美术史硕士、文学博士、历史学博士后

沈蓉儿 / 旅美中国画家、原江苏省国画院画家

周　俊 / 旅欧著名中国画家

朱存明 / 徐州师范大学汉文化研究院院长

李瑞林 / 徐州汉画像艺术馆策展人

杨孝军 / 徐州汉画像石艺术馆馆长

吴毅在彭城论道 2018

彭城论道现场 2018

徐州是汉文化的重要发祥地和集萃地，汉画像石作为汉文化的瑰宝，以写意的手法生动再现了汉代社会生活的各个方面。艺术形式上，上承先秦绘画古朴之风，下开魏晋风度艺术先河，奠定了中国绘画的基本法则和规范。与会学者从汉画像石艺术为切入点，以著名旅美画家、美术史论家吴毅先生提出的“象思维”追根溯源。围绕汉画艺术的哲学背景、艺术现象、审美功能等方面，从理论到实践的角度系统的剖析，深入探讨和梳理中国绘画的思想哲学和精神脉络、汉画像石和徐州地域的关联、汉画像石对中国画尤其是笔墨文化的推进所发挥的作用以及其对徐州文化的当下及未来意义。

程大利谈及汉画艺术在用线以及造型特征时说：“汉画石造型体现了成熟的以线条造型的观念，线条既可当作单纯的轮廓处理，也可以通过体面关系的暗示被凸显出来，表达着一种形的趣味和力量的美感。造型上具有显著的圆弧化特征，人与物的姿态全是圆弧形，有明显的运动感，体现着‘太极图’的辩证规律。”

程大利在彭城论道 2018

刘曦林将汉画像石特点总结为几个字：“简”，古人说大道至简，一种至简的艺术，这就是我们的“象思维”；“丰”，指题材丰富故事性；“朴”，高简朴厚；“律”，生动的造型节律；“奇”，内容上奇思妙想。

朱存明教授从汉画思维谈及对“象思维”的理解：“象”可以理解为我们眼睛看到的世界，物象；也可以理解为对这个世界的认识和感悟，带有抽象性；第三，“象”即图像，中国画也是源于这种象。

会议期间与会专家学者参观考察了徐州市汉画像石馆、徐州博物馆、白集汉墓、户部山、回龙窝古民居等，对汉画艺术源流和“象思维”的关联，对徐州的风土民俗与文化特征的关系作了考察，对徐州画家群体及艺术风格也做了地域性风格的讨论。

刘曦林在彭城论道 2018

王鲁湘在彭城论道 2018

吴毅年表

2008 ／5月，纽约亚洲协会艺术博物馆举办“承传与现代——吴毅中国水墨画展”，同时召开“中国水墨画美学体系国际研讨会”，会上吴毅发表论文《论中国水墨画的审美意识》。

2009 ／7月，中国人民革命军事博物馆在北京举办“承传与现代·吴毅中国水墨画展”，并收藏作品《井岗茨坪》。

11月，参加于中国江苏省美术馆举办的“南京书画院建院三十周年精品展”。南京书画院授予吴毅为终身荣誉画家。

2010 ／10月，参加于美国肯塔基州特兰西瓦尼亚大学美术馆举办的“中国当代水墨画展”。

2011 ／10月，参加于中国美术馆举办的“百年风云·壮志丹青——纪念辛亥革命100周年美术作品展”。

2012 ／4月，文化部恭王府管理中心于北京恭王府主办“易象思维——吴毅、沈蓉儿作品展”，出版《易象思维：吴毅、沈蓉儿作品集》，发表《论中国传统水墨的象思维》一文。

2013 ／11月，参加于香港中央图书馆举办的“第三届国际书画艺术发展论坛暨世界书画名家作品交流展”。

11月，参加香港佳士得举办的“当代中国水墨画展”，并作专题演讲。

2015 ／3月，应美国圣地亚哥美术馆邀请作演讲，讲题为《中国水墨画的心灵语境》。

2016 ／1月，香港季丰轩画廊举办“方圆有象——吴毅个人作品展”。

5 月，于中国湖南衡山举办“衡山论道——中国画自由谈”。

2017 / 8 月，参加于香港会议展览中心举办的“全球水墨画大展”。

10 月，参加由程大利先生于浙江举办之“永嘉论道——象思维与中国山水画”。

2018 / 4 月，南京金陵美术馆举办“低调的奢华——吴毅艺术大展”。并在馆内举办了“金陵论道”。

4 月，作品入编《百年中国画大典》。

5 月，香港佳士得分别在香港会议展览中心和佳士得艺廊举行潘公凯、王冬龄及吴毅三位艺术家“墨舞”佳士得私人洽购展。

“低调的奢华——吴毅艺术大展”在厦门中华儿女美术馆巡展。

10 月，于江苏常州与徐州分别举办了“天目湖论道”与“彭城论道”。

2019 / 4 月，南京金陵美术馆举办“低调的奢华——吴毅花鸟画展”。

美国华盛顿国家图书馆收藏《吴毅作品集》（香港季丰美术出版社出版）。

后记

低调的奢华——吴毅艺术大展金陵美术馆1号厅展览现场

低调的奢华

——吴毅的艺术人生

刘春杰

吴毅是谁？谁是吴毅？估计如今在内地没有多少人知道他了。

2013年金陵美术馆开馆展，一位做设计的朋友在吴毅作于20世纪80年代初的作品前驻足观看，连连赞叹：“画得透彻，让人激动！”我恰好路过，暗喜，这是我选的作品。说实话，彼时，吴毅何许人也我尚不十分清楚，问过几位同行，也都只知其一，或含糊其辞，毕竟，他出国时我们这个年龄的人尚未工作。于是上网查，有了吴毅先生的大致轮廓，尽管信息不多，但颇有分量。刘海粟大师曾多次题词、撰文赞其艺术，比如：“画弟子吴毅画笔浑涵汪茫，以古为新，为中国画坛崛起之高峰。”再如中国当代艺术的倡导者，著名美术批评家栗宪庭在20世纪80年代发现吴毅，认为他的艺术与当时流行样式不同，在《美术》杂志1982年第7期开辟专栏，并发表吴毅论文“神形琐论”，其代表作《山高水长》为封面。吴毅一时声名鹊起。几十年后已经成为中国艺评界大佬的栗宪庭仍称吴毅“当今海内第一流画家”。陈丹青呢？不停抛出“砸文”，针砭时弊，满眼问题的丹青先生面对吴毅则一脸温情，与其对待木心先生的态度相似。他多次撰文对其艺术表达无限敬意，说：“这个时代只有吴毅有资格代表中国最优秀的文化精华向世界展示，大气磅礴，通古代精神。”

吴毅何德何能？有什么特别魅力？让刘海粟、栗宪庭、陈丹青、柯文辉、邵大箴、刘曦林、程大利、王鲁湘等人不间断为他发声。这些人是何等心气？何种见识？他们的挑剔与广泛的影响力众人皆知，面对吴毅却不惜笔墨，不吝溢美之词，而且几十年不改主意。我想，这与传统文人的良知有涉。至此，我有了走近吴毅先生的想法，与这位曾经的南京书画院前辈照面，梳理他的艺术实践，举办他的画展，呈现他几十年的艺术成就。为此我参加了2017年10月程大利先生主持的“永嘉论道”，七十岁以上的老先生有邵大箴、吴毅、奚静之、刘曦林、柯文辉、沈蓉儿、程大利、龙瑞、夏惠林，还有著名学者王鲁湘、纽约华美协进社美术馆馆长海蔚蓝等二十余位学者，围绕吴毅先生的“象思维”论，开了整整七天的讨论会。之后，在南京我们又有3次长谈，吴毅先生的艺术与人生逐渐在我脑海鲜活呈现。

吴毅大展开幕现场 2018

吴毅祖籍珠海，1934年生于日本，1937年随父母迁居澳门，他自幼喜好艺术，曾获得澳门中小学书法比赛第一名。1948年移居上海，翌年考入华东军政大学，毕业后在部队任教官，业余时间开始复习文化课。1958年在部队考入南京艺术学院。至此，他如一只迷途的鹿，长途跋涉，东寻西找，终于冲出一片片丛林，找到了属于自己栖息的家园，南艺成为吴毅的理想国。他师从陈大羽等名师，刻苦习艺，废纸三千，从不怠慢，因一幅习作往往反复十数次，甚至过百，所以耗费大量宣纸，被同学戏称“纸老虎”。他的夫人沈蓉儿正是当年的同情

王鲁湘观看吴毅大展 2018

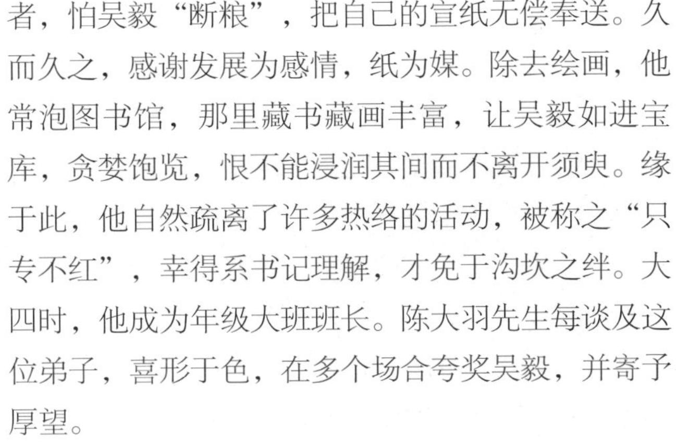

者，怕吴毅“断粮”，把自己的宣纸无偿奉送。久而久之，感谢发展为感情，纸为媒。除去绘画，他常泡图书馆，那里藏书藏画丰富，让吴毅如进宝库，贪婪饱览，恨不能浸润其间而不离开须臾。缘于此，他自然疏离了许多热络的活动，被称之“只专不红”，幸得系书记理解，才免于沟坎之绊。大四时，他成为年级大班班长。陈大羽先生每谈及这位弟子，喜形于色，在多个场合夸奖吴毅，并寄予厚望。

一块金子，即便被风沙卷入泥沼，只要有光出现，它便会闪耀隐藏的光芒，教人注目。大学毕业后的吴毅在一家公司做设计工作，但他的艺术很快进入亚明先生视线，亚老大加提携。1979年文化部邀请全国老中青三代优秀画家进京艺术交流，江苏仅有三位受邀画家，幸运的吴毅随亚明、宋文治先生到颐和园藻鉴堂作画。在那里创作是什么概念？如今您在百度搜“藻鉴堂”三个字，立马出现各大拍卖公司拍品，诸如李可染、黄胄、叶浅予等作品，落款均有“作于藻鉴堂”字样。足以说明，此地非彼地，非一般之地，它是重要的艺术交流平台。那里大师、名流汇集，吴毅如鱼得水，室内画水墨，室外画写生，当然也观摩大师挥毫，大师也常观看青年画家作画。李可染先生夸奖吴毅用墨极好，刘海粟先生更是青睐有加，坚持带他去黄山写生。鱼与熊掌不可兼得，一个月后，吴毅告别师长们，提前结束这次宝贵的交流机会，离开藻鉴堂。他跟随海老登黄山，画黄山，谈黄山，大师耳提面命，吴毅画艺精进，得一批佳作。刘海粟大师甚至

低调的奢华——吴毅艺术大展展览画集 2018

千峰竞秀 水墨设色纸本 138 × 358cm 1985

把他的部分速写留在身边，喜爱至极。黄山之行，吴毅与大师结下浓浓的师生之谊，深受鼓舞，终身受益。

1980年南京书画院成立，因吴毅在美术界的影响力自然成为了第一批专业画家。他有了更多创作时间，便立志走遍名山大川，师造化而为山河

立传。吴毅赴甘肃、去青海、游敦煌、访川藏、登昆仑顶峰，得《莽昆仑》等一批佳作。“作者激情抛开平时本我，拥抱空前大欢欣，爝火明怀，彩虹入脉，神飞八极，造化在手。几十年徘徊、寻探、苦待、挫折，废画三千，焦灼、迷惘、喜梦，仙宫陈酿，长夜不眠，超逻辑的艺语童言，无从追忆的七情叩门，一逝不归的短暂春光，百味一锅，接应

不暇，笔的旋舞，迟疑分秒，贻恨终身，不及思量，只好信任主导他的诗性冲动，人、画之间针插不进，戛然而止，增减不得。《莽昆仑》为时代的扛鼎之作。”著名文艺评论家柯文辉如是说。当我看到原作，竟是一张四尺整张纸所画，作者胸怀宇宙、俯瞰自然、鼎立山川、洪荒之势、苍茫万象、崇高而豪迈。此乃小画大气象也。

刘海粟先生欣然撰文：“吴毅在技法上不师一家，对沈石田、吴仲圭和清初四王的线条，都认真做过分析研究，在实践中不断综合升华，排斥。对我的画法也能入能出，从不依样葫芦。心胸、胆识、气度、学问，本来因人而异，笔笔像老师，便不是好学生。吴毅写南国风光绵丽深邃，秀而不薄，云蒸霞蔚，草木清华；画西北高原沉稳厚朴，雄而不粗，放而守法，以质胜华，有历史感。他把自己的向往、阅历、赤子之情，都溶化于笔墨之中，挥洒到笔墨之外，线条犹如琴弦，颤动着壮美旋律和乡土诗情。雕饰纤巧，是他洗刷的对象，而渴望达到气韵生动，自然高妙，无迹可寻的境界。看了他的作品，很欣慰，也很振奋。”

陈丹青看了这批作品则说：“这是吴老师的心血，将来要进博物馆的。吴老师追求的是山水的真貌，即本质与灵魂，气度大，如果石涛活过来的话也会吃惊的。”对于吴毅艺术的探索，老中青三代人皆予以肯定，可谓英雄所见略同，亦可视为英雄惜英雄。

面对成绩，他并没有陶醉其中，依然“拳不

离手，曲不离口”，写诗作画，终日不倦。他的家里不断有国内各地画家寻访取经，陈丹青出国前便是常客，跑得最勤快的当属董欣宾。董欣宾第一次听说吴毅源于刘海粟先生的嘱咐，先生让他一定要认识一下才华洋溢的吴毅。看到吴毅作品时董欣宾异常喜欢，说：“他的画一平方厘米可以找到24个层次，线条玄妙，功夫奇绝。”相识后自然成为吴家常客，吴毅出国前他要大摆酒席拜师。吴毅笑答：“同出南艺还是以朋友相待为宜。”吴毅与夫人古道热肠，无论谁来，皆热情接待，切磋技艺，交流体会。也有被送出门的客人雅兴未尽，重返再叙，直至深更半夜，忘而不归。

1984年6月，吴毅偕夫人到日本探亲，结识日本艺界著名的“三座大山”其中两座，平山郁夫、加山又造，交流与切磋艺术的几个月时光很快飞逝。他又收到了美国友人邀请，11月去了美国。此时已经定居纽约的陈丹青接机，并开始陪同吴毅夫妇参观美术馆、博物馆，吴毅进入学习、对比、研究模式，并决定留下来，“让我了解世界，让世界了解我。”这个消息很快传回国内，大羽先生无不遗憾，之前他曾数次力邀吴毅到南艺任教，并期待他的无限未来。至今，吴毅每谈及刘海粟、亚明、陈大羽等老师，念念不忘师恩。

因为追求的艺术是最高标准的，这个目标不一定在你有限的生命里达到，天荒地老不计年。我的目标从来就不是为了超过某个人，是想在我们民族绘画中树立一个“里程碑”。这并非一个“小目标”呀，但此话竟出自一向谦和、儒雅的吴毅先生口中。纽约毕竟不仅仅有诗，有远方和博物馆，还有生活和诸多问题。最初的日子里，吴毅招收学生传授诗词、绘画，夫人则到华人小工厂打工。令学生们不解的是，吴老师宁可收有限的学费，也不肯随便出售自己的作品。其时，纽约苏富比公司曾一次买下他十件作品，南京画店，南京文物商店都曾收购他的作品。吴毅认为，如果想发财，就去做生意。好的作品一定要给识得它的人，才安心、放心。至今，这个观点不变。回国探亲时，他曾在南京某画店见到自己旧作，当即买下。店主事后才知道他是作者，追悔莫及。也就是这个时期开始，吴毅往返古今中西，开始尝试丙烯与水墨融合，将西画厚重感与水墨笔法气韵相结合，实验新的可能。

吴毅先生 2019

身在海外，他无意间成了一位“隐逸之士”，阅史料，探求文化源头，坚定文化自信。吴毅虽远离故国，心却始终朝向传统文化，创造性提出“象思维”美学观点，寻求中西文化交流的新模式，试图建造中国山水画新体系。这个庞大工程需要深掘地基，筑牢基石，“象思维”导引他攀登山水艺术高峰。其间吴毅创作了《天地盈正气》《天地玄黄》《华光万里》《红梅晴雪图》《井岗茨坪》等作品。远观山势雄伟、视野辽阔；近看细密繁复、水墨淋漓、苍茫深厚、依山傍水、气势磅礴。天地之间流淌出原初之气，山川壮美之象，人与自然和谐之声。恍兮惚兮，混沌玄妙，我即宇宙，宇宙即我，山高水长，宏伟壮丽，中国气派。

纵观百年中国山水谱系，群山环绕，南北呼应，峻峰林立。吴毅南人北相，南北融合，揽独有

吴毅先生作画现场 2019

之艺术境界，持自觉之文化追求，超凡脱俗，雄居群峰万壑之间，卓然出众。这些巨制不仅是吴毅个人的异国低吟，亦为他在中国传统文化熔炉中冶炼出的精华，更是传统水墨艺术的现代选择。他虽远在纽约，但其艺术高度仍无法被国内当今喧闹画坛所覆盖。

吴毅并不孤独，他的艺术实践逐渐进入了艺术机构与艺术收藏机构的视线。2008年5月，纽约亚洲协会艺术博物馆和吴毅先生创办的中国现代艺术协会联合举办“承传与现代·吴毅中国水墨画展”，召开“中国水墨美学体系国际研讨会”，吴毅宣读其论文《中国水墨的审美意识》，至此，他完成了“我了解世界”，开始实现“让世界了解我”的心愿。

101岁的洛克菲勒于2017年3月在睡梦中走完传奇的一生，他不仅收藏价值10亿美元的西方大师作品，还创办了纽约亚洲协会艺术博物馆。该机构门槛之高，世人皆知。画展开幕时，旅美著名艺术史学家沈揆一教授告诉吴先生，二楼前排就座的几位是洛克菲勒家族重要成员。有趣的是大都会博物馆亚洲部主任何慕文先生，原来有重要公务已经决定不参加此次活动，但最终还是设法到会，而且参加了连续两天的讨论。除该艺术博物馆馆长等国际嘉宾，国内著名评论家朗绍君、水天中、程征、林木、陈履生等在讨论会上均高度评价吴毅的艺术成就。

身在纽约，吴毅深受中国驻纽约总领事馆关怀，亦常应约参加那里的活动。当副总领事王先生在吴毅画室见到他的巨幅作品《红梅晴雪图》那一刻，曾激动地说："这是国宝。"1999年4月，朱镕基总理访美，总领事馆代表外交部与总理办公室安排这件作品随朱镕基总理专机携带回国，捐给国家。为此，有关部门安排他参加了总理接见。

"儿童相见不相识，笑问客从何处来"，吴毅先生如今在家乡真的没有多少人相识了。我不禁想起过去的几十年，李青萍、赵无极、常玉的再生，无不浸透着台湾地区艺术界、艺评家、艺术经纪人的智慧与睿智，商业的操作并不影响他们对大师的尊敬与崇拜。他们在几十年前就宣称，把常玉运作成功后再推送到具有更大文化空间的大陆。他们做到了！帮助大师走完他们自己无法企及的身后之路，替他们画上完美的艺术人生句号，功德无量。近年来，吴大羽重返人们视野，我们稍加打量就会发现，这其间也充满了台湾同胞的发声。

至此，我终于明白，栗宪庭、邵大箴、陈丹青等大咖们缘何对吴毅不吝高调且奢华的溢美之词，尤其是程大利先生长期宣传、推崇吴毅艺术，与其说他们几十年来始终赞扬一位艺术苦行僧，不如说是对一位真正中国传统文化精英表达的敬意，而那些文章便是他们自己在内心深处操持的精神仪式，借此发出"国有颜回而不知，深以为耻"的知识分子良心之叹。他们多么希望"我等相见已相识，知晓先生家乡来"。在还原一位真正优秀艺术家的价值时，文化界人士们的竭力推介之外，也夹杂着他们的期许。见贤思齐，金陵美术馆亮出态度，研究与展示吴毅个案，亦是把这一代艺术家与刘海粟、傅抱石、陈大羽等前辈的文脉相链接，留给下一个100年，待后来人续写。

85岁高龄的吴毅先生离开故国34个春秋，今偕夫人回到故里，带来他的艺术与我们分享，这些作品承载着超越时空的定力与自信，还有一片丹心，宣誓着他追根溯源后的艺术新生。他一生漂泊，但其心却与中华优秀传统文化一起律动，且始终不渝。他低调地践行，让传统艺术新生；他低调地生活，让自我超然。这种低调何尝不是另一类奢华呢？“天地所以长且久者，不以其自生也，故能长生。”

人生如梦，韶华易逝，转眼百年；人生永恒，刹那芳华，作品为证。

作者为金陵美术馆馆长、南京市艺术研究院院长

图书在版编目(CIP)数据

论吴毅 / 刘春杰编著. -- 南京 : 南京出版社,
2019.6

ISBN 978-7-5533-2580-4

Ⅰ. ①论... Ⅱ. ①刘... Ⅲ. ①吴毅—人物研究—文集
②中国画—绘画理论—中国—文集 Ⅳ. ①K825.72-53
②J212-53

中国版本图书馆CIP数据核字(2019)第086520号

书　　名： 论吴毅
作　　者： 刘春杰
出版发行： 南京出版传媒集团
南 京 出 版 社

社址：南京市太平门街 53 号　邮编：210016
网址：http://www.njcbs.cn　电子信箱：njcbs1988@163.com
天猫 1 店：https://njcbcmjtts.tmall.com/　天猫 2 店：https://nanjingchubanshets.tmall.com/
联系电话：025-83283893、83283864（营销）　025-83112257（编务）

出 版 人： 项晓宁
出 品 人： 卢海鸣
责任编辑： 金　欣
装帧设计： 春　杰　岚　辉
责任印制： 杨福彬
特约编辑： 夏　夕

印　　刷： 南京华众彩色印刷有限公司
开　　本： 787mm × 1092mm 1/16
印　　张： 27
字　　数： 350 千字
版　　次： 2019 年 6 月第 1 版
印　　次： 2019 年 6 月第 1 次印刷
书　　号： ISBN 978-7-5533-2580-4
定　　价： 98.00 元

天猫 1 店

天猫 2 店